Myung-Woo Nho

Die Schönberg-Deutung Adornos und die Dialektik der Aufklärung | Musik in und jenseits der Dialektik der Aufklärung

Tectum Verlag

Myung-Woo Nho · Die Schönberg-Deutung Adornos und die Dialektik der Aufklärung. Musik in und jenseits der Dialektik der Aufklärung

Gedruckt mit Unterstützung des Deutschen Akademischen Austauschdienstes

CIP-Einheitsaufnahme der Deutschen Bibliothek

Nho, Myung-Woo:
Die Schönberg-Deutung Adornos und die Dialektik der Aufklärung.
Musik in und jenseits der Dialektik der Aufklärung
Tectum Verlag Marburg 2001
Zugl.: FU Berlin, Univ. Diss. 2001
ISBN 3-8288-8286-2
© Tectum Verlag

Für meine Eltern

Vorwort

Danken möchte ich vor allem Professor Doktor *Dietmar Kamper* und Professorin Doktor *Gabriele Althaus* für die Unterstützung, die sie mir während des Studiums zuteil werden ließ. Danken möchte ich auch dem DAAD, der die Promotion durch ein Stipendium gefördert hat.

Mein Dank gilt schließlich meinen Eltern, ohne deren Unterstützung konnte ich nicht die Dissertation unter den angenehmen Bedingungen schreiben. Und ich muß mich bedanken bei *Olaf Nohr* für die sorgfältige Korrekturarbeit.

Ich danke auch der Künstlerin *Young Jin Park*. Durch die Diskussion mit ihr wurde diese Arbeit veranlaßt. Ein weiterer Dank gilt auch *Benjamin-Mosler, Kazihude Okunami, Dong Ju Lee* und *Makeeva Marina, Seung Hun Choi* und *Seon Min Park* für ihre freundliche Unterstützung meiner letzten Zeit in Berlin.

Abkürzungen für häufig zitierte Literatur

ÄT »*Ästhetische Theorie*«
DdA »*Dialektik der Aufklärung*«
MM »*Minima moralia*«
ND »*Negative Dialektik*«
PdnM »*Philosophie der neuen Musik*«

Inhaltsverzeichnis

Vorwort 7
Abkürzungen für häufig zitierte Literatur 8

Einleitung 11
Adorno und die Musik

1. Adorno und die Musik 11
1.1 Die Implikationen der musikalischen Schriften Adornos 11
1.2 Adorno, Komponist und Philosoph 13

2. Arbeitsthesen der Arbeit 16
2.1 Adorno und die Wiener Schule 16
2.2 Schönberg als musikalischer Odysseus 20

Kapitel I 23
Kunst, Gesellschaft und Kritik

1. Das Ästhetische als Gesellschafts- und Erkenntniskritik 23
1.1 Das Ästhetische und die Ästhetik 23
1.2 Das Ästhetische und die Kritik 33
1.2.1 Das Ästhetische und die Wissenschaftskritik 36
1.2.2 Das Ästhetische und die Gesellschaftskritik 38

2. Grundmotiv der ästhetischen Kritik: Die Idee der Naturgeschichte 43
2.1 Die Konstellation der Adornoschen Werke 43
2.2 Die Idee der Naturgeschichte 46
2.3 Die Naturgeschichte und die Vergänglichkeit 51

Kapitel II 57
Musik als eine Konkretion des Ästhetischen

1. Die eine Idee der Kunst und die Künste: Das gemeinsame »Was« der Künste 57

2. Aspekte des Musikalischen 68
2.1 Gegenstandlosigkeit und die Musik 68
2.2 Das Naturschöne, Mimesis und die Musik 70
2.3 Die Vergänglichkeit, das Musikalische und die Kritik 78
2.4 Musikalische Sprache, Seismogramme einer nicht subjektiven Sprache 83

3. Musik zwischen Ware und Wahrheit 91

4. Die Vermittlung von Musik und Dingwelt 98
4.1 Die Gesellschaft und Adornos Musikästhetik 98
4.2 Monade: Schnittstelle zwischen Musik und Gesellschaft 101
4.3 Musikalische Form 107

Kapitel III 115
Neue Musik und bestimmte Negation
»Dialektik der Aufklärung« und »Philosophie der neuen Musik«

1. Komponist und Gesellschaft 115
1.1 Musikgeschichte und die Geschichte der Menschheit 115
1.2 Das musikalische Material, der Komponist und die Gesellschaft 119
1.3 Die Beethoven-Reflexion Adornos und ihr Verhältnis zur »*Dialektik der Aufklärung*« und zur »*Philosophie der neuen Musik*« 127

2. »*Dialektik der Aufklärung*« und »*Philosophie der neuen Musik*« in Zusammenhang mit der Naturgeschichte 136
2.1 Selbsterhaltung durch Selbstverleugnung des Subjekts; Introversion des Opfers. »*Dialektik der Aufklärung*« als eine anamnestische Selbstreflexion 136
2.2 Eingedenken der Natur im Subjekt: »*Philosophie der neuen Musik*« als ein Exkurs zur »*Dialektik der Aufklärung*« 146

Kapitel IV 154
Die Erinnerung und das Vergessen bei Schönberg

1. Schönberg: Der musikalische Odysseus 155
1.1 Adorno und Schönberg 155
1.2 Der musikalische Veränderungsprozeß Schönbergs: Ein Überblick 164

2. Die Suche nach der vergessenen Natur: Die freie Atonalität Schönbergs 174

3. Die Dialektik der Zwölftontechnik 184
3.1 Zwölftontechnik und Freiheit des Komponisten 184
3.2 Antinomie der Zwölftontechnik 189

4. Der späte Schönberg. Ein Modell der selbstkritischen Wendung 198
4.1 Tendenz zur Lossagung vom Material 1980
4.2 Tendenz zu Fragmenten 202

Epilog 211
Die Idee einer „musique informelle"; die Utopie-Antizipation Adornos

Literaturverzeichnis 217

Einleitung
Adorno und die Musik

> Wir verstehen nicht die Musik –
> sie versteht uns.
> Das gilt für den Musiker so gut wie für den Laien.
> Wenn wir sie uns am nächsten meinen,
> dann spricht sie uns an und
> wartet mit traurigen Augen,
> daß wir ihr antworten
> (Adorno)

1. ADORNO UND DIE MUSIK

1.1 DIE IMPLIKATIONEN DER MUSIKALISCHEN SCHRIFTEN ADORNOS

In der akademischen Spezialisierung hat sich jede Wissenschaft weitgehend jeweils „ihren" Adorno herausgegriffen. Trotz der Mannigfaltigkeit der theoretischen Aspekte Adornos, welche die Grenze zwischen den Disziplinen überschreiten, ist es üblich, daß seine Gedanken auf einzelne Disziplinen zurückgeführt werden: auf Philosophie, Soziologie, Musikwissenschaft, Pädagogik, etc. Jede Wissenschaft behandelt nur den Teil der Werke Adornos, der als das Material des eigenen Forschungsbereiches angenommen wird. Daraus entsteht ein Hohlraum in der Adorno-Forschung. Die musikalischen Schriften Adornos finden in diesem Hohlraum weder von seiten der Philosophie, der Soziologie noch der Musikwissenschaft die angemessene Beachtung. In der Philosophie und der Soziologie werden sie gar nicht oder nur am Rande erwähnt. Als Interpret der Musik Schönbergs ist die Wirkung Adornos innerhalb der Musikwissenschaft sehr groß gewesen. Aber die Musikwissenschaft beschäftigt sich mit seinen musikalischen Schriften, ohne ihre philosophischen Implikationen genügend zu berücksichtigen.[1]

---

[1] Vgl. Claus-Steffen Mahnkopf(1998), *Adornos Kritik der Neueren Musik*, S.243ff.

Zur »*Dialektik der Aufklärung*« und der »*Ästhetischen Theorie*« liegen bedeutende und umfangreiche, systematisch angelegte Studien vor, aber die »*Philosophie der Neuen Musik*« findet wenig Beachtung im Vergleich zu den anderen Hauptwerken. Der Klage, daß die »*Philosophie der Neuen Musik*« soziologisch und philosophisch nicht ernsthaft rezipiert worden sei, ist immer noch zuzustimmen. Trotz des in den letzten Jahren verstärkten Interesses an dem Thema „Adorno und die Musik" werden die soziologischen und philosophischen Implikationen der musikalischen Schriften Adornos nicht genügend ausgeschöpft. Sziborsky[2] hat die musikalischen Schriften Adornos in ihrer chronologischen Abfolge ausführlich untersucht. Bei der Arbeit von Sziborsky steht eine chronologische Rekonstruktion der musikalischen Schriften Adornos im Vordergrund, statt ihre philosophischen und soziologischen Implikationen zu analysieren. Eine andere bemerkenswerte Arbeit ist die neue Untersuchung von Martin Hufner. Er beschäftigt sich direkt mit den Kompositionswerken Adornos, um die Adornoschen Schriften im Hinblick auf seine Kompositionen neu zu lesen. Das ist zwar eine ungewöhnliche und forschungsintensive Arbeit, aber sie hat sich zum Ziel gesetzt, wie er deutlich hervorgehoben hat, die kompositorische und theoretische Auseinandersetzung Adornos mit der Zwölftontechnik in ihrer chronologischen Entwicklung weitgehend unabhängig von soziologischen und philosophischen Fragestellungen zur Darstellung zu bringen.[3]

Dagegen unternimmt es Schubert, die Adornosche Auseinandersetzung mit der Zwölftontechnik geschichtsphilosophisch zu interpretieren.[4] Schubert versucht, die Auseinandersetzung Adornos mit der Zwölftontechnik Schönbergs historisch und chronologisch zu rekonstruieren. Obwohl Schubert mit seiner Arbeit auf eine dialektisch-geschichtsphilosophische Kritik abzielt, versteht er den Begriff „geschichtsphilosophisch" zu naiv. Der Begriff „geschichtsphilosophisch" bedeutet für Schubert „die nachdrückliche historische Grundierung der verwendeten analytischen Kriteri-

---

[2] Vgl. Sziborsky(1979), *Adornos Musikphilosophie. Genese-Konstitution-Pädagogische Perspektiven.*
[3] Vgl. Hufner(1996), *Adorno und die Zwölftontechnik.*
[4] Vgl. Schubert(1995), *Eine dialektisch - geschichtsphilosophische Kritik einer Kompositionsmethode: Adorno und die Zwölftontechnik.*

en."[5] Schubert thematisiert die historische Veränderung der Adornoschen Auffassung der Zwölftontechnik und bemerkt richtig, daß die Adornosche Interpretation der Zwölftontechnik in den späten 20er und 30er Jahren in der »*Philosophie der neuen Musik*« eine erhebliche Wendung erfährt, aber die philosophische Deutung des Wandels der Adornoschen Auseinandersetzung mit der Zwölftontechnik bleibt in der Arbeit Schuberts weitergehend außer acht.

Dieser Forschungsstand ist erstaunlich, wenn man bedenkt, daß der Gehalt der musikalischen Schriften Adornos auf keinen Fall eine Trennung von Philosophie und Musiktheorie duldet. Die Arbeiten »*Klangfiguren*« und »*Quasi una fantasia*« haben den Titel „*musikalische Schriften*".[6] Der Titel „*musikalische Schriften*" impliziert, wie Metzger erklärt, die Ansicht Adornos zum Verhältnis zwischen Musik und Philosophie. Nach der Lesart Metzgers deutet der Titel „*musikalische Schriften*" auf den Sammelpunkt seiner philosophischen Intention hin: „Seine Musikbücher sind keine Bücher über Musik. Nie hat Adornos Philosophie ihren Anspruch dahin zurückgenommen, die Alternative zwischen dem musikalischen Denken und dem Denken über Musik anzuerkennen, der die sachliche Unzuständigkeit der meisten einschlägigen Literatur entspringt."[7] Die musikalischen Gegenstände, die in seinen musikalischen Schriften behandelt werden, enthalten nicht ausschließlich musikwissenschaftliche Züge. Die musikalischen Schriften Adornos sind Schriften über die Musik und in gleichem Atemzug „musikalisierte" philosophische und soziologische Schriften.

1.2 ADORNO, KOMPONIST UND PHILOSOPH

Jede Äußerung Adornos zu ästhetischen Problemen und seine Ausführungen zur Philosophie lassen sich ohne weiteres auf die Musik beziehen. Die Musikästhetik Adornos ist ein Bereich, in dem man nachspüren kann, wie Adorno sein methodisches Prinzip an einem konkreten Gegenstand ent-

---

[5] Ebenda, S. 147.
[6] Vgl. Adorno(1962), *Titel*, S. 328-329.
[7] Zitiert nach der editorischen Nachbemerkung der *Gesammelten Schriften* (im folgenden werden die Gesammelten Schriften durch die Abkürzung GS abgekürzt) 16, S. 675.

faltet hat. Adorno hat versucht, mit der Musik und in der Musik das Paradox zwischen der Kunst und der Gesellschaft verständlich und artikuliert darzulegen. Die musikalischen Schriften Adornos stellen keineswegs Nebenwerke dar, sondern enthalten vielmehr bestimmte Motive, die den Kern seines Gedankens bilden. Adorno war Philosoph, aber die Tatsache, daß er gleichzeitig Komponist blieb, ist nicht zu vernachlässigen. Seine Beschäftigung mit der Musik war niemals nebensächlich. Adorno erklärte in einem Interview: „Ich aber war, nach Herkunft und früher Entwicklung Künstler, Musiker, doch beseelt von einem Drang zur Rechenschaft über die Kunst und ihrer Möglichkeit heute, in dem auch Objektives sich anmelden wollte, die Ahnung von der Unzulänglichkeit naiv ästhetischen Verhaltens angesichts der gesellschaftlichen Tendenz."[8]

Wird seiner Biographie Rechnung getragen, gibt es an der zentralen Position der Musik in seinem Leben keinen Zweifel. Adorno widmete der Musik sein ganzes Leben hindurch einen großen Teil seiner geistigen Kraft. Er ist in einem musikalischen Milieu aufgewachsen. Die Mutter war bis zu ihrer Heirat eine erfolgreiche Sängerin. Zur Familie gehörte außerdem Agathe, die Schwester seiner Mutter, eine bekannte Pianistin.[9] 1933 schrieb er über seine musikalischen Erfahrungen in der Kindheit: „Jene Musik, die wir die klassische zu nennen gewohnt sind, habe ich als Kind kennengelernt durchs Vierhändigspielen. Da war wenig aus der symphonischen und kammermusikalischen Literatur, was nicht ins häusliche Leben eingezogen wäre mit Hilfe der großen, vom Buchbinder einheitlich grün gebundenen Bände im Querformat. Sie schienen wie gemacht, umgeblättert zu werden, und ich durfte sie umblättern, längst ehe ich die Noten kannte, nur der Erinnerung und dem Gehör folgend. (...) Besser als jede andere schickte diese Musik sich in die Wohnung. Sie wurde auf dem Klavier als einem Möbel hervorgebracht, und die sie ohne Scheu vor Stockungen und falschen Noten traktierten, gehörten zur Familie."[10]

Während des Studiums an der Frankfurter Universität hat er seinen Kompositions- und Klavierunterricht bei Bernhard Sekles, einem ehemali-

---

[8] Adorno, *Die Zeit*, 12. 2. 1965.
[9] Zur musikalischen Umgebung, in der Adorno aufwuchs vgl. z.B. Petazzi(1977), *Studien zu Leben und Werk Adornos bis 1938*, Wiggerhaus(1993), *Die Frankfurter Schule*.
[10] Adorno(1933), *Vierhändig, noch einmal*, S. 303. „Vierhändig" deutet auf das Zusammenspiel mit Agathe hin - Adorno lernte bei ihr Klavier spielen.

gen Lehrer Hindemiths, fortgesetzt. Seine Sehnsucht nach der Musik war so stark, daß er nach Wien übersiedelte, um Komponist zu werden. Er tat diesen Schritt 1925, nach der Promotion mit einer Arbeit über Husserl.[11] Er kam nach Wien, um sich der musikalischen „Wiener Schule" anzuschließen. Aber er kam zu spät und kehrte wahrscheinlich enttäuscht nach Frankfurt zurück.[12] Wie Adorno selber schrieb, existierte der Schönbergkreis in Wien nicht mehr: „Als ich nach Wien kam, stellte ich mir den Schönbergskreis einigermaßen festgefügt vor, nach Analogie zum Georgschen. Das galt schon damals nicht mehr."[13] Er kam 1927 nach Frankfurt zurück[14] und habilitierte. Das bedeutete nicht die Aufgabe seiner Beschäftigung mit der Musik. Er hielt die starke Identifikation mit der „Wiener Schule" aufrecht. In der Vorrede zu dem 1968 veröffentlichten Buch über Alban Berg bezeichnet Adorno sich selbst als einen „Musiker der zweiten Wiener Schule".[15] Er betrieb das Komponieren weiter. Das Schreiben von Musik war für ihn eine Tätigkeit, die das Verfassen philosophischer Texte begleitete.[16]

Es liegt zwar sehr nahe, ist aber zu oberflächlich, wenn man versucht, die enge Verbindung Adornos mit der Musik aus dem biographischen Hintergrund zu deuten. Die Musik bleibt bei Adorno nicht bloß der Haupt-

---

[11] Der Anlaß der Übersiedlung nach Wien war der starke Eindruck der Uraufführung von Bergs Oper »*Wozzeck*«: "Kennen lernte ich Alban Berg auf dem Frankfurter Fest des Allgemeinen deutschen Musikvereins 1924, im Frühjahr oder frühen Sommer, am Abend der Uraufführung der drei Bruchstücke aus »*Wozzeck*«. Unter dem unmittelbaren Eindruck des Werkes bat ich Hermann Scherchen mich vorzustellen, und es wurde sogleich zwischen uns vereinbart, daß ich als sein Schüler nach Wien kommen sollte. Ich stand damals in Frankfurt gerade vor der Promotion, die im Juli erfolgte; doch meine Übersiedlung nach Wien zog sich noch bis Anfang Januar 1925 hin. Mein erster Eindruck von Berg damals in Frankfurt war der der größten Liebenswürdigkeit und zugleich einer gewissen Schüchternheit." Adorno(1955), *Im Gedächtnis an Alban Berg*, S. 487.

[12] Vgl. Steinert(1993), *Adorno in Wien. Über die (Un)Möglichkeit von Kunst, Kultur und Befreiung*, S. 140ff.

[13] Adorno(1968), *Berg. Der Meister des kleinsten Übergangs*, S. 360.

[14] Vgl. Buck-Morss(1977), *The Origin of Negative Dialectics*, S. 16.

[15] Adorno(1968), *Berg. Der Meister des kleinsten Übergangs*, S.324. Adorno schreibt in einem Brief an Krenek: „Ich bin glücklich, bei Berg gelernt zu haben und will jederzeit als Bergschüler einstehen." Brief an Krenek, 8. März 1935, S. 65.

[16] In den Jahren 1925-32 komponierte Adorno relativ viel. In dieser Zeit entstanden die »*Georg Lieder*(op.1)«, die »*Zwei Stücke für Streichquartett*(op.2)«, die »*Lieder*(op.3)«, die »*Orchesterstücke*(op.4)«, die »*Bagatellen*(op.6)«, zwei der »*Frauenchöre*(op.8)« und ein Opernfragment. In den Jahren von 1932-51 entstanden die »*Trakl-Lieder*(op.5)«, drei der »*Bagatellen*(op.6)«, die »*Georg-Lieder*(op.7)«und zwei weitere Stücke der »*Frauenchöre*(op.8)«. Zu Adorno als Komponisten vgl. Blumentritt(1989), *Adorno, der Komponist als Philosoph* und Schneibel(1979), *Einführung in Adornos Musik*.

stoff des Philosophierens. Musik artikuliert sich in seinen Gedanken. Adorno philosophiert in und mit der Musik. Er wollte die Musik in das philosophische Denken „übersetzen", wie Alban Berg in einem Brief an Adorno schrieb:

> Ich bin zu der sicheren Überzeugung gekommen, daß Sie auf diesem Gebiet der tiefsten Erkenntnis der Musik (in allen ihren bisher noch unerforschten Belangen, sei es philosophischer, kunsthistorischer, theoretischer, sozialer, geschichtlicher etc etc. Natur) das Höchste zu leisten berufen sind u. es in Form großer philosophischer Werke auch erfüllen werden. Ob dabei nicht Ihr musikalisches Schaffen (ich meine das Komponieren), auf das ich so große Dinge setze, zu kurz kommt, ist eine Angst, die mich immer befällt, wenn ich an Sie denke. Es ist ja klar: Eines Tages werden Sie sich, da Sie doch Einer sind, der nur auf's Ganze geht (Gott sei Dank!) für Kant oder Beethoven entscheiden müssen.[17]

Adorno hat sich entschieden, mit der Musik zu philosophieren. Seine musikalischen Erfahrungen in der Kindheit und in Wien werden zur Substanz und bewegenden Kraft eines auf das „Konkrete" bezogenen Philosophierens. Seine Auseinandersetzung mit der Musik stellt den Ursprungsort seiner Gedanken dar. Musik bildet den primären Bereich, an dem sich seine philosophischen Motive entwickeln.

2. ARBEITSTSTHESEN DER ARBEIT

2.1 ADORNO UND DIE WIENER SCHULE

In der Debatte um die Postmoderne wird dem (Post-)Strukturalismus die Kritische Theorie der Frankurter Schule entgegengestellt. Das von der Kritischen Theorie und dem (Post-)Strukturalismus gegenseitig errichtete Feindbild beherrscht diese Diskussion. Ein Beispiel: Jean-François Lyotard wirft Jürgen Habermas vor, daß dessen Rationalitätskonzeption auf Kon-

---

[17] Alban Berg an Adorno, 28. 1. 1996, Briefwechsel, S. 66.

sensus ausgerichtet sei, und reproduziert damit letztlich nur die imperialistische und terroristische Grundstruktur der okzidentalen Vernunft. Dagegen assoziiert Habermas den Postmodernismus mit dem Neokonservatismus.[18] Bei diesem Stand der Diskussion scheint es nur die strikte Alternative zwischen dem „Lager der Aufklärung", das man oft mit der Kritischen Theorie identifiziert, und seinem Gegner zu geben.[19]

Das pauschale Urteil über die Kritische Theorie,[20] daß sie die hartnäckige Befürworterin der Aufklärung sei, ist wenig plausibel, weil es von der Annahme ausgeht, daß sie eine Einheit darstellt, ohne die Differenzen innerhalb der Kritischen Theorie in Betracht zu ziehen.[21] Entsprechend der Einsicht Claussens läßt sich eine philosophische Kontinuität der Kritischen Theorie von Adorno bis Habermas sachlich nicht halten.[22] Die Kritische Theorie (bzw. die Frankfurter Schule) ist keine Einheit, sondern es gibt darin unterschiedlichste Versionen des Paradigmakerns, die auf divergierende Theorieabsichten der Hauptexponenten zurückzuführen sind.[23] Adornos Denken liefert, wie von vielen Autoren bemerkt wird, das Material zur Unterstützung beider Positionen.[24] Adorno macht einerseits den Blick frei für die Vernunftkritik bzw. Vernunftsskepsis und vertritt andererseits die in der Tradition der Aufklärung verwurzelten normativen Perspektiven.[25] Die generalisierende Bestimmung, die das gesamte Denken Adornos unter dem Namen der „Kritischen Theorie" bzw. „Frankfurter Schule" zu systematisieren versucht, verdeckt die konkrete Gestalt des Adornoschen Gedankens.

---

[18] Vgl. Kunneman und de Vries(1989), *Die Aktualität der Dialektik der Aufklärung*, S. 11.
[19] Vgl. Paetzold(1995), *Kultur und Gesellschaft bei Adorno*
[20] Zu einem Beispiel der pauschalen Einschätzung der Kritischen Theorie als Gegner der Postmoderne vgl. Paddison(1993), *Adorno's aesthetics of Music*, S. 12.
[21] Vgl. Lenk(1990), *Adorno gegen seine Liebhaber verteidigt*, S. 10
[22] Claussen(1992), *Fortzusetzen. Die Aktualität der Kulturindustriekritik Adornos*, S. 117.
[23] Vgl. Breuer(1985), *Horkheimer oder Adorno: Differenzen im Paradigmakern der Kritischen Theorie* und Claussen(1991), a.a.O. S.117, McCarthy(1993), S. 126 sowie auch Massing(1990), *Zur Rekonstruktion der „Ästhetischen Theorie" Adornos. Versuch einer kritischen Annäherung*, S. 75 und Wiggerhaus(1986), a.a.O.
[24] Vgl. Jay(1984), *Adorno*, S. 21ff und Jameson(1989), *Late Marxism. Adorno, or, The Persistence of the Dialectic*, S. 229ff. Wellmer(1985), *Zur Dialektik von Moderne und Postmoderne*, S.48ff, Honneth(1989), *Kritik der Macht*, S. 133. Die Nähe zwischen Adorno und Foucault wurde von vielen Autoren thematisiert. Vgl. Peter Dews(1989), *Foucault und »Dialektik der Aufklärung«* und Honneth(1988), *Foucault und Adorno. Zwei Formen einer Kritik der Moderne*.
[25] Kunneman und de Vries(1989), a.a.O. S. 12.

Ein Weg zur Rettung Adornos vor diesem „Klischee"[26] und zur Unterscheidung Adornos von anderen Exponenten der Kritischen Theorie ist in der Lesart, die Lenkt vorschlägt, zu finden: „Adorno ist nur in seinen Texten zu haben (und natürlich in seiner Musik), aber sonst nirgendwo."[27] Um Adorno von anderen Theoretikern der Kritischen Theorie zu unterscheiden und seine Eigenheit hervorzuheben, wird in dieser Arbeit auf die Bezeichnung „Adorno als Mitglied der Frankfurter Schule" verzichtet. Und dementsprechend wird statt der üblichen Lektüreweise, die seine theoretische Entwicklung mit der Geschichte der Frankfurter Schule oder der Kritischen Theorie in Verbindung bringt, das Verhältnis Adornos zur musikalischen „Wiener Schule" als ein wichtiger Zugang zu seiner Theorie der Moderne behandelt. Das Verhältnis Adornos zur Wiener Schule ist kaum thematisiert worden,[28] aber gerade daraus ist ein wichtiger Leitfaden für die Erläuterung der Genese des eigenen Adornoschen Denkens zu gewinnen.

Die Arbeiten Adornos »Aktualität der Philosophie« und »Idee der Naturgeschichte«, die in dem Übergangsprozeß vom transzendentalen Idealismus[29] zur eigenen Philosophie entstanden, beziehen sich bekanntlich auf Benjamin.[30] Adorno nennt immerhin neben der »Theorie des Romans« von Georg Lukács den »Ursprung des deutschen Trauerspiels« von Benjamin als die wichtigste Quelle für seine eigene Konzeption. Diese Arbeit recherchiert eine relativ wenig berührte Quelle seines Gedankens: seine Auseinandersetzung mit der zeitgenössischen Musik, d.h. der Neuen Musik. Wie Benjamin seinen Begriff der Moderne an Baudelaire entwickelt, so gewinnt Adorno seinen eigenen aus der musikalischen Bewegung der Neuen Musik. Adorno weist selbst darauf hin, daß seine Musikkritiken in den 20er Jahren „das Zusammentreffen von philosophisch-theoretischem und praktisch-musikalischem Interesse"[31] sind.

---

[26] Vgl. Lenk(1990), a.a.O., S.10.
[27] Ebenda, S.11.
[28] Soviel ich weiß, ist Steinert(1989) der Einzige, der Adorno in seinem Verhältnis zur Wiener Schule verstehen will. Vgl. auch Eichel(1990), *Die Kunst der Künste«. Perspektiven einer interdisziplinären Ästhetik nach Adorno*, S. 155ff.
[29] Die Dissertation »*Die Transzendenz des Dinglichen und Neomatischen in Husserls Phänomenologie*(1924)« und die erste Habilitationsschrift »*Der Begriff des Unbewußten in der transzendentalen Seelenlehre*(1927)« sind geprägt vom Standpunkt der Cornelius'schen Version des transzendentalen Idealismus.
[30] Zum Verhältnis Adorno-Benjamin vgl. grundlegend: Buck-Morss(1977), a.a.O.
[31] Adorno, *Ad vocem Hindemith. Eine Dokumentation*, S. 235.

Der junge Adorno begann seine schriftstellerische Laufbahn eher als Musikkritiker denn als Philosoph. In der Zeit, in der seine Dissertation (1924) und seine Habilitationsschrift »*Kierkegaard. Konstruktion des Ästhetischen*« (1933) erschienen, veröffentlichte er zahlreiche Beiträge in Musikzeitschriften, wie in der »*Zeitschrift für Musik*«, in »*Die Musik*« und »*Pult und Takt-Stock*«. Zwischen 1928-31 war er als Redakteur der Wiener Musikzeitschrift »*Anbruch*« tätig.[32] Allein in den Jahren 1921 bis 1932 erschienen von ihm ca. hundert Artikel musikalischen Inhalts.[33] Der Anfang der Adornoschen Philosophie ist, wie die Bemerkung von Buck-Morss zeigt, als Effekt seiner kontinuierlichen Auseinandersetzung mit der Neuen Musik, besonders mit der Musik Schönbergs zu sehen: „His articles were critical reflections containing the beginnings of his own theory of aesthetics, which, significantly, rested on philosophical conceptions of the dialectic not articulated by Schönberg himself."[34] Aus der inneren Verbindlichkeit der Werke Adornos gesehen, antizipieren die musikalischen Schriften dieser Zeit nicht nur seine früheren philosophischen Schriften, wie die »*Aktualität der Philosophie*«, die »*Idee der Naturgeschichte*« und »*Kierkegaard*«, sondern sie stellen auch wichtige Vorstudien der »*Philosophie der Neuen Musik*« und der »*Ästhetischen Theorie*« dar.

Adorno entwickelt seine Gedanken aus dem Geist der Musik, und Musik fungiert als ein Modell und als Grundlage seiner Gesellschaftskritik. Diese Arbeit folgt dem Adornoschen Verfahren, das die Gesellschaftskritik mittels der Musikkritik durchführt. Seine Gesellschaftskritik hat keinen direkten Bezugspunkt zur gesellschaftlichen Wirklichkeit. Adorno kritisiert die Gesellschaft nicht durch die direkte Wahrnehmung der sozialen Wirklichkeit, sondern durch die Vermittlung der Musikkritik. Diese vermittelte Kritik an der Gesellschaft läßt sich durch die Diagnose Adornos der Moderne legitimieren, wonach die Gesellschaft einem universalen Verblendungszusammenhang unterworfen ist. Innerhalb des universalen Verblendungszusammenhangs ist die direkte Kritik am Verblendungszusammenhang der Gesellschaft nicht mehr möglich. Die mögliche Kritik überlebt nur in dem Versuch der Kunst, ihre Autonomie in der verwalteten Gesell-

---

[32] Zur ausführlichen Analyse der Adornoschen Schriften in dieser Zeit vgl. Hufner(1996), a.a.O., S. 14ff.
[33] Wiggerhaus(1987), a.a.O., S. 20.
[34] Buck-Morss(1977), a.a.O., S. 15.

schaft zu bewahren. Adorno der „Wiener Schule" zuzurechnen bezeichnet nicht einfach seinen biographischen Hintergrund. Es weist vielmehr auf die gesamten Bemühungen Adornos hin, das Projekt der Aufklärung aus dem Geist der Musik zu kritisieren und das Jenseits der Dialektik der Aufklärung zu antizipieren.

2.2 SCHÖNBERG ALS MUSIKALISCHER ODYSSEUS

Es geht in dieser Arbeit vor allem darum, in der Schönberg-Deutung Adornos dem Adornoschen gesellschaftstheoretischen Ansatz, den er gegen die Tendenz der Dialektik der Aufklärung vorbringt, nachzuspüren. Die Musik Schönbergs „in ästhetischen und gesellschaftlichen Zusammenhängen verbindlich zu deuten"[35] war die Absicht der Schönberg-Deutung Adornos. Adorno erkennt in der Stilgeschichte Schönbergs einerseits die Entfaltung der Geschichte der Aufklärung und andererseits ihre Selbstreflexion: die Überwindung der Moderne. Das kompositorische Konzept Schönbergs überträgt Adorno in seine eigene ästhetische Idealvorstellung. Er nimmt die Musik Schönbergs zudem als ein Formmodell für die philosophischen Texte.[36] Durch seine Schönberg-Interpretation können wir Einsicht in seine Vernunftkritik erlangen und herausfinden, wie das Ästhetische als Korrekturinstanz der Vernunft funktionieren kann.

Die Untersuchung basiert auf den folgenden beiden Thesen Adornos: erstens auf der These, die er programmatisch in dem Aufsatz »*Zur gesellschaftlichen Lage der Musik*(1932)« formulierte, daß „die Aufgabe der Musik als Kunst in gewisse Analogie zu der der gesellschaftlichen Theorie tritt"[37], und zweitens auf der in der »*Ästhetischen Theorie*« konzipierten These des „Kunstwerkes als fensterloser Monade". In der These des „Kunstwerkes als fensterloser Monade" wird die Aporie des Kunstwerkes in der gegenwärtigen gesellschaftlichen Situation behandelt: Als fensterlose Monade steht das Kunstwerk mit der Gesellschaft in einem Verweisungszusammenhang. Die Ähnlichkeit der immanenten Dynamik und der Histo-

---

[35] Adorno(1937), *Exposé zu einer Monographie über Arnold Schönberg*, S. 609.
[36] Vgl. Müller(1988), *Erkenntniskritik und negative Metaphysik bei Adorno*, S. 195.
[37] Adorno(1932), *Zur gesellschaftlichen Lage der Musik*, S. 731.

rizität des Kunstwerkes mit der gesellschaftlichen Dynamik deutet auf die Dialektik der Naturbeherrschung des Menschen hin, aber das Kunstwerk unterwirft sich ihr nicht bloß. Es beinhaltet noch die Möglichkeit des Jenseits der Dialektik der Aufklärung. „Alle ästhetischen Kategorien sind ebenso in ihrer Beziehung auf die Welt wie in der Lossage von ihr zu bestimmen."(ÄT, 209)

Adorno betrachtet die Musikgeschichte als Schauplatz, auf dem der paradoxe Sachverhalt der Moderne und der Aufklärung gezeigt wird. In der Dialektik der Aufklärung stellt die Musik einerseits das „von der Gesellschaft Leidende und Gefesselte" dar: Die Musik weist eine gewisse Gleichartigkeit mit der Zivilisationsgeschichte und dem Aufklärungsprozeß auf. Die Musik ist nicht von dem weitergehenden Verdinglichungs- und Fetischisierungsprozeß befreit, den die Gesellschaft ihr aufzwingt. Andererseits trotzt die „wahre" Musik der aufgeklärten Gesellschaft. „Die unerbittliche Musik" vertritt „die gesellschaftliche Wahrheit gegen die Gesellschaft."(PdnM, S.116)

Unter den zahlreichen Komponisten der Neuen Musik nimmt Schönberg die zentrale Stelle in der Musikästhetik Adornos ein. Seine musikalischen Schriften über Schönberg bestehen aus einigen kleinen Artikeln über einzelne Werkanalysen[38] und theoretischen Artikeln[39] wie dem Schönberg-Teil[40] der »Philosophie der Neuen Musik«. Diese Arbeit behandelt besonders die »Philosophie der Neuen Musik«, weil sie verbindlich für alles ist, was Adorno über Musik schrieb.[41] Adorno wollte die »Philosophie der Neuen Musik«, die eine wichtige Schrift über Schönberg darstellt, als Exkurs über die »Dialektik der Aufklärung« verstanden wissen. Die »Philosophie der Neuen Musik« und die »Dialektik der Aufklärung« stehen in einem Kontext. Die These der »Dialektik der Aufklärung«, welche die Geschichte als Umkehrung der von der Rationalität intendierten Aufklärung in My-

---

[38] So z.B. »Arnold Schönberg: Fünf Orchesterwerke op. 16 (1927)«, »Schönberg: Serenade op. 24 (1927)«, »Schönberg: Suite für Klavier, drei Bläser und drei Streicher op. 29 und Drittes Streichquartett op. 30 (1928)«, »Schönbergs Bläserquintett (1928)«.
[39] »Zur Zwölftontechnik(1929)«, »Arbeitsprobleme des Komponisten(1930)«, »Der dialektische Komponist(1934)«, »Reaktion und Fortschritt(1930)« etc.
[40] »Die Philosophie der Neuen Musik« wurde 1948 ein Jahr nach der Publikation der »Dialektik der Aufklärung« veröffentlicht. Die Arbeit über Schönberg entstand hingegen zwischen 1940-1941.
[41] Adorno(1968), Wissenschaftliche Erfahrung in Amerika, in: Stichworte, S. 719.

thologie interpretiert, steht in der »*Philosophie der Neuen Musik*« der musikalischen Pendelbewegung Schönbergs gegenüber.

Ist die »*Dialektik der Aufklärung*« die Analyse der Geschichte als Herrschaft über die Natur, so stehen die Ausführungen der »*Philosophie der Neuen Musik*« unter der Frage: Welchen Anteil an dieser Herrschaft über die Natur hat die Neue Musik, und wie kann sie aus dem Zirkel der sich gegen die Menschen selbst richtenden Naturbeherrschung herausführen? Während „Maßnahmen, wie sie auf dem Schiff des Odysseus im Angesicht der Sirenen durchgeführt werden, die ahnungsvolle Allegorie der Dialektik der Aufklärung"(DdA, S.52) sind, betrachtet Adorno Schönberg als eine Allegorie der Selbstreflexion der Aufklärung, also als eine Allegorie der Aufklärung der Aufklärung. Die Episode des Odysseus zeigt, wie Rationalisierung in Mythologie, wie die Herrschaft über die äußere Natur in das „Entsagen" der inneren Natur umschlägt. Odysseus ist für Adorno „die paradigmatische Gestalt, an der sich die Dynamik der Selbstzerstörung des Abendlandes exemplifizieren'"[42] läßt. Die kompositorische Geschichte Schönbergs stellt dagegen eine geheimnisvolle Allegorie der Überwindung der Moderne dar. Adorno schreibt nicht über Arnold Schönberg, sondern mit ihm über ebendieses: über den Zwangscharakter der modernen Gesellschaft und die Versuche der Kunst und der Philosophie, diesen Bann zu lösen.

---

[42] Van Reijen(1989), *Der Flaneur und Odysseus*, S. 101.

Kapitel I
Kunst, Gesellschaft und Kritik

> In nuce –
> Aufgabe von Kunst heute ist es,
> Chaos in die Ordnung zu bringen.
> (Adorno, Minima Moralia)

1. DAS ÄSTHETISCHE ALS GESELLSCHAFTS- UND ERKENNTNISKRITIK

1.1 DAS ÄSTHETISCHE UND DIE ÄSTHETIK

Wenn man das gesamte Adornosche Unternehmen als »*Kritische*« Theorie bezeichnet, gewinnt seine philosophische Intention ihre definitive Fassung im Zeichen des »*Ästhetischen*«.[43] Sucht man ein Leitmotiv, das die verschiedenen Arbeiten Adornos miteinander verbindet, dann begegnet man der Problematik der Ortsbestimmung und der Bezugspunkte der Kategorie des Ästhetischen im Adornoschen Denken. Ohne die Implikationen des Ästhetischen in seinem Philosophieren zu begreifen, kann m.e. sein gesamtes Denken nicht konturiert werden. Die Bemühung Adornos, dem Ästhetischen einen geeigneten Platz zu verleihen, berücksichtigt diese Arbeit als einen wichtigen Zugang zur Klärung seines ästhetischen Denkens.

Für Adorno ist das Ästhetische kein bloßes Attribut der Ästhetik als einer wissenschaftlichen Disziplin. Der Begriff „ästhetisch" verweist vor allem auf seinen grundlegenden philosophischen Ansatz. Der Terminus des Ästhetischen ist bei Adorno äquivok. Zum einen ist das Ästhetische, dem allgemeinen Sprachgebrauch entsprechend, gleichbedeutend mit kunsttheoretischen Erwägungen. Mit dem Titel seines letzten Werkes: »*Ästhetische Theorie*« hat Adorno nicht auf eine theoretische Ästhetik als Unterabtei-

---
[43] Vgl. Bubner(1980), *Kann Theorie ästhetisch werden*, S. 109.

lung eines umfassenden Theoriegebäudes gezielt. Die Kategorie des Ästhetischen kann nicht auf den Bereich der herkömmlichen Ästhetik als Lehre vom Schönen bzw. als Wahrnehmungstheorie reduziert werden. Zum anderen enthält der Begriff »ästhetisch« eine kritische Bedeutung: das Ästhetische als kritische Haltung gegen die »autonome Ratio« und deren gesellschaftliche Erscheinungen. Adorno, der sich von Anfang an dem Anspruch der Kritik am Anspruch der idealistischen Systematik verschrieben hat, pointiert das Ästhetische in bestimmtem Gegensatz zur systematischen Philosophie. Das Ästhetische im Philosophieren zu vergegenwärtigen ist seine grundlegende gedankliche Intention, und Adorno entzieht sich mit dem Ästhetischen der systematischen Philosophie. Es ist eine »Chiffre«, die seinen philosophische Ansatz impliziert. Es ist kein Zufall, daß Adorno seine eigene Philosophie mit der Hablitationsschrift über »*Das Problem der Konstitution des Ästhetischen bei Kierkegaard*« beginnt und daß die »*Ästhetische Theorie*« sein letztes Buch ist. Das zeigt vielmehr, daß alle theoretischen Bemühungen Adornos in die Auseinandersetzung mit der Ortsbestimmung der Kategorie des Ästhetischen münden und rechtfertigt den Versuch, die Interpretation des Adornoschen Denkens auf das Ästhetische zu beziehen.

Trotz der Bedeutsamkeit der Kategorie des Ästhetischen wäre die Herausforderung, die Adornoschen Überlegungen zum Ästhetischen in einen Begriff einzuschließen, ganz unmöglich zu realisieren und inkompatibel mit der Adornoschen Konzeption des Ästhetischen. Von einer Philosophie, die der Definition prinzipiell so mißtrauisch gegenübersteht wie die Adornos, ist kaum zu erwarten, daß das Ästhetische sich in definitorischer Form formulieren läßt. Die Unmöglichkeit einer Definition des Ästhetischen gründet vor allem im Charakteristikum des Ästhetischen. Wie Bubner es auslegt, bezeichnet „ästhetisch" „eine Erfahrung konstitutiver Unbestimmbarkeit."[44] Daher sperrt das Ästhetische sich der Definition. Nach Adornos Formulierung ist das Definieren eines Gegenstandes „ein Objektives, gleichgültig, was es an sich sein mag, subjektiv, durch den Begriff einzufangen."[45] Es ist eine Kategorie, die nicht auf das Vernunftprinzip der klaren Definition mit einem Begriff zurückzuführen ist. Das „Ästhetische"

---

[44] Bubner(1983), a.a.O., S. 39.
[45] Adorno(1977), *Zu Subjekt und Objekt*, S. 741.

läßt sich nur als »eine gedankliche Konzeption« begreifen, aber nicht eine fixierte, sondern eine sich bewegende. Das Ästhetische hat seinen Inhalt in der sich geschichtlich verändernden Konstellation von verschiedenen Momenten. Das offenbart das Defizit an einer systematischen Grundlage. Die eigene konkrete Vorstellung vom Ästhetischen können wir in seinem gegenständlichen Ablauf, in seiner konkreten figürlichen Konstellation konturieren. Das Ästhetische entzieht sich einer positiven Bestimmung. Die „Unbestimmbarkeit" des Ästhetischen kann nur im Gegensatz zu seinem Anderen „negativ" bestimmt werden:

> Deutbar ist Kunst nur an ihrem Bewegungsgesetz, nicht durch Invarianten. (...) Das spezifisch Kunsthafte an ihr (d.h. der Kunst) ist aus ihrem Anderen: inhaltlich abzuleiten; das allein genügte irgend der Forderung einer materialistisch-dialektischen Ästhetik. Sie spezifiziert sich an dem, wodurch sie von dem sich scheidet, woraus sie wurde; ihr Bewegungsgesetz ist ihr eigenes Formgesetz. Sie ist nur im Verhältnis zu ihrem Anderen, ist der Prozeß damit. (ÄT, S.12)

Der universale »Verblendungszusammenhang« der gesellschaftlichen Realität und das Ästhetische stehen einander radikal entgegen. Das Ästhetische bestimmt sich negativ im Verhältnis zu dem, was sie nicht ist. Das Ästhetische ist es also, das sich dem immergleichen Verblendungszusammenhang nicht einfügt. Es ist immer ein Gegenpart zum »Gegebenen«. Insofern das Ästhetische sich als Gegenpart des identifizierenden Denkens und des Logozentrismus darstellt, kann es nie auf einen Begriff reduziert bzw. mit ihm identifiziert werden.

Das Ästhetische läßt sich nur angemessen bestimmen, wenn es als Subversion der nichtästhetischen Kategorien und des nichtästhetischen Denkens verstanden wird. Die Kategorie des Ästhetischen macht den Gegenpol zu einer Denkweise aus, die dahin tendiert, den Prozeß in einem Resultat bzw. den Gegenstand durch den Begriff zu fixieren. Das ästhetische Denken läßt in sich Aporie, Widerspruch und Spannung zu, wodurch es zu einer nicht endenden Bewegung wird.[46] Die Kategorie des Ästheti-

---

[46] Welsch spricht vom ästhetischen Denken in verwandter Absicht, vgl. Welsch(1996b), *Grenzgänge der Ästhetik,* S. 62ff.

schen konstituiert sich in einem Spannungsfeld und wird deshalb durch Gegensatzpaare beschrieben. Adorno hat selten versucht, das Ästhetische explizit darzustellen. Es verbirgt sich, aber taucht immer auf, wenn Adorno seine Vernunftskepsis äußert. Man kann über das Ästhetische keine Aussage treffen, ohne gleichzeitig dessen Gegenteil zu behaupten. Die Kategorie des Ästhetischen ist ein Ansatz der Kritik an der fixierten Trennung zwischen dem „sinnlichen Verführer" und dem „reflektierten Johannes".[47] Die Stoßrichtung des ästhetischen Denkens ist dabei jene der klassischen abendländischen Dichotomien wie der von Natur und Geschichte, Wesen und Erscheinung, Subjekt und Objekt, Form und Inhalt, Rationalität und Irrationalität, Vernunft und Sinnlichkeit, Ausdruck und Konstruktion, Rationalität und Mimesis, Eindeutigkeit und Mannigfaltigkeit, Klarheit und Unklarheit etc. Diese traditionellen Dichotomien sind nicht plausibel, insofern sie die sich entgegensetzenden Elemente als streng voneinander getrennte präsentieren. Dagegen richtet sich der ästhetische Blick auf die Komplikation der sich entgegensetzenden Momente. Wenn das identifizierende Denken daran glaubt, daß alles Seiende auf Begriffe reduziert werden kann, konzediert das Ästhetische die Irreduzierbarkeit des Seienden auf die Begriffe. Das ästhetische Denken Adornos, die Philosophie als Deutung, rührt vom Bewußtsein der irreduziblen Wirklichkeit her:

> Philosophie aber, die die Annahme der Autonomie nicht mehr macht; die nicht mehr die Wirklichkeit in der ratio begründet glaubt, sondern stets und stets die Durchbrechung der autonom-rationalen Gesetzgebung durch ein Sein annimmt, das ihr nicht adäquat und nicht als Totalität rational zu entwerfen ist, wird den Weg zu den rationalen Voraussetzungen nicht zu Ende gehen, sondern dort stehen bleiben, wo irreduzible Wirklichkeit einbricht (...) Der Einbruch des Irreduziblen aber vollzieht sich konkret geschichtlich und darum gebietet Geschichte der Denkbewegung zu den Voraussetzungen hin halt.[48]

Das ästhetische Denken widerspricht der transzendentalen Philosophie, die die „Interpretation des Wirklichen im stimmigen Formgesetz der

---

[47] Adorno(1933), *Kierkegaard*, S. 24.
[48] Adorno(1931), *Die Aktualität der Philosophie*, S. 343.

Begriffe"[49] fordert. Es bringt die Philosophie in ein „ästhetisches Bilderspiel", weil es anzweifelt, daß „Wirkliches in die Begriffe einging, in ihnen sich ausweist und sie einsichtig begründet"[50] und verwandelt die „prima philosophia" in „philosophischen Essayismus".[51] Hier konvergiert das Ästhetische mit der Kritik.[52] Daraus läßt sich die kritische Stellung Adornos zum Topos der idealistischen Ästhetik erklären. Anders als Hegel, der letztlich die Ästhetik als eine angewandte Philosophie der Kunst begreift und sie auf ein philosophisches System reduziert und darin den „sinnlichen Schein" der Wahrheit sieht, versteht Adorno die Ästhetik nicht als Anwendungsbereich der philosophischen Kategorien, die aus einem philosophischen System abgeleitet werden können. Entgegen der Hegelschen Auffassung vom hierarchischen Verhältnis zwischen der Ästhetik und der Philosophie vertritt Adorno den Standpunkt, daß die Ästhetik autonom gegenüber der Philosophie sei: „Bei Hegel war der Geist in der Kunst, als eine Stufe seiner Erscheinungswesen, aus dem System deduzibel und gleichsam in jeder Kunstgattung, potentiell in jedem Kunstwerk, eindeutig, auf Kosten des ästhetischen Attributs der Vieldeutigkeit". (ÄT, S.140) Die ästhetischen Kategorien werden nicht in ein System integriert, wie in Hegels Ansatz. Adorno hebt eher die Autonomie der ästhetischen Kategorien hervor und findet darin einen Ansatz zur Kritik an der am System orientierten Identitätsphilosophie. Was das Problem der Wahrheit der Kunst betrifft, geht es bei Hegel nicht um die Wahrheit der Kunst, sondern um die des absoluten Geistes und seines Begriffs. Adorno unterwirft das Problem der Wahrheit der Kunst nicht der systematischen Philosophie; er gewährt dem Ästhetischen eine andere Logik, die nicht auf die Philosophie rekurrieren soll und aus einer eigenen Logik heraus verstanden werden muß. Das Ästhetische wird bei Adorno nicht an der Logik der philosophischen Begriffe

---

[49] Adorno(1933), a.a.O., S. 9.
[50] Adorno(1933), a.a.O., S. 9.
[51] Vgl. Adorno(1931), a.a.O., S. 343.
[52] Ästhetische Kritik weist in bezug auf das Bestehende dessen Mangel auf und insofern bleibt sie nur »negativ«. Jede mögliche kritische Aussage ist nicht „X ist Y", sondern „X ist nicht Y". Die Aussage »Was ist X« ist noch dem Modell der Totalität und dem Schema von Wesen und Schein verhaftet. Adorno verwandelt das alte philosophische Schema in die Dialektik der Identität und Nichtidentität. Das Ästhetische ist insofern auf keinen Fall positiv bestimmbar. Es ist eine negative Kategorie und Statthalter des Nichtidentischen. Alle prädikativen Identifikationen von etwas als etwas Bestimmtes zu identifizieren ist für Adorno eine falsche Spekulation. Vgl. Brunkhorst(1990), *Theodor W. Adorno*, S. 30ff.

und Kategorien gemessen. Der Wahrheitsgehalt der Kunst erscheint eher in der Kritik an der idealistischen Philosophie. Mit der Ästhetik bricht er die philosophische Tradition ab, die das Wirkliche in Begriffe bringt und in ein System synthetisiert. Es ist für Adorno absurd, „Kunst generell durch ein System philosophischer Kategorien zu erschließen". (ÄT, S.493) Adorno löst die Abhängigkeit der ästhetischen Aussage von der Philosophie und rehabilitiert die Autonomie des Ästhetischen. Diese Rehabilitierung des Ästhetischen geschieht jedoch nicht um den Preis eines Rückfalls in eine irrationalistische Position oder einer Rückkehr zum Primat der sinnlichen Anschauung. Es geht also nicht um einen neuen Typ der philosophischen Theorie im traditionellen Sinne oder gar „um den Abschied an alles Theoretisieren, das durch neue irrationale Redeweisen ersetzt würde."[53] Die Adornosche Kritik an der Hegelschen idealistischen Ästhetik und seine Emphase des Ästhetischen läßt sich nicht verstehen als Befürwortung einer irrationalistischen Ästhetik. Für Adorno ist das Ästhetische nie Ausbruch aus allen Bahnen der Rationalität, sondern stets eine Dimension der Aufklärung und gleichzeitig ihr Widerpart.[54] Er rückt von der Gesinnung ab, „Kunst als Reservat von Irrationalität"[55] zu begreifen. Das Ästhetische gehört nicht der Sphäre bloßer »Unmittelbarkeit« an. Es besteht nicht aus bloßem Anschauen des Kunstwerks bzw. sinnlicher Wahrnehmung. Der Irrationalismus ist weit davon entfernt, der Ratio zu widerstehen, weil er die Unmittelbarkeit der Vernunft gegenüberstellt. Insofern wiederholt er die alte Dichotomie des Rationalismus.[56] Der Irrationalismus isoliert Kunst von allem, was Erkenntnis heißt:

> Er (der Irrationalismus) schränkt zwar die kalte Vernunft *zugunsten des unmittelbaren Lebens* ein, macht es jedoch zu einem dem Gedanken bloß feindlichen Prinzip. Im Scheine solcher Feindschaft wird Gefühl und schließlich aller menschliche Ausdruck, ja Kultur überhaupt der Verantwortung vor dem Denken

---

[53] Bubner(1980), a.a.O., S. 108.
[54] Vgl. Brunkhorst(1990), *Adorno*, S. 20.
[55] Adorno(1954), *Der Essay als Form*, S. 9.
[56] Vgl. Adornos Kritik an der »Unmittelbarkeit«: „Weil, nach Hegels Diktum, nichts zwischen Himmel und Erde ist, was nicht vermittelt wäre, hält der Gedanke der Idee von Unmittelbarkeit Treue nur durchs Vermittelte hindurch, während er dessen Beute wird, sobald er unvermittelt das Unvermittelte ergreift." Adorno(1954), ebenda, S. 29.

entzogen, verwandelt sich aber dadurch zum neutralisierten Element der allumspannenden Ratio des längst irrational gewordenen ökonomischen Systems. (DdA, S. 111)

Gegen die irrationalistische Verteidigung alles Unmittelbaren insistiert Adorno auf einer »Vermittlung« zwischen Philosophie und Kunst. Um in die Struktur der Werke einzudringen und darin die Negativität zu finden, müsse man über die philosophischen Kategorien verfügen. Hier ist der Punkt, an dem Philosophie und Kunst konvergieren: „Philosophie und Kunst konvergieren in deren Wahrheitsgehalt: die fortschreitend sich entfaltende Wahrheit des Kunstwerkes ist keine andere als die des philosophischen Begriffs." (ÄT, S.197)[57]

Adorno schreibt der authentischen Kunst eine Erkenntnisfunktion zu. Er spricht immer von der Erkenntnis der Wahrheit in der ästhetischen Objektivität und verbindet das ästhetische Urteil mit der Erkenntnis der Wahrheit: „Kunst ist, emphatisch, Erkenntnis, aber nicht die von Objekten. Ein Kunstwerk begreift einzig, wer es als Komplexion von Wahrheit begreift. Die betrifft unausweichlich sein Verhältnis zur Unwahrheit, zur eigenen und zu der außer ihm; jedes andere Urteil über ein Kunstwerk bliebe zufällig."(ÄT, S. 391) Nach der „sauberen Scheidung von Wissenschaft und Dichtung" hat die Philosophie versucht, den sich bei der Trennung öffnenden Abgrund „im Verhältnis von Anschauung und Begriff zu erblicken."(DdA, S.35) In der Philosophie werden die unmittelbaren Anschauungen und der reflektierte Begriff als Alternative betrachtet. Wegen der Gemeinsamkeit und Sympathie der Kunst mit der Zauberei hat die Philosophie der idealistischen Strömung ihr vorgeworfen, irrational zu sein. Deshalb ist die idealistische Philosophie in die Kunst eingedrungen, um sie zu rationalisieren. Im Idealismus gilt die Entzweiung von Kunst und Philosophie im System der Philosophie als aufgehoben, aber Adorno deutet die Synthese der beiden unter dem Vorrang der begrifflichen Erkenntnis als einen Umschlag in die Positivität. Damit verwandeln sich die Stellung und die Funktion der Kunst in die absolute Affirmation. Für Adorno sind die Züge der sinnlichen Anschauung der Kunst kein absoluter Gegensatz zu

---

[57] So heißt es auch in »*Parataxis*«: „Worauf diese (Dichtungen) zielen und worauf Philosophie zielt, ist das Gleiche, der Wahrheitsgehalt." Adorno(1963), *Parataxis*, S. 451.

den Zügen des Begrifflichen. Ihre sinnliche Anschauung ist an das Begriffliche gebunden, und das gilt auch in der umgekehrten Richtung: „Ganz und gar ohne das anschauliche Moment jedoch wäre die Kunst einfach eins mit der Theorie, während sie doch offensichtlich in sich ohnmächtig wird, wo sie, etwa als Pseudomorphose an die Wissenschaft, ihre qualitative Differenz vom diskursiven Begriff ignoriert; ihre Vergeistigung gerade, als Primat ihrer Verfahrungsweisen, entfernt sie von der naiven Begrifflichkeit, der Allerweltsvorstellung eines Verständlichen."(ÄT, S.146) Die Kritik Adornos richtet sich nicht auf die Behauptung des Primats der Anschaulichkeit der Kunst, sondern auf ihre starre Trennung vom Begrifflichen: „Der Einschlag vom Begrifflichen ist nicht identisch mit der Begrifflichkeit der Kunst; sie ist Begriff so wenig wie Anschauung, und eben dadurch protestiert sie wider die Trennung."(ÄT, S.148) Adorno vermittelt Kunst und Philosophie nicht in der Hegelschen Art: Philosophie und Kunst „berühren sich" bei Hegel „im Ideal zu lösenden Problemen", sie tun es bei Adorno „in umgekehrter Richtung in der Depontenzierung dieses Ideals."[58] Was Adorno dem Primat der Philosophie entgegensetzen will, ist ein herrschaftliches Subsumtionsmodell.

Adorno ist weit entfernt vom Hegelschen Domestizierungsversuch des Ästhetischen durch philosophische Kategorien. Das Verhältnis zwischen Kunst und Philosophie kehrt sich um: Nicht die Philosophie dringt in die Kunst, sondern die Kunst in die Philosophie ein, wenn Erkenntnis an Kunst delegiert wird. In der Kunst kann man ein Modell philosophischer Kritik finden.[59] Die Adornosche Emphatisierung des Ästhetischen bedeutet keine schlichte Umkehrung der Vorrangstellung der Philosophie. Adorno verfolgt die paradoxe Konvergenz von beiden. Er unterstreicht einerseits die Souveränität der Kunst gegenüber der Theorie in bezug auf die Wahrheitserkenntnis. Menke legt die Emphase des Ästhetischen folgendermaßen aus: „Der gemeinsame Maßstab, gemessen an dem sich das Ästhetische als Überbietung des Nichtästhetischen erweisen soll, ist nämlich die Wahrheit des in ihnen artikulierten »Bewußtseins«; das Ästhetische als Überbietung des Nichtästhetischen zu bezeichnen heißt, ihm an Wahrheit überlegene

---

[58] Lypp(1972), *Ästhetischer Absolutismus und politische Vernunft*, S. 239.
[59] Vgl. Adorno(1992), Aufzeichnungen zur Ästhetik-Vorlesung 1931-32, S. 39.

Einsichten zuzutrauen."[60] An der Problematik des »Redeverbotes« von Wittgenstein erkennt Adorno das Scheitern der Philosophie und die Überlegenheit der Kunst:

> Ich glaube aber, daß dieser berühmte Satz Wittgensteins geistig von einer unglaublichen Vulgarität ist, weil darin vorbeigesehen wird an dem, worauf es allein in der Philosophie ankommt: das ist genau das Paradoxe dieses Unterfangens, *mit den Mitteln des Begriffs das zu sagen, was mit den Mitteln des Begriffs eigentlich nicht sich sagen läßt, daß Unsagbare doch zu sagen.*[61]

Im »Redeverbot« drückt sich der Abbruch der theoretischen Begründungsleistungen aus. Statt nach der Wittgensteinschen Maxime darüber zu schweigen, worüber nicht zu reden ist, „transformiert Adorno die Ästhetik zur einzig legitimen Rede vom Redeverbot der Theorie."[62] Adorno verleiht dem Ästhetischen zwar die Souveränität und ein an Wahrheit überlegenes Potential, aber die Kunst bedarf der philosophischen Begriffe, um ihre Wahrheit zu sagen. Somit wird das Überbietungsargument der Kunst zu einem Paradox. Kunst ist weder das Organon der Philosophie im Schellingschen Sinne noch das sinnliche Phänomen, das die idealistische Philosophie aufheben will. Adorno setzt die beiden Momente in ein paradoxes Verhältnis: „Kunst und Philosophie haben ihr Gemeinsames nicht in Form oder gestaltendem Verfahren, sondern in einer Verhaltensweise, welche Pseudomorphose verbietet. Beide halten ihrem eigenen Gehalt die Treue durch ihren Gegensatz hindurch; Kunst, indem sie sich spröde macht gegen ihre Bedeutungen; Philosophie, indem sie an kein Unmittelbares sich klammert." (ND, S. 26-27) Kunst und Philosophie stehen zueinander im Verhältnis einer kritischen Spannung. Trotz der Überlegenheit des Ästhetischen bedarf die Kunst der Philosophie. Kunst ist stumm und sprachlos. Sie kann nicht das sagen, was sie eigentlich will. Kunst wird „beredt" durch Philosophie. Es geht bei der Emphase des Ästhetischen nicht um die Wie-

---

[60] Menke(1993), *Umrisse einer Ästhetik der Negativität*, S. 211.
[61] Adorno(1962/63), *Philosophische Terminologie*, S. 56. Hervorhebung von mir.
[62] Bubner(1980), a.a.O., S. 115.

derverzauberung der Welt, sondern um ein Philosophieren, das im Philosophieren seine eigene Grenze erfahren kann:

> Ihr (d.h. der Ästhetik) Gegenstand bestimmt sich als unbestimmbar, negativ. Deshalb *bedarf Kunst der Philosophie, die sie interpretiert, um zu sagen, was sie nicht sagen kann, während es doch nur von Kunst gesagt werden kann, indem sie es nicht sagt.* (ÄT, S.113)

Das Mögliche ist nicht die Emphase des Ästhetischen gegen die Philosophie, sondern eine Emphase des Philosophischen durch die Ästhetik.[63] Es ist zwar immer die Philosophie, die Kunst beredt macht. Aber die Souveränität der Kunst verlangt von der vergangenen, idealistischen Überschätzung der Philosophie die philosophische Bescheidung, sich auf ihre rekonstruktiven Aufgaben zu beschränken.[64] Die von Hegel postulierte höchste Erhebung philosophischer Spekulation ist nicht mehr verpflichtend. Denn wozu bedarf die Kunst noch der Philosophie? Die Philosophie vermag sich ihrerseits des Absoluten nur zu entledigen, indem sie sich gegen sich selbst wendet:[65]

> Philosophie, wie sie nach allem allein zu verantworten wäre, dürfte nicht länger des Absoluten sich mächtig dünken, ja müßte den Gedanken daran sich verbieten, um ihn nicht zu verraten, und doch vom emphatischen Begriff der Wahrheit nichts sich abmarkten lassen. Dieser Widerspruch ist ihr Element. Es bestimmt sie als negative.[66]

Kunst zehrt die Philosophie auf; ihre Tendenz ist stets die zur Liquidation des Identitätszwanges. Kunst und Philosophie konvergieren allein in dieser Art. Kunst komplettiert und beeinträchtigt gleichzeitig den Erkenntnischarakter der Philosophie: „Kunst komplettiert Erkenntnis um das von

---

[63] Vgl. Menke(1993), *Umrisse einer Ästhetik der Negativität*, S. 211.
[64] Vgl. Menke(1993), ebenda, S. 216.
[65] Vgl. Asiáin(1996), *Theodor W. Adorno: Dialektik des Aporischen. Untersuchungen zur Rolle der Kunst in der Philosophie Theodor W. Adornos*, S. 38.
[66] Adorno(1962), *Wozu noch Philosophie*, S. 461.

ihr Ausgeschlossene und beeinträchtigt dadurch wiederum den Erkenntnischarakter, ihre Eindeutigkeit." (ÄT, S.87)

Die paradoxe Konvergenz kann als die Vorstellung einer auf das Ästhetische zustrebenden Philosophie formuliert werden.[67] Das paradoxe Verhältnis läuft auf das Ästhetischwerden der Philosophie hinaus. Die Konvergenz der Kunst und der Philosophie intendiert eine ästhetische Theorie, „die selber ästhetisch wäre, ohne aufzuhören, Theorie zu sein, als ein ästhetisches Verhalten im Material der Philosophie."[68] Die Forderung des Ästhetischwerdens der Theorie bedeutet auf keinen Fall eine billige Pseudomorphose von Philosophie und Kunst. Vielmehr thematisiert das Ästhetischwerden der Theorie, wie es Bubner auslegt,[69] „die Konvergenz von Erkenntnis und Kunst". Adorno reduziert nicht die Mängel der Philosophie auf ihre ursprüngliche Scheidung von der Kunst. In einem Brief an Krenek begreift Adorno die Scheidung eher als eine historische Notwendigkeit: „Die Differenz der beiden Bereiche ist eine der historischen Notwendigkeit, der Verdinglichung, und läßt sich so wenig widerrufen wie die Verdinglichung selber."[70] Das Problem liegt nicht im Sachverhalt der Trennung beider, sondern in dem „nach dem Muster der Naturbeherrschung und materieller Produktion gemodelten Geist"[71], der diese Scheidung verewigt. Deswegen zielt das Ästhetischwerden der Theorie nicht auf die Rückführung in die mythische Indifferenz der Kunst und Wissenschaft bzw. Philosophie ab, sondern auf die Kritik am System.[72]

1.2 DAS ÄSTHETISCHE UND DIE KRITIK

Die Sphäre der Kategorie des Ästhetischen ist für Adorno nicht immer mit derjenigen der klassisch verstandenen Ästhetik als einer Disziplin identisch. Eine entscheidende Neuerung führt Adorno in die Ästhetik aller-

---

[67] Vgl. Bubner(1983), *Adornos Negative Dialektik*, S. 35-37.
[68] Lenk(1990), *Adorno gegen seine Liebhaber verteidigt*, S. 18.
[69] Bubner(1980), a.a.O., S. 109.
[70] Adorno(1973), Brief an Krenek, S. 85.
[71] Adorno(1954), *Das Essay als Form*, S. 16.
[72] Der Topos des Ästhetischwerdens der Theorie findet sich vor allem in seiner spezifischen Darstellungsweise. Vgl. Adorno(1954), ebenda, S. 13ff.

dings durch ihre Verkopplung mit der Gesellschaftskritik ein.[73] Die Ästhetik Adornos ist nicht als eine Theorie der Kunst oder des Schönen geplant und ihre Kategorien sind nicht ausschließlich auf künstlerische Phänomene beschränkt, sondern sie erstreckt sich auf den gesamten Bereich der Gesellschaft. In Adornos »Ästhetik« geht es bekanntlich um mehr als das, was heute unter Ästhetik im Sinne einer Theorie der Kunst verstanden wird. Wie Menke-Eggers erklärt, ermöglicht die Autonomie des Ästhetischen der ästhetischen Erfahrung, zu einem Eigengesetzlichen zu werden, und ihre Eigengesetzlichkeit macht das Ästhetische gegenüber den nichtästhetischen Diskursen selbständig.[74] Der autonome Status der Kunst ist immer mit dem Moment der Souveränität verbunden – ein Hinweis auf das Utopische: „Eine befreite Gesellschaft wäre jenseits der Irrationalität ihrer faux frais und jenseits der Zweck-Mittel-Rationalität des Nutzens. Das chiffriert sich in der Kunst und ist ihr gesellschaftlicher Sprengkopf."(ÄT, S.338) Nach dem Souveränitäts-Modell ist der Geltungsbereich der Kategorie des Ästhetischen nicht auf die Kunstwerke beschränkt, sondern Adorno weitet ihn auf die außerkünstlerischen Bereiche aus. Während das Autonomie-Modell die ästhetischen Erfahrungen als „geltungsrelativ" beschreibt, hält das Souveränitäts-Modell sie für absolut. Die Ästhetische Kritik ist das Bemühen, das subversive Potential der Kunsterfahrung auch in die außerästhetischen Bereiche zu überführen: „Ein Kunstwerk ist der Todfeind des anderen."(ÄT, S.59) Die ästhetische Erfahrung engt nicht die Negativität der Kunst auf den aktuellen Vollzug künstlerischer Erfahrung ein, sondern sie bezieht sich auf die nichtästhetischen Erfahrungen, Diskurse und Praktiken. Das Ästhetische meldet seinen Anspruch hauptsächlich in der Kritik an. Adorno schrieb dazu 1934 in einem Brief an Walter Benjamin: „dann aber glaube ich auch (...), daß hier das Ästhetische unvergleich viel tiefer in die Wirklichkeit revolutionär wird eingreifen als die Klassentheorie als deux ex machina."[75] In diesem Sinne ist die Erläuterung Kaisers, daß „Adornos Kritische Theorie keine Theorie der Ästhetik gibt", sondern vielmehr „Ästheti-

---

[73] Vgl. Paetzold(1974), *Neomarxistische Ästhetik*, S. 66ff.
[74] Vgl. Menke-Eggers(1988), *Die Souveränität der Kunst. Ästhetische Erfahrung nach Adorno und Derrida*, S. 9.
[75] Adorno an Benjamin, Oxford, 6. 11. 1934, in: *Adorno-Benjamin Briefwechsel 1928-1940*, S. 74.

sche Theorie" ist,[76] völlig richtig. Adorno findet im Ästhetischen ein Modell der Kritik: „Kunst ist nicht nur der Statthalter einer besseren Praxis als der bis heute herrschenden, sondern ebenso Kritik von Praxis als der Herrschaft brutaler Selbsterhaltung inmitten des Bestehenden und um seinetwillen". (ÄT, S.26) Zur Kritik bedarf es nach ihm eines Maßstabes, der nur außerhalb der Kriterien des am System orientierten Denkens zu finden ist. Die Kritik an allen Postulaten der „prima philosophia", d.h. der „Klarheit" und des System-Ideals, vollzieht sich nur im Medium einer Form der ästhetischen Kritik, die außerhalb der überlieferten philosophischen Argumentationsweise liegt. Adorno schreibt in »*Dialektik der Aufklärung*«: „Wenn die Öffentlichkeit einen Zustand erreicht hat, in dem unentrinnbar der Gedanke zur Ware und die Sprache zu deren Anpreisung wird, so muß der Versuch, solcher Depravation auf die Spur zu kommen, den geltenden sprachlichen und gedanklichen Anforderungen Gefolgschaft versagen, ehe deren welthistorische Konsequenzen ihn vollends vereiteln."(DdA, S.11-12) Von der ästhetischen Denkform her inspiriert übt er Kritik an der Vernunft als kognitivem Prinzip der Erkenntnis und Strukturprinzip der Gesellschaft.

Die Ästhetische Kritik ist eine vorbildliche Form der negativen Dialektik, die „das Spezifische und mehr als das Spezifische, ohne es in seinem allgemeineren Oberbegriff zu verflüchtigen"(ND, S.39), trifft. Die ästhetische Identität soll dem Nichtidentischen beistehen, das vom Identitätszwang der Realität unterdrückt wird. Das Denkmodell der negativen Dialektik, d.h. „die Forderung nach Verbindlichkeit ohne System"(ND, S.39), wird erst von der ästhetischen Kritik ausgeführt. Sie findet ihre Stätte nicht mehr im Ideal der Harmonie, sondern in einer „veränderten Version von Dialektik"(ND, S.18), im „konsequenten Bewußtsein von Nichtidentität"(ND, S.17): „Die Kategorien der Kritik am System sind zugleich die, welche das Besondere begreifen."(ND, S.38) Der kritische Aspekt des Ästhetischen läßt sich in zwei Richtungen konkretisieren: einerseits in der wissenschaftskritischen (erkenntniskritischen), andererseits in der gesellschaftskritischen.

---

[76] Kaiser(1974), *Benjamin - Adorno: Zwei Studien*, S. 109.

1.2.1 DAS ÄSTHETISCHE UND DIE WISSENSCHAFTSKRITIK

Das Ästhetische weist darauf hin, daß es sich beim Denken nicht um das rein logische Funktionieren des Verstandes handeln soll: nicht um die Restriktion des Denkens auf das begriffliche Vermögen. Adorno findet in den authentischen Kunstwerken ein den nichtästhetischen Diskurs überschreitendes Potential. Das Erkenntnismoment, das Adorno der authentischen Kunst zuschreibt, „gründet sich auf deren Vermögen, vom System der verwalteten Welt noch unreglementierte Erfahrungen zu machen und zur Sprache zu bringen".[77] Das Potential der Kunst ist nichts anderes als ihr Vermögen, für das zu sprechen, was vom Schleier der Realität zugedeckt ist und das Nichtidentische aus dem Bann der Identität herauszuziehen. Während alles diskursive Denken auf die Identität von Begriff und Sache zielt, versucht Kunst das zu erschaffen, was vom Begriff nicht erreicht werden kann. Den an der authentischen Kunst zu machenden Erfahrungen gesteht Adorno eine solche, die Erfahrung bestätigende wissenschaftskritische (bzw. erkenntniskritische) Perspektive zu.

Wo überlebt in der Welt, die dem »universalen Verblendungszusammenhang« unterworfen ist, das Potential der Kritik? Wie kann noch Kritik geübt werden, ohne die Kritik wieder dem Identitätszwang zu unterwerfen? „Je stärker die Wirklichkeit dem rationalen Kalkül unterworfen wird, desto mehr bedarf die Philosophie der Kunst, weil allein hier die auf formale Identität hin angelegten Gesetze der Logik noch nicht zu ausschließlicher Herrschaft gelangt sind."[78] Insofern Adorno vom Totalitätsanspruch des Idealismus abrücken will, ohne in den »performativen Widerspruch«[79] zu verfallen, muß er die Mittel der Kritik dort finden, wo das zu Kritisierende keine Geltung erhält. Adorno verläßt alles „Vertraute" der wissenschaftlichen Argumentation. Die traditionelle Wissenschaft gehört schon zu einem

---

[77] K. Lenk(1995), *Adornos „Negative Utopie". Gesellschaftstheorie und Ästhetik*, S. 141.
[78] Scheible(1993), *Theodor W. Adorno*, S. 77-78.
[79] Habermas kritisiert die Adornosche Vernunftskepsis, weil sie der »Bodenlosigkeit« und »Selbstbezüglichkeit« verhaftet sei. Deswegen meint Habermas, daß die Adornosche Vernunftkritik notwendig in einen performativen Widerspruch verfällt. Er verkennt den Adornoschen Paradigmawechsel zur Souveränität des Ästhetischen: von den diskursiven Maßstäben der Kritik zu den nicht-diskursiven. Zur Kritik an der Habermasschen Adorno-Rezeption vgl. weiter Rademacher(1993), *Versöhnung oder Verständigung? Kritik der Habermasschen Adorno-Revision*.

integralen Bestandteil dessen, was Adorno den objektiven Verblendungszusammenhang nennt.[80] Er setzt hier eine radikale Wissenschaftskritik an. Darin berührt sich das Ästhetische mit seinem extremen Gegenpol, der instrumentalisierten Wissenschaft:

> Wären es nur die Hindernisse, die sich aus der selbstvergessenen Instrumentalisierung der Wissenschaft ergeben, so könnte das Denken über gesellschaftliche Fragen wenigstens an die Richtungen anknüpfen, die zur offiziellen Wissenschaft oppositionell sich verhalten. (DdA, S.12)

Adorno sieht in der offiziellen Wissenschaft die Folge der Versenkung von Aufklärung „in eine neue Art von Barbarei", d.h. „die Selbstzerstörung der Aufklärung": Sie ist nicht in der Lage, die „Selbstbesinnung über seine eigene Schuld" nachzuvollziehen. Infolge der Instrumentalisierung der Wissenschaft verwandelt sich die wissenschaftliche Kritik in „Affirmation". Da die Wissenschaft auch keine Ausnahme vom »universalen Verblendungszusammenhang« darstellt und sie selber instrumentalisiert wird, richten sich alle Hoffnungen bezüglich einer möglichen Kritik an der Wissenschaft auf einen anderen Modus des Ästhetischen. Die nächsten Sätze lassen einen wichtigen Ansatz erkennen, dem Adorno im Grunde genommen treu geblieben ist:

> Daß sie (die Kunst), ein Mimetisches, inmitten von Rationalität möglich ist und ihrer Mittel sich bedient, reagiert auf die schlechte Irrationalität der rationalen Welt als einer verwalteten. Denn der Zweck aller Rationalität, des Inbegriffs der naturbeherrschenden Mittel, wäre, was nicht wiederum Mittel ist, ein Nichtrationales also. Eben diese Irrationalität versteckt und verleugnet die kapitalistische Gesellschaft, und dagegen repräsentiert Kunst Wahrheit im doppelten Verstande; in dem, daß sie das von Rationalität verschüttete Bild ihres Zwecks festhält, und indem sie das Bestehende seiner Irrationalität: ihres Widersinns überführt. (ÄT, S.86)

---
[80] Vgl. Lüdke(1980), *Zur Logik des Zerfalls*, S., 419.

Um so stärker Adorno die Irrationalität der Rationalität unterstreicht, desto mehr verleiht er der Kunst eine Überlegenheit bei den Problemen der Wahrheitserkenntnis. Im Denken Adornos stellt sich im Verhältnis von Kunst und Philosophie ein Optimismus zugunsten der Kunst ein. Alle Mängel der Wissenschaft haben ihren Grund im „Mangel an ästhetischem Sinn". (ÄT, S.344) Adorno überführt die ästhetischen Kategorien in die Wissenschaft. Das ermöglicht der neue Modus von Rede und Kritik: die Ästhetische Kritik.

Der Mensch hat sich durch die Aufklärung zum Herren der Natur gemacht. Dabei mußte er sich selber der einseitigen, auf seinem Herrschaftsanspruch basierenden Rationalität ausliefern und sein kritisches Bewußtsein preisgeben. Kritik ist in der Befangenheit des Systems und in der obssesiven transzendentalen Reflexion nicht mehr möglich. Adorno erkennt die Möglichkeit der Kritik an der Wissenschaft der ästhetischen Kritik zu, weil er findet, daß Kunstwerke „die Statthalter der nicht länger vom Tausch verunstalteten Dinge, des nicht durch den Profit und das falsche Bedürfnis der entwürdigten Menschheit Zugerichteten" (ÄT, S.337) sind. Nur die ästhetische Kritik kann die verwaltete Welt zur Sprache bringen, ohne deren Instrumentalität im Akt der Kritik zu wiederholen. Er sieht im Kunstwerk die Rettungsmöglichkeit, weil es verheißt, was „die Realität versagt"; „sie läßt dem Heterogenen Gerechtigkeit widerfahren". (ÄT, S.285)

1.2.2 DAS ÄSTHETISCHE UND DIE GESELLSCHAFTSKRITIK

Adorno schreibt: „Kritik an der Gesellschaft ist Erkenntniskritik und umgekehrt."[81] Insofern ist der Kategorie des Ästhetischen die Perspektive auf die Gesellschaftskritik inhaltlich immanent. Adorno schreibt die gesellschaftliche Theorie als Ästhetische Theorie.[82] Die Kritische Gesellschaftstheorie und die Ästhetische Theorie Adornos verschmelzen zu einer Einheit. Wie Lenk zurecht bemerkt, ist es deswegen kaum verwunderlich, „daß

---

[81] Adorno(1977), *Zu Subjekt und Objekt*, S. 748.
[82] Vgl. Lüdke(1981), *Anmerkung zu einer Logik des Zerfalls: Adorno und Beckett*, S. 9ff.

sich mitunter mitten in seinen musikästhetischen Abhandlungen sozioökonomische Kategorien finden, während umgekehrt in manchen sozialwissenschaftlichen Analysen Paradigmen aus der Ästhetik Revue passieren".[83] Wenn Honneth meint, daß Adorno „an den Aufgabe einer Gesellschaftsanalyse überhaupt scheitern mußte, weil er zeitlebens einem totalisierten Modell der Naturbeherrschung verhaftet blieb und dementsprechend das »Soziale« an Gesellschaften nicht zu erfassen vermochte"[84], verkennt er, daß Adorno die Gesellschaftskritik (bzw. -theorie) keineswegs in der traditionellen wissenschaftlichen Form vorträgt, weil er findet, daß der universale Verblendungszusammenhang es unmöglich macht, die Gesellschaft als positive Totalität zu begreifen. Er stellt die Gesellschaftstheorie anders dar: Er schreibt Gesellschaftstheorie als *Ästhetische Theorie*. Der Einwand von Honneth läßt die Adornosche Ansicht, daß sich die (Gesellschafts-)Theorie in ein »ästhetisches Bilderspiel« und in »Rätselfiguren« verwandelt, unberücksichtigt. Adorno ist kein „schwarzer Schriftsteller", wie ihn Habermas nennt.[85] Die schwarze Farbe bei ihm ist keine pessimistische, sondern verweist auf eine andere Art von Kritik. Die ästhetische Gesellschaftskritik Adornos geht von der Auffassung aus, daß die Wirklichkeit der Kunst »autonom« und zugleich ein »fait social« ist. Der Doppelcharakter der Kunst macht es möglich, die Gesellschaftskritik nicht diskursiv, sondern ästhetisch zu leisten:

> Der Doppelcharakter der Kunst als eines von der empirischen Realität und damit dem gesellschaftlichen Wirkungszusammenhang sich Absondernden, das doch zugleich in die empirische Realität und die gesellschaftlichen Wirkungszusammenhänge hineinfällt, kommt unmittelbar an den ästhetischen Phänomenen zutage. Diese sind beides, ästhetisch und faits sociaux. (ÄT, S.374-375)

Die Betrachtungsweise, die die ästhetischen Phänomene als ästhetisch und zugleich als „faits sociaux" behandelt, bedarf notwendigerweise einer

---

[83] K. Lenk(1995), a.a.O., S. 135.
[84] Honneth(1989), *Kritik der Macht*, S. 8
[85] Vgl. Habermas(1988), *Der philosophische Diskurs der Moderne. Zwölf Vorlesungen*, S. 130ff.

multidisziplinären Arbeit, die es ermöglichen kann, die ästhetischen Gegenstände als geschichtlich produziert zu erkennen:

> Sie (d.h. die ästhetischen Phänomene) bedürfen einer gedoppelten Betrachtung, die so wenig unvermittelt in eins zu setzen ist, wie ästhetische Autonomie und Kunst als Gesellschaftliches. Der Doppelcharakter wird physiognomisch lesbar, wann immer man Kunst, gleichgültig, ob sie als solche geplant war oder nicht, von außen sich anhört oder ansieht, und allerdings bedarf sie stets wieder jenes Von außen, um vor der Fetischisierung ihrer Autonomie beschützt zu werden. (ÄT, S.375)

In ihrem Doppelcharakter erhebt die Kunst den Anspruch, das Zusammenspiel der soziologischen und der ästhetischen Ansicht zu verkörpern. Die Dechiffrierung des „physiognomischen Charakters" der Kunst bedarf sowohl der Beachtung von innen als auch von außen. Sie bedarf einer „soziologisch belehrten und durchdrungenen ästhetischen und einer ästhetisch belehrten und durchdrungenen soziologischen Betrachtung."[86] Eine solche Betrachtungsweise läßt sich zusammenfassend als *soziologische Ästhetik* bestimmen, die sich von der reinen Ästhetik dadurch unterscheidet, daß sie die gesellschaftlichen und historischen Zusammenhänge des Kunstwerkes beachtet. Von ihrem »fait social«-Charakter her betrachtet Adorno die Kunst geschichtsphilosophisch. An dem authentischen Kunstwerk erkennt er den geschichtlichen Standort des Geistes. Die Gesellschaft als Text, den die Kunstwerke buchstabieren: In der Konsequenz dieses Gedankens gehen für Adorno Ästhetik und Gesellschaftstheorie ineinander über. In einem anderen Kontext deutet Adorno die Kunst als eine „geschichtsphilosophische Sonnenuhr"[87]; „die authentischen (Kunstwerke) sind die, welche dem geschichtlichen Stoffgehalt ihrer Zeit vorbehaltlos und ohne die Anmaßung über ihr zu sein sich überantworten. Sie sind die selbst unbewußte Geschichtsschreibung ihrer Epoche". (ÄT, S.272) In der Kunst artikuliert sich die Epoche, aber nicht in der Art der Widerspiegelung, sondern in einer autonomen Art. Kunst ist zwar der empirischen Rea-

---

[86] Schweppenhäuser(1995), *Kunst Geschichte Gesellschaft*, S. 147.
[87] Adorno(1957), *Rede über Lyrik und Gesellschaft*, GS 11, S. 60.

lität verhaftet, aber sie stellt immer den gesellschaftlichen Zusammenhang des sich Absondernden dar. Die Eigenart der Adornoschen Fassung der Beziehung zwischen Kunst und Gesellschaft besteht darin, daß er die Kunst weder als bloße Widerspiegelung des gesellschaftlichen Zustandes, noch als rein autonomes Phänomen betrachtet.

Ihre Bestimmung als »fait social« und ihre »Autonomie« sind die beiden Pole der Kunst. Diesen Doppelcharakter will Adorno nicht harmonisieren. Er stellt die Doppelstimmigkeit der Kunst in ein offenbares Spannungs- und Konfliktfeld. Die beiden Momente beschränken sich gegenseitig. Das Moment des »fait social« greift in das Moment der »Autonomie« ein, um der Auffassung zu widersprechen, die die Kunst als einen der gesellschaftlichen Realität enthobenen Bereich konstituiert. Das Moment der »Autonomie« korrigiert wiederum die aus dem Moment des »fait social« resultierende Gefahr, die Kunst hinsichtlich des Basis-Überbau-Modells zu lokalisieren und sie als reines Nebenphänomen zu stilisieren:[88]

> Tatsächlich idealistisch wäre es, das Verhältnis von Kunst und Gesellschaft allein in den gesellschaftlichen Strukturproblemen, als sozial vermittelten, zu lokalisieren. Der Doppelcharakter der Kunst: der von Autonomie und fait social äußert stets wieder sich in handfesten Abhängigkeiten und Konflikten beider Sphären. (ÄT, S.340)

Wie Brunkhorst diesen Gedanken hervorragend zusammengefaßt hat, ist Kunst „in der Gesellschaft autonom, sie ist nicht autark."[89] Adornos These der Autonomie der Kunst ist kein Modell des *l'art pour l'art*. Ihr autonomes Wesen bezieht sich immer auf ihre Gegenposition zur Gesellschaft:

---

[88] Aus der Doppelbestimmung der Kunst ergibt sich die Adornosche Kritik an der *l'art pour l'art* -Theorie und der Theorie des Engagements: „Versucht die l'art pour l'art Theorie Kunst abzuschneiden von der Empirie, indem sie Kunst rein aus sich begründet sein läßt, ohne ihre Relation zu ihrem Anderen mitzudenken, so schreibt die Theorie des Engagements der Kunst Möglichkeiten der unmittelbaren praktischen Eingriffe ins gesellschaftliche Leben zu und leugnet das autonome Moment in der Konstitution ästhetischer Gebilde." Paetzold(1974), *Neomarxistische Ästhetik*, S. 72.
[89] Brunkhorst(1995), *Kritik statt Theorie*, S. 119.

> Ist Kunst, ihrer einen Seite nach, als Produkt gesellschaftlicher Arbeit des Geistes stets fait social, so wird sie es mit ihrer Verbürgerlichung ausdrücklich (...) Gesellschaftlich aber ist Kunst weder nur durch den Modus ihrer Hervorbringung, in dem jeweils die Dialektik von Produktivkräften und Produktionsverhältnissen sich konzentriert, noch durch die gesellschaftliche Herkunft ihres Stoffgehaltes. Vielmehr wird sie *zum Gesellschaftlichen durch ihre Gegenposition zur Gesellschaft, und jene Position bezieht sich erst als autonome.* (ÄT, S.335)

Die Autonomie der Kunst von der Gesellschaft deutet auf das Asoziale der Kunst hin: „Das Asoziale der Kunst ist die bestimmte Negation der bestimmten Gesellschaft."(ÄT, S.335) Die bestimmte Negation der Kunst der bestimmten Gesellschaft vollzieht sich nicht nach der Logik der zu negierenden Gesellschaft, sondern nach der eigenen Logik der Kunst. Anderenfalls würde die Kunst die Irrationalität der Rationalität wiederholen.

In der Korrelativität der ästhetischen Kritik und der Kritischen Gesellschaftstheorie ist in Adornos Ansicht begründet, daß die ästhetische Form der authentischen Kunst mit der außerästhetischen Freiheit in Zusammenhang steht. Die authentische Kunst verweist auf das Bild einer vollständig befreiten Gesellschaft. Die Kunst versucht dabei, „eine nichtexistente Gesamtgesellschaft, deren nichtexistentes Subjekt zu antizipieren."(ÄT, S.251) An der Kunst, die immer schon das bloße Dasein transzendiert und eine ästhetische »Verhaltensweise« repräsentiert, muß sich also zweierlei ablesen lassen: der Zustand der verwalteten Gesellschaft und die Rettung der Hoffnungslosen. Dieses Moment verbindet Kunst und Gesellschaft und macht die ästhetische Theorie zur Kritik der Gesellschaft.[90] Die authentische Kunst, die „einzig durch ihre gesellschaftliche Resistenzkraft sich am Leben erhält"(ÄT, S.141), wird damit „zu einer Art Kontrapunkt, der alles beherrschenden Kultur- und Vergnügungsindustrie, die gleichermaßen nur den bestehenden gesellschaftlichen Zustand durch dessen Verdoppelung verewigt".[91]

---

[90] Brunkhorst(1995), ebenda.
[91] K. Lenk(1995), *Adornos „Negative Utopie". Gesellschaftstheorie und Ästhetik*, S. 141.

2. GRUNDMOTIV DER ÄSTHETISCHEN KRITIK: DIE IDEE DER NATURGESCHICHTE

2.1 DIE KONSTELLATION DER ADORNOSCHEN WERKE

Die verschiedenen Quellen von Adornos Gedanken münden alle in ein „Kraftfeld" ein, in dem alle einzelnen gedanklichen Momente einander anziehen und aufeinander verweisen.[92] Adornos Denken bewegt sich immer schon in einem Kraftfeld und seine sämtlichen Werke entspringen daraus. Sie sind miteinander verflochten und ergeben eine „Konstellation". Sie sind in einem Gesamtzusammenhang und einer gegenseitigen Interdependenz eingebettet. Sie weisen vielfache Verbindungen und Überschneidungen der verschiedenen getrennt erscheinenden Ansätze auf. Deswegen ist, wie Jay bemerkt hat, der Versuch weniger glücklich, seine Werke irgendwie in Perioden einzustufen.[93] Sie zeigen erstaunlicherweise keine Entwicklung bzw. spätere Reife;[94] vielmehr antizipieren die Frühwerke aus den 30er Jahren schon die späteren und die letzten hypostasieren die ersten.[95]

Eine konkrete Vorstellung der ästhetischen Kritik zu entwickeln ist erst möglich, wenn jedes Werk mit allen anderen verknüpft und dabei sein Gesamtwerk von der Konstellation her betrachtet wird. Daher müssen die beiden Hauptwerke Adornos, die »*Dialektik der Aufklärung*« und die »*Ästhetische Theorie*«, gelesen werden, ohne ihre Verbindung zu den

---

[92] Den folgenden Arbeiten verdanke ich die instruktiven Hinweise hinsichtlich des inneren Zusammenhangs der Adornoschen Werke: Paetzold(1990), *Adornos Ästhetik der Negativität: Eine Ästhetik nach Auschwitz*, Sziborsky(1994) *Die Rettung des Hoffnungslosen. Untersuchungen zur Ästhetik und Musikphilosophie Theodor W. Adornos* sowie Baumeister und Kulenkampff(1973), *Geschichtsphilosophie und philosophische Ästhetik. Zu Adornos „Ästhetische Theorie"*.
[93] Vgl. Martin Jay(1984), a.a.O., 57ff. Lüdke(1980), *Zur Logik des Zerfalls*, S. 417.
[94] „Although Adorno emphasized the dialectical relationship between history and philosophy, his own thought remained surprisingly constant for virtually all of his mature life. There is no significant "young-old" problem for Adorno scholarship, as there is for that of Marx, Hegel, Lukács and Benjamin, to mention four figures who have lent themselves to this kind of periodization, Jay(1984), a.a.O., S.57. vgl. auch Paddison(1993), *Adorno's aesthetics of Music*, S. 21ff.
[95] Vgl. Jameson(1989), *Late Marxism. Adorno, or, The Persistence of the Dialectic*, S.94ff. und Buck-Morss(1977), *The Origin of Negative Dialectics*, S. 59. Vgl. auch van Reijen(1980), *Adorno zur Einführung*, S.7.

Frühwerken[96] aus den Augen zu verlieren.[97] Die Beziehung zwischen beiden bildet eine theoriegeschichtliche Notwendigkeit. Die Voraussetzungen von Adornos »*Ästhetische[r] Theorie*« lassen sich aus der »*Dialektik der Aufklärung*« ableiten. Die »*Ästhetische Theorie*« ist daher eine späte Rückkehr zum Anfang. Die Vorstudien, die den beiden Werken vorausgehen und auf den Übergang Adornos vom transzendentalen Idealismus zum Beginn der Adornoschen Philosophie hinweisen, sind die Schlüsseltexte für das Verständnis der theoretischen Notwendigkeit der Verbundenheit der beiden. Besonders der Aufsatz »*Die Idee der Naturgeschichte*« sollte sorgfältig gelesen werden, weil sich schon da das Grundmotiv der ästhetischen Kritik äußert. Lüdke erklärt seinen hohen Stellenwert folgendermaßen: „Das Motiv, in der »*Idee der Naturgeschichte*« erstmals angeschlagen, läßt sich durch das ganze spätere Werk Adornos hindurch verfolgen. Wir werden nachher die Modifikationen, die sich an dem Abschnitt Naturgeschichte in der »*Negativen Dialektik*« ablesen lassen, zu betrachten haben. Hier sei nochmals festgehalten: im Resultat sind »*Die Idee der Naturge-*

---

[96] Die ersten philosophischen Arbeiten Adornos, seine Dissertation »*Die Transzendenz des Dinglichen und Somatischen in Husserls Phänomenologie*« von 1924 und seine Arbeit »*Der Begriff des Unbewußten in der transzendentalen Seelenlehre*« aus dem Jahre 1927 stehen unter dem Einfluß der Husserlschen Phänomenologie, wie sie von Adornos philosophischem Mentor Cornelius vertreten wurde. Adornos Antrittsvorlesung aus dem Jahre 1931 »*Die Aktualität der Philosophie*« und der ein Jahr später verfaßte Vortrag »*Die Idee der Naturgeschichte*« zeigen einen ganz anderen Adorno. In diesem Zusammenhang sind die Adornoschen philosophischen Frühschriften besonders wichtig, die in die »*Gesammelten Schriften* I« aufgenommen worden sind: »*Die Aktualität der Philosophie*«, »*Die Idee der Naturgeschichte*« und die »*Thesen über die Sprache der Philosophen*«.

[97] Alle Mängel der Habermasschen Interpretation der »*Dialektik der Aufklärung*« beginnen mit seiner völligen Vernachlässigung dieser Lesart. Daraus entspringen alle seine Mißverständnisse über Adorno. Er übersieht den Zusammenhang der beiden Werke und kritisiert die „hemmungslose" Adornosche Vernunftskepsis, die es unternehme, „ihre Kritik der Aufklärung so *tief* anzusetzen, daß das Projekt der Aufklärung selbst in Gefahr gerät; für ein Entrinnen aus der sachlichen Gewalt geronnenen Mythos der Zweckrationalität läßt ja die Dialektik der Aufklärung kaum noch eine Aussicht". Habermas(1988), *Der philosophische Diskurs der Moderne. Zwölf Verlesungen*, S. 138. Die Adorno-Kritik von Habermas basiert auf einer theoriestrategischen Lesart. Habermas rezipiert Adorno, um seinen Paradigmawechsel zu rechtfertigen. Vgl. Rademacher(1993), *Versöhnung oder Verständigung? Kritik der Habermasschen Adorno-Revision*, S. 42ff. In der »*Theorie des kommunikativen Handelns*« bezieht sich Habermas beispielsweise nur auf die »*Dialektik der Aufklärung*«. Ihm fehlt die Lesart, die »*Dialektik der Aufklärung*« und die »*Ästhetische Theorie*« aus einem Zusammenhang heraus zu lesen. Vgl. Habermas(1995), *Die Theorie des kommunikativen Handelns*, S. 489ff.

schichte« und die »*Dialektik der Aufklärung*« nahezu identisch."[98] Adorno betont selber die grundlegende Bedeutung der »*Idee der Naturgeschichte*« für seine späteren Werke. So schreibt er beispielsweise in den Notizen zur »*Negativen Dialektik*«: „Geschrieben ist die Negative Dialektik von 1959 bis 1966 (...) Vieles jedoch datiert weit dahinter zurück: So stammen die ersten Entwürfe des Kapitels über Freiheit aus dem Jahr 1937, Motive von »*Weltgeist und Naturgeschichte*« aus einem Vortrag des Autors in der Frankfurter Ortsgruppe der Kant-Gesellschaft(1932)[99]. Die Idee einer Logik des Zerfalls ist die älteste seiner philosophischen Konzeptionen: noch aus seinen Studentenjahren."[100] Er thematisiert schon in den 30er Jahren mit dem Konzept der »*Naturgeschichte*« die Unmöglichkeit der Theorie und die Möglichkeit des Ästhetischen. Im Zentrum der Adornoschen Philosophie steht von Anbeginn eine Konzeption der Naturgeschichte, und deren Implikation ist der Dreh- und Angelpunkt seiner gedanklichen Bewegung.[101] Die »*Dialektik der Aufklärung*« und die »*Ästhetische Theorie*« lassen sich als Hypostasierung der Aufgabe verstehen, um die er sich seit den 30er Jahren bemüht. In einem Brief an Bloch spricht Adorno vom Zusammenhang zwischen seinen Werken: „Sehr vieles von dem, was ich in meiner Jugend geschrieben habe, hat den Charakter einer traumhaften Antizipation (...)"[102] An anderer Stelle, in den Notizen zum Kierkegaardbuch, merkt er an:

> Jedenfalls glaubt der Autor, daß in dem Kierkegaardbuch wenig sich findet, was nicht, unter dem Aspekt seiner gegenwärtigen Position, durchdacht zu werden verdient, anstatt daß er es als bloßes Vorstudium verwürfe. Hinweisen darf er vielleicht darauf, daß *das Motiv der Kritik von Naturbeherrschung und naturbeherrschender Vernunft, das der Versöhnung mit Natur, des*

---

[98] Lüdke(1981), *Anmerkung zu einer Logik des Zerfalls: Adorno und Beckett,* S.78.
[99] Hier ist der Aufsatz »*Die Idee der Naturgeschichte*« gemeint.
[100] Adorno, ND, S. 409. Vgl. auch Lüdke(1981), a.a.O., S.77ff und Buck-Morss(1977), *The Origin of Negative Dialectics,* S. 59ff.
[101] Vgl. Lüdke(1981), a.a.O., S. 43.
[102] Zitiert nach dem editorischen Nachwort der Gesammelten Schriften, GS 1, S. 384. (Hervorhebung von mir)

Selbstbewußtseins des Geistes als eines Naturmoments in dem Text bereits explizit ist.[103]

Jetzt soll das Grundmotiv der ästhetischen Kritik, das die verschiedenen Werke Adornos in einen Kontext bringt, verfolgt werden, und zwar in Hinblick auf die Idee der Naturgeschichte.

2.2 DIE IDEE DER NATURGESCHICHTE

Adorno enthüllt an der Parole des Idealismus die affirmative Zäsur und seine Philosophie beginnt mit der Auflösung des Systempostulats der Philosophie. Die starre philosophische Systematik zu vermeiden und dem begrifflichen Schematismus zu entgehen hielt Adorno von Beginn an für seine philosophische Aufgabe. Schon in seiner Antrittsvorlesung von 1931 erklärte er den Topos des Idealismus für nicht zutreffend und bestritt dessen Totalitätsanspruch:

> Wer heute philosophische Arbeit als Beruf wählt, muß von Anbeginn auf *die Illusion* verzichten, mit der früher die philosophische Entwürfe einsetzen: daß es möglich sei, *in Kraft des Denkens die Totalität des Wirklichen zu ergreifen*. Keine rechtfertigende Vernunft könnte sich selbst in einer Wirklichkeit wiederfinden, deren Ordnung und Gestalt jeden Anspruch der Vernunft niederschlägt; allein polemisch bietet sie dem Erkennenden als ganze Wirklichkeit sich dar, während sie nur in Spuren und Trümmern die Hoffnung gewährt, einmal zur richtigen und gerechten Wirklichkeit zu geraten. *Philosophie, die sie heute dafür ausgibt, dient zu nichts anderem, als die Wirklichkeit zu verhüllen und ihren gegenwärtigen Zustand zu verewigen.*[104]

Adorno verabscheut es, das Konkrete als bloßes Exemplar seines bereits vorgedachten Begriffs zu sehen. Er verabschiedet sich von dem An-

---

[103] Adorno(1933), *Kierkegaard*, S. 262. Hervorhebung von mir.
[104] Adorno(1931), ebenda, S. 325. Hervorhebung von mir.

spruch, daß alles Seiende in der Struktur der umfassenden Ganzheit eindeutig begriffen werden kann. Die idealistische Ausgangsposition, die auf dem transzendentalen und ontologischen Subjekt beruht, wird von Adorno angezweifelt. Seine kritische Distanz zum Totalitätsanspruch manifestiert sich in der berühmten und viel zitierenden Hegel-Parodie: „Das Ganze ist das Unwahre." Um aus der Illusion des Idealismus herauszutreten, bestreitet Adorno die idealistische Fassung des Zusammenhangs von Natur und Geschichte. Adorno meint, der Idealismus trenne die Natur und die Geschichte streng und dabei werde unvermeidlich die Natur als abgeschlossen, unveränderlich betrachtet, also als bloßes Faktum. Infolge der idealistischen Ontologisierung der Natur wird „das Unveränderliche mit dem Wesentlichen und das Veränderliche mit dem Zufälligen"[105] gleichgesetzt. Auf diese Erstarrung der Dichotomie von Geschichte und Natur (Geschichte als das Wandelbare und Natur als die geschichtslose Wesenheit) richtet Adorno seine Kritik. Adorno stellt die ontologische Naturfassung in Frage und formuliert diese unwahrscheinliche Naturfassung in die Idee der Naturgeschichte um:

> Festzuhalten bleibt, daß das Auseinanderfallen der Welt in Natur- und Geistsein oder Natur- und Geschichtesein, wie es gebräuchlich ist vom subjektivistischen Idealismus her, aufgehoben werden muß und daß an seine Stelle eine Fragestellung zu treten hat, die die konkrete Einheit von Natur und Geschichte in sich bewirkt.[106]

Mit der konkreten Einheit von Natur und Geschichte meint Adorno nicht die abstrakte Vereinigung der beiden, sondern den „tiefsten Punkt", in dem sie konvergieren: die Naturgeschichte. Es geht nicht um „eine nur erst theoretisch konstruierte Idee ihrer Einheit", sondern die Differenz der beiden soll immer noch bewahrt werden.[107] Die konkrete Einheit von Natur und Geschichte ist an der „Bestimmung des wirklichen Seins" orientiert. Im Gegensatz zur ontologischen Totalisierung alles Seienden unter syste-

---

[105] Vgl. van Reijen(1980), *Adorno zur Einführung*, S. 17.
[106] Adorno(1932), *Die Idee der Naturgeschichte*, S. 354.
[107] Vgl. Müller(1988), *Erkenntniskritik und negative Metaphysik bei Adorno*, S. 17.

matischen begrifflichen Strukturen rettet er das Konkrete und das Einzelne aus der gewaltsamen Subsumption und rehabilitiert das Recht des bestimmten, wirklichen Seins.

> Aber die *konkrete* Einheit, eine, die nicht orientiert ist an dem Gegensatz von möglichem Sein und wirklichen Sein, sondern eine, die geschöpft wird aus den Bestimmungen des wirklichen Seins selber.[108]

Er betrachtet das Seiende als solches aus der Hinsicht seiner Geschichtlichkeit und Naturhaftigkeit: „Nicht ist ein dem geschichtlichen Sein unterliegendes oder ein in ihm liegendes reines Sein aufzusuchen, sondern das geschichtliche Sein selber ist als ontologisches, d.h. als Natur-Sein zu verstehen."[109] Die Idee der Naturgeschichte ist nicht bloß eine andere Interpretationsweise, die auf „eine Synthese natürlicher und geschichtlicher Methoden" abzielt. Sie ist eher eine „Perspektivenänderung"[110] und ein versuchter Abschied von der idealistischen Philosophie und deren Naturfassung. Sie eröffnet eine neue Perspektive jenseits der falschen Totalisierung durch die Ratio und deren affirmativen Umschlages ins Irrationale. Die Idee der Naturgeschichte ist einerseits eine deskriptive Geschichtsschreibung und hat andererseits einen kritischen Status im Aufklärungsprozeß. Adorno setzt Geschichte und Natur in ein konsequent »dialektisches Verhältnis« und rekonstruiert die menschliche Geschichte unter dem Gesichtspunkt der Naturgeschichte. Das ist bekanntlich ein Thema der »*Dialektik der Aufklärung*«: Die „Urgeschichte des Subjekts" als die Geschichte der Beherrschung der äußeren und der inneren Natur. Die »*Dialektik der Aufklärung*« ist eine neue Geschichtsschreibung der menschlichen Zivilisation nach der Idee der Naturgeschichte. Lüdke erläutert: „Das Resultat der in der »*Dialektik der Aufklärung*« angestellten Analysen differiert kaum von den Überlegungen, zu denen die »*Idee der Naturgeschichte*« hinsteuert".[111] Adorno geht dem Phänomen auf den Grund, „warum die Menschheit, anstatt in einen wahrhaft menschlichen Zustand einzutreten, in

---

[108] Adorno(1932), a.a.O. S. 354.
[109] Adorno(1932), ebenda, S. 355.
[110] Adorno(1932), ebenda, S. 356.
[111] Lüdke(1981), a.a.O., S. 77.

eine neue Art von Barbarei versinkt". (DdA, S.11) Dessen Grund liegt für Adorno im »Ursprung« der menschlichen Geschichte als Entfaltung der naturbeherrschenden Vernunft. Den Begriff des Ursprung versteht Adorno nicht ontologisch. Am Adornoschen Verständnis des Ursprungs erkennt man den Benjaminschen Einfluß. Benjamin fasst den Begriff des Ursprungs unter der Logik des Zerfalls: „Ursprung, wiewohl durchaus historische Kategorie, hat mit Entstehung dennoch nichts gemein. Im Ursprung wird kein Werden des Entsprungen, vielmehr dem Werden und Vergehens Entsprungenen gemeint." [112] Adorno überblickt die Geschichte der Vernunft in ihrem Verhältnis zur Natur:

> Je hemmungsloser jedoch die Vernunft in jener Dialektik sich zum absoluten Gegensatz der Natur macht und an diese in sich selbst vergißt, desto mehr regrediert sie, verwilderte Selbsterhaltung, auf Natur; einzig als deren Reflexion wäre Vernunft Übernatur. (ND, S.285)

Auf das Vergessen der Naturhaftigkeit der Vernunft gründet sich die paradoxe Ohnmächtigkeit der Vernunft und ihr Umschlag in die Irrationalität. Adorno erkennt in der Naturgeschichte der Aufklärung das Moment der Naturunterdrückung. Das Programm der Aufklärung, nämlich die „Entzauberung der Welt", bringt die „patriarchiale Ehe zwischen dem menschlichen Verstand und der Natur der Dinge" mit sich.(DdA, S.19) Dabei wird immer die Naturverbundenheit der Vernunft vergessen. Die Vernunft entpuppt sich in naturgeschichtlicher Hinsicht als nichts anderes als „das sublimste und durchgreifendste Instrumentarium der Naturbeherrschung".[113] Die Idee der Naturgeschichte wird nicht nur angewandt, um die menschliche Geschichte neu zu rekonstruieren, sondern sie fungiert auch als Ansatz zu einer Kritik der Gegenwart. Buck-Morss verkennt nicht diese kritische Zäsur in ihrer Konzeption: „History and nature as its dialectical opposite were for Adorno cognitive concepts which were applied in his writings as critical tools for the demythification of reality."[114] Sie intendiert nicht die

---

[112] Benjamin, *Ursprung des deutschen Trauerspiels*, GS I-1, S. 226.
[113] Noerr(1990), *Das Eingedenken der Natur im Subjekt*, S. 15.
[114] Buck-Morss(1977), *The Origin of Negative Dialectics*, S. 49. Vgl. auch Jameson(1989), *Late Marxism. Adorno, or, The Persistence of the Dialectic*, S. 94f.

Zurückführung in eine mythische Unmittelbarkeit als Gegensatz der Zivilisation, sondern die Einsicht, daß Vernunft und Natur nicht starr entgegengesetzt, sondern vermittelt sind. Gegenüber der ontologischen Antithese von Natur und Geschichte beharrt Adorno auf einer Idee der Naturgeschichte, die alle Natur als Geschichte und alle Geschichte als Natur sieht. Anders als in der ontologischen Naturfassung gewinnt wieder das geschichtlich produzierte Sein die Macht gegen die Invarianten:

> Stattdessen verliehe ich der geschichtlichen Faktizität oder deren Anordnung die Macht, die eigentlich den Invarianten, den ontologischen Grundstücken gebühre, treibe Götzendienst mit dem geschichtlich produzierten Sein, bringe die Philosophie um jeden konstanten Maßstab, verflüchtige sie in ein ästhetisches Bilderspiel und verwandle die prima philosophia in philosophischen Essayismus.[115]

Nun geht es im philosophischen Essayismus Adornos um folgendes Problem: die Besinnung auf die Naturhaftigkeit des geschichtlichen Seins und die Geschichtlichkeit der Natur. Mit dieser Konzeption will Adorno die ursprüngliche Dichotomie von Geschichte und Natur überwinden:

> Wenn die Frage nach dem Verhältnis von Natur und Geschichte ernsthaft gestellt werden soll, bietet sie nur dann Aussicht auf Beantwortung, wenn es gelingt, *das geschichtliche Sein in seiner äußersten geschichtlichen Bestimmtheit, da, wo es am geschichtlichsten ist, selber als ein naturhaftes Sein zu begreifen, oder wenn es gelänge, die Natur da, wo sie als Natur scheinbar am tiefsten in sich verharrt, zu begreifen als ein geschichtliches Sein.*[116]

Die Idee der Naturgeschichte, die das geschichtliche Sein als Natursein und das Natursein als das geschichtliche Sein versteht, vergegenwärtigt Adorno in der Idee der Vergänglichkeit.

---

[115] Adorno(1932), *Die Idee der Naturgeschichte*, 342-343.
[116] Adorno(1932), ebenda, S. 344-355. Hervorhebung vom Autor.

2.3 DIE NATURGESCHICHTE UND DIE VERGÄNGLICHKEIT

Geschichte und Natur konvergieren im Moment der »Vergänglichkeit«. Adorno schreibt dazu: „Die Grundbestimmung der Vergänglichkeit des Irdischen bedeutet nichts anderes als ein solches Verhältnis von Natur und Geschichte; daß alles Sein oder alles Seiende zu fassen ist nur als Verschränkung von geschichtlichem und naturhaftem Sein."[117] Er rezipiert die Benjaminsche Konzeption der »Vergänglichkeit« der Natur im Werk »*Ursprung des deutschen Trauerspiels*«: „Natur schwebt ihnen (den allegorischen Dichtern) vor als ewige Vergängnis, in der allein der saturnische Blick jener Generationen die Geschichte erkannte."[118] Auf dem Antlitz der Natur steht die Geschichte in der Zeichenschrift der Vergänglichkeit.

> Der tiefste Punkt, in dem Geschichte und Natur konvergieren, ist eben in jenem Moment der Vergänglichkeit gelegen. Wenn Lukács das Historische als Gewesenes in Natur sich zurückverwandeln läßt, so gibt sich hier die andere Seite des Phänomens: Natur selber stellt als vergängliche Natur, als Geschichte sich dar.[119]

Das philosophische Interesse Adornos richtet sich überhaupt nicht auf das Geschichtslose, sondern gerade auf das zeitlich Bestimmte: auf die Umorientierung der Geschichtsphilosophie durch die Konzeption der Vergänglichkeit der Naturgeschichte. Um die Geschichtsphilosophie zu kritisieren, die alles Seiende aus dem Blickwinkel des Ursprungs und des Wesens zu verewigen unternimmt, betrachtet Adorno alles Seiende unter dem Aspekt der geschichtlichen »Zeit«. Die Wahrheit hat in der Tat einen Zeitkern, „so wird der volle geschichtliche Gehalt zu ihrem integraler Moment."[120] Es geht bei Adorno nicht darum, das Ewige im Vergänglichen aufzusuchen, sondern eher das Vergängliche zu verewigen. Die Adornosche Kritik an der ontologischen Verwesentlichung des Seienden beginnt

---

[117] Adorno(1932), ebenda, S .360.
[118] Benjamin, *Ursprung des deutschen Trauerspiels*, zitiert nach Adorno(1932), ebenda, S. 357.
[119] Adorno(1932), ebenda, S. 357-358.
[120] Adorno(1954), *Der Essay als Form*, S. 18.

mit dem Bewußtsein der Zeitlichkeit bzw. Vergänglichkeit. Adorno revoltiert gegen die seit Platon eingewurzelte Doktrin, daß das Wechselnde der Philosophie unwürdig ist. Statt auf die Verwesentlichung der Natur als des Unveränderlichen rekurriert Adorno bei der Natur auf ihre »Einmaligkeit«:

> Natur selbst ist vergänglich. So hat sie aber das Moment der Geschichte in sich. Wann immer Geschichtliches auftritt, weist das Geschichtliche zurück auf das Natürliche, das in ihm vergeht. Umgekehrt, wann immer »zweite Natur« erscheint, jene Welt der Konvention an uns herankommt, dechiffriert sie sich dadurch, daß als ihre Bedeutung klar wird eben ihre Vergänglichkeit.[121]

Er nimmt zwar Bezug auf Georg Lukács' »*Die Theorie des Romans*«, um die Idee der Naturgeschichte auszulegen, aber er hält die Benjaminsche Wendung gegenüber dem von Lukács gestellten Problem der Naturgeschichte für entscheidend. Lukács unterscheidet zwei Welten: die unmittelbare Welt (die erste Natur) und die entfremdete Welt (die zweite Natur bzw. die Welt der Konvention). Was die Darstellung und Erkenntnis der zweiten Natur angeht, lautet Lukács´ These: Die erste Natur ist „nur als der Inbegriff von erkannten, sinnesfremden Notwendigkeiten bestimmbar und deshalb in ihrer wirklichen Substanz unerfaßbar und unerkennbar."[122] Adorno macht sich die Benjaminsche Wendung gegen die These von Lukács zu eigen. Lukács habe das Problem zwar berührt, doch spricht er von der zweiten Natur: „sie ist eine Schädelstätte vermoderter Innerlichkeiten und wäre deshalb – wenn dies möglich wäre – nur durch den metaphysischen Akt einer Wiedererweckung des Seelischen, das sie in ihrem früheren oder sollenden Dasein erschuf oder erhielt, erweckbar, nie aber von einer anderen Innerlichkeit erlebbar."[123] Adorno schließt sich der Wendung von Benjamin an, weil er findet, daß Benjamin „die Wiedererweckung der zweiten Natur aus der unendlichen Ferne in die unendliche Nähe geholt und zum Gegenstand der philosophischen Interpretation ge-

---

[121] Adorno(1932), *Die Idee der Naturgeschichte*, S. 359.
[122] Lukács, *Die Theorie des Romans*, zitiert nach Adorno(1932), ebenda, S. 356.
[123] Lukács, ebenda, S. 357.

macht hat."[124] Die zweite Natur hält Adorno für eine Chiffre, die entziffert werden kann, durch das Moment der Vergängnis, in dem Natur und Geschichte einander kommensurabel werden. Von der Geschichtsphilosophie aus gesehen stellt sich das Problem der Naturgeschichte zunächst „als die Frage, wie es möglich ist, diese entfremdete, dinghafte, gestorbene Welt zu erkennen, zu deuten."[125]

Zur Deutung der entfremdeten Welt der zweiten Natur geht Adorno auf die Dialektik des Mythisch-Archaischen und des Geschichtlich-Neuen ein. Dialektik ist nicht länger an das Identische geheftet. Die Logik der Dialektik „tendiert nicht auf die Identität in der Differenz jeglichen Gegenstandes von seinem Begriff; eher beargwöhnt sie Identisches". (ND, S. 148) Die Beziehung von Natur und Geschichte wird nicht abgesondert, um das Wesentliche bzw. das Ursprüngliche zurückzubehalten, sondern es ist die Aufgabe der naturgeschichtlichen Geschichtsphilosophie, die Momente der Natur und der Geschichte herauszuarbeiten, zu sondern und einander gegenüberzustellen. Die gedankliche Auskonstruktion der Naturgeschichte ist erst möglich, wenn diese Antithese expliziert ist. Die Idee der Naturgeschichte richtet ihren Blick immer auf die Spannung und Verschränkung des Mythisch-Archaischen und des Geschichtlich-Neuen: „Andererseits stellt das »jeweilige Neue«, dialektisch Produzierte in der Geschichte in Wahrheit als archaisch sich dar. Die Geschichte ist »dort am mythischsten, wo sie am geschichtlichsten ist«."[126] Auch hat die geschichtliche Dynamik, umgekehrt, ein Moment des Mythisch-Archaischen:

> Dabei zeigt sich, daß das zugrunde liegende Mythisch-Archaische, dies angeblich substantielle beharrende Mythische gar nicht in einer solchen Weise statisch zugrunde liegt, sondern daß in allen großen Mythen, wohl auch in allen mythischen Bildern, die unser Bewußtsein noch hat, das Moment der geschichtlichen Dynamik bereits angelegt ist, und zwar in dialektischer Form, so, daß die mythischen Grundgegebenheiten in sich selbst widerspruchsvoll sind und sich widerspruchsvoll bewegen.[127]

---

[124] Adorno(1932), ebenda, S. 357.
[125] Adorno(1932), ebenda, S. 356.
[126] Adorno(1932), *Die Idee der Naturgeschichte*, S. 364.
[127] Adorno(1932), ebenda, S. 363.

Daraus folgt nun endlich die These: „Die zweite Natur ist die erste". Man kann ihre andere, spätere Formulierung in der folgenden bekannten These der »*Dialektik der Aufklärung*« finden: „schon der Mythos ist Aufklärung und Aufklärung schlägt in Mythologie zurück."(DdA, S.16) Nun geht es um die Frage, wie das geschichtlich Konkrete aus dem Gesichtspunkt der Dialektik des Mythisch-Archaischen und des Geschichtlich-Neuen zu deuten ist. Hier knüpft Adorno an den Benjaminschen mikrologischen Blick an. Die mikrologische Methodologie konzentriert sich auf das Kleinste, das die geschichtliche Bewegung enthält und sie zum Bilde sedimentieren läßt. Denn das kritische Denken vermag es nicht mehr, „die Totalität des Wirklichkeit zu erzeugen oder zu begreifen; aber es vermag es, im kleinen einzudringen, im kleinen die Maße des bloß Seienden zu sprengen."[128] Die Adornosche Philosophie nähert sich der „allegorischen Physiognomie der Natur-Geschichte" an. Der Topos dieser allegorischen Physiognomie kann in der Formel »Eingedenken der Natur« zusammengefaßt werden. Wenn die Formel »Eingedenken der Natur« mehr sein soll als eine unbestimmte verweisende Gebärde oder ein unspezifisches Ansinnen, so muß ihre Verbindlichkeit durch einen Erfahrungsbereich gewährleistet sein, der nicht eo ipso vom diskursiven Begriff verdorben ist und in dem der Gedanke einer nicht herrschaftlichen Vernunft möglich ist. Die gesuchte Evidenz findet sich bei Adorno in der ästhetischen Erfahrung. Adorno entwickelt die Idee der Naturgeschichte besonders aus dem Bereich des Ästhetischen in Bezug auf die Musik. Buck-Morss bemerkt dazu: „The initial impulse for Adorno's concept of history did not come from the field of philosophy. (...) It was Adorno's study of music which first made him aware of the vital significance of the historical dimension, and his understanding of history remained indebted to this field of aesthetics which had been its source."[129] Adorno spricht selber folgendermaßen von der gedanklichen Quelle der Idee der Naturgeschichte:

> Die Konzeption der Naturgeschichte ist nicht vom Himmel gefallen, sondern sie hat ihren verbindlichen Ausweis im Rahmen

---

[128] Adorno(1931), *Die Aktualität der Philosophie*, S. 344.
[129] Buck-Morss(1977), *The Origin of Negative Dialectics*, S. 43.

der geschichtsphilosophischen Arbeit an bestimmtem Material, *vor allem bislang an ästhetischem.*[130]

Wie Adorno erläutert, ist die Idee der Naturgeschichte nicht „eine bündige systematische Aufführung". Adorno stellt sie „auf die Ebene des Versuchens."[131] Musik bildet für Adorno ein Modell der ästhetischen Bilder und er versucht, darin die Naturgeschichte zu explizieren; einerseits will er in der Musikgeschichte die menschliche Geschichte rekonstruieren. Andererseits richtet sich seine naturgeschichtliche Fassung der Musikgeschichte auf die Antizipation des Versuchens in der Musik, d.h. darauf, wie das »Eingedenken der Natur« in der Musik geleistet wird. Er sucht in den großen Musikwerken „ein verändertes Verhältnis der Menschheit zur Natur, wie es für Augenblicke aufblitzt".[132]

---

[130] Adorno(1932), *Die Idee der Naturgeschichte*, S. 355. Hervorhebung von mir
[131] Adorno(1932), ebenda, S. 345.
[132] Adorno(1961), *Über Statik und Dynamik als soziologische Kategorien*, S. 236.

Kapitel II
Musik als eine Konkretion des Ästhetischen

>Hören – Sehen / Einige Sprüche
>Sehen braucht Licht / Hören geht besser im Dunkel
>Was zu sehen ist, liegt zutage. Das Ohr ist das Organ der Nacht.
>Hören geschieht im Ablauf der Zeit, ist vergänglich.
>Sehen ist nicht zeitgebunden.
>(Dieter Schnebel)

>Musik braucht Zeit, und man muß sich hinsetzen und zuhören.
>Ein Gemälde kann man sich so lange oder so kurz anschauen, wie man will,
>aber bei der Musik ist die Dauer vorgegeben.
>(Simon Rattle)

1. DIE EINE IDEE DER KUNST UND DIE KÜNSTE: DAS GEMEINSAME »WAS« DER KÜNSTE

Zahlreiche Philosophen haben die Kunst für ihren philosophischen Gegenstand gehalten. Sie führten ihr ästhetisch motiviertes Philosophieren durch die Auseinandersetzung mit einer bestimmten Gattung der Kunst aus und stellten dabei, um ihre Vorliebe für eine bestimmte Gattung zu legitimieren, eine Rangordnung der Künste her. Wenn es um die Position der Musik in der Hierarchie der Künste geht, zeigt sich eine Meinungsverschiedenheit in den auf die Kunst bezogenen philosophischen Diskussionen. Nach Kant hat die Musik z.B. wenig Wert, wenn sie durch die Vernunft beurteilt wird. Kant vergleicht die ästhetischen Werte der schönen Künste miteinander und plaziert die Musik in seiner Hierarchie der Künste unter der Dichtkunst. Kant urteilt: Musik ist in den erkenntnistheoretischen Auslegungen peripher, weil sie bloß mit Empfindungen, nicht mit dem Nachdenken zu tun hat.[133]

---

[133] Vgl. dazu das folgende Zitat in »*Kritik der Urteilskraft*«: „Nach der Dichtkunst würde ich, wenn es um *Reiz und Bewegung des Gemüts* zu tun ist, diejenige, welche ihr unter den reden-

Dagegen nimmt die Musik bei Schopenhauer den höchsten Rang unter den Künsten ein, weil sie nicht "das Abbild der Ideen, sondern Abbild des Willens selbst"[134] ist. Anschließend an die Schopenhauersche Polarität von »Willen« als „universeller Triebstruktur" und »Vorstellung« als „tagheller Erkenntnis" unterscheidet Nietzsche die Künste nach ihrem Ursprung und ihren Zielen in zwei Arten: Die Dionysische (die nichtbildliche) und die Apollinische (die Kunst des Bildners).[135] Nietzsche setzt die akustische Kunst der visuellen entgegen und schätzt die Musik hoch wegen ihrer „Abbildlosigkeit" und „Unmittelbarkeit". Er behauptet: „Denn die Musik ist, wie gesagt, darin von allen anderen Künsten verschieden, daß sie nicht Abbild der Erscheinung, oder richtiger, der adäquaten Objektivität des Willens, sondern unmittelbar Abbild des Willens selbst ist und also zu allem Physischen der Welt das Metaphysische, zu aller Erscheinungen das Ding an sich darstellt."[136]

Diese Ansicht von Nietzsche über die Musik steht der Hegelschen gegenüber. Hegel unterteilt die gesamte historische Kunstentwicklung in drei charakteristische Stadien oder Kunstformen, nämlich in die symbolische, die klassische und die romantische Kunstform. Die romantische Kunst teilt

---

den am nächsten kommt und sich damit auch sehr natürlich vereinigen läßt, nämlich die Tonkunst, setzen. Denn, ob sie zwar durch lauter Empfindungen ohne Begriffe spricht, mithin nicht, wie die Poesie, etwas zum Nachdenken übrigbleiben läßt, so bewegt sie doch das Gemüt mannigfaltiger, und, obgleich bloß vorübergehend, doch inniglicher; ist aber freilich mehr Genuß als Kultur (das Gedankenspiel, was nebenbei dadurch erregt wird, ist bloß die Wirkung einer gleichsam mechanischen Assoziation); und hat, durch Vernunft beurteilt, weniger Wert, als jede andere der schönen Kunst." Kant(1996), *Kritik der Urteilskraft*, S. 267-268.

[134] Schopenhauer schreibt dazu: „Dieser ungeheure Gegensatz, der sich zwischen der plastischen Kunst als der apollinischen und der Musik als der dionysischen Kunst klaffend auftut, ist einem einzigen der großen Denker in dem Maße offenbar geworden, daß er, selbst ohne jene Anleitung der hellenischen Göttersymbolik, der Musik einen verschiedenen Charakter und Ursprung vor allen anderen Künsten zuerkannte, weil sie nicht, wie jene alle, Abbild der Erscheinung, sondern unmittelbar Abbild des Willens selbst sei und also zu allem Physischen der Welt das Metaphysische, zu aller Erscheinung das Ding an sich darstelle." Schopenhauer, *Die Welt als Wille und Vorstellung*, zitiert nach Nietzsche(1954), »Die Geburt der Tragödie aus dem Geiste der Musik«, S. 88.

[135] Vgl. dazu folgende Sätze von Nietzsche: „Im Gegensatz zu allen denen, welche beflissen sind, die Künste aus einem einzigen Prinzip, als dem notwendigen Lebensquell jedes Kunstwerks, abzuleiten, halte ich den Blick auf jene beiden künstlerischen Gottheiten der Griechen, Apollo und Dionysus, geheftet und erkenne in ihnen die lebendigen und anschaulichen Repräsentanten zweier in ihrem tiefsten Wesen und ihren höchsten Zielen verschiedener Kunstwelten." Nietzsche(1954), ebenda, S. 88.

[136] Nietzsche(1954), ebenda, S. 90.

sich wiederum in drei Bereiche: die bildende, die tönende und die redende Kunst. Wie Kant stellt Hegel die Poesie als eine redende Kunst an die Spitze seiner Kunstgattungshierachie. Hegels Kriterium für die Hierarchie der Künste ist der Sprachcharakter der Kunst. Hegel mißtraut der absoluten Musik, die von der Sprache entrückt ist. Der Sprachcharakter der Kunst ist für Hegel wichtig, weil er findet, daß die Sprache dem Ausdruckswillen des Geistes am wenigsten Widerstand bietet. Während Hegel die Poesie wegen ihres Sprachcharakters für die höchste Kunstform hält, bildet für Nietzsche die Musik die höchste Kunstform. Bei Nietzsche nimmt die reine Musik die erste Stelle unter den Künsten ein, weil sie kein Wort enthält: „Im Verhältnis zur Musik ist alle Mitteilung durch Worte von schamloser Art; das Wort verdünnt und verdummt; das Wort entpersönlicht; das Wort macht das Ungemeine gemein."[137] Musik stellt die höchste Ausdrucksform dar, weil sie das „Unmittelbare" zum Ausdruck bringt, das Sprache nur vermittelt ausdrücken kann. In der Ästhetik Schopenhauers und Nietzsches gilt Musik als Ausdruck des »Wesen der Dinge«, während die Begriffssprache lediglich an den »Erscheinungen« haftet.[138] In der Diskussion über die Rangordnung der Musik unter den Künsten gehört Adorno offensichtlich zu den Vertretern der Ansichten von Nietzsche und Schopenhauer. Für Adorno war die Musik unzweifelhaft der wichtigste Bereich seiner philosophischen Auseinandersetzung mit der Kunst. Die Adornosche Charakteristik des Ästhetischen ist entscheidend von den Verfahrensweisen der Musik beeinflußt. Seine Bemerkungen in den »*Minima moralia*« zeigen nicht zuletzt, daß die Musik bei ihm einen qualitativ privilegierten Platz einnimmt. Adorno führt hierzu aus:

> Vielleicht ist der strenge und reine Begriff von Kunst überhaupt nur der Musik zu entnehmen, während große Dichtung und große Malerei – gerade die große – notwendig ein Stoffliches, den

---

[137] Nietzsche(1954), *Aus dem Nachlaß der Achzigerjahre*, Bd.3, S. 610.
[138] Schopenhauer schreibt dazu: „Die Musik spricht nie die Erscheinung, sondern allein das innere Wesen, das An-sich aller Erscheinung, den Willen selbst, aus. Hieraus entspringt es, daß unsere Phantasie so leicht durch sie erregt wird und nun versucht, jene ganz unmittelbar zu uns redende, unsichtbare und doch so lebhaft bewegte Geisterwelt zu gestalten und sie mit Fleisch und Bein zu bekleiden, also dieselbe in einem analogen zu verkörpern." Schopenhauer, *Die Welt als Wille und Vorstellung*, S. 258f. zitiert nach Dahlhaus(1978), *Die Idee der absoluten Musik*, S. 37.

ästhetischen Bannkreis Überschreitendes, nicht in die Autonomie der Form Aufgelöstes mit sich führt.(MM, S.252)

Diese Bemerkung ist äußerst brisant; in bezug auf sie bedarf es der Klärung der folgenden Fragen: Weshalb nimmt Adorno die Musik als Vorbild der Kunst? Wie läßt sich seine starke Favorisierung der Musik rechtfertigen? Mit welchen Argumentationsstrategien schreibt er der Musik einen besonderen Status zu? Basieren diese Sätze auf der metaphysischen Prämisse Adornos? In den Passagen der »*Minima moralia*« sind die Gründe dafür schwer auszumachen, warum der strenge und reine Begriff der Kunst nur der Musik entnommen werden kann. In den »*Minima moralia*« betont Adorno äußerlich die Unterschiede zwischen der Musik und den anderen Künsten. Deutet Adorno hier zwei unterschiedliche Kritikverfahren an? Dringt die Kunst in Philosophie und Wissenschaft ein, um das zu tun, was die Philosophie unfähig zu tun ist? Und erfüllt die Musik letztlich eine Aufgabe, die andere Künste nicht gewährleisten können, und wird sie zur Königin der Künste? Wenn in seiner Bevorzugung der Musik das Residuum der metaphysischen Prämissen versteckt ist, ist die gesamte Bemühung Adornos, mit dem Ästhetischen über die „Obsesion der aufklärerischen Vernunft" hinauszugelangen, von vornherein verunglückt.

Adorno räumt zwar, wie Nietzsche und Schopenhauer, der Musik unter den Künsten einen besonderen Platz ein, aber sein Argument für den höchsten Rang der Musik unterscheidet sich von den ihrigen. Während Nietzsche, der einem Entweder-Oder-Modell verhaftet bleibt, die apollinische und die dionysische Kunst gegeneinander abgrenzt, verfeinert Adorno die ursprüngliche Argumentationsstruktur von Nietzsche mit der Deutung der objektiven »Vermittlung« zwischen den Kunstgattungen. Adornos Überlegungen zur Kunst befinden sich in einem produktiven Widerspruch: Er beschäftigt sich mit den einzelnen Kunstwerken, insbesondere mit den musikalischen; dennoch hält er daneben am Impuls fest, Zusammenhänge zwischen den Kunstarten und den einzelnen Kunstwerken zu stiften und die im Einzelnen erworbene Erkenntnis *zu einer Ästhetischen Theorie* zu verknüpfen.[139] Die äußeren Gegensätze der beiden Künste á la Nietzsche wan-

---

[139] Vgl. Eichel(1990), »*Die Kunst der Künste*«. *Perspektiven einer interdisziplinären Ästhetik nach Adorno*, S.154.

delt Adorno in eine innerliche Aporie der Kunstgattung um. Dies zeigt sich markant am Spannungsverhältnis zwischen dem theoretischen Anspruch der »Ästhetischen Theorie« und seinen musikalischen Schriften.

In der »Ästhetischen Theorie« bemüht sich Adorno nicht zuletzt, eine Theorie der Kunst herzustellen. Aber um die eine Theorie der Kunst zu gewinnen, bezieht Adorno sich hauptsächlich auf die »Monade« der musikalischen Kunstwerke. Seine zahlreichen musikalischen Monographien in Form von Einzelwerkanalysen münden in die »Ästhetische Theorie«. Die »Ästhetische Theorie« bezieht sich auf das Ästhetische, das die Künste miteinander teilen. Dieses widersprüchliche Verhältnis treibt die Adornoschen Überlegungen zur Kunst und zur Musik in eine Spannung: eine Spannung zwischen der Musik und den anderen Künsten.

Adorno thematisiert dieses Spannungsverhältnis zwischen den Künsten in dem Aufsatz »Die Kunst und die Künste«. An den jüngsten Entwicklungsprozessen der Kunst bemerkt Adorno eine neue Tendenz, die er »Verfransung« nennt. Nach dieser neuen Tendenz wird die Grenze zwischen den Kunstgattungen fließend. Die Demarkationslinien zwischen ihnen verfransen sich.[140] Die hier grundlegende Auffassung über die Verfransung ist freilich weit von jedem Totalitätsanspruch entfernt. Vielmehr besteht Adorno mit der Verfransungsthese auf dem »Nebeneinander« der Künste. Mit ihr ist ja nicht gemeint, daß die Künste als eine einheitliche Totalität synthesiert werden. Adorno argumentiert: Was die »Verfransung« der Künste ermöglicht, ist das gemeinsame »Was« der Künste und es läßt das »Nebeneinander« der Künste zu. Seine Verfransungsthese zielt eher auf die Kritik an einem ontologisch geprägten Begriff der Kunst und einer damit eng verbundenen hierarchischen Auffassung der Künste.

Gegen die ontologische Argumentation, daß die empirische Verschiedenheit der Künste unter einen einheitlichen Begriff der Kunst subsumiert werden soll, insistiert Adorno auf dem »Nebeneinander« der Künste. Adorno schreibt dazu: „Aber in der Verfransungstendenz handelt es sich um mehr als um Anbiederung oder jene verdächtige Synthese, deren Spuren im Namen des Gesamtkunstwerkes schrecken."[141] Adorno verteidigt die in allen Künsten gleichen und ihnen allen inhärenten Momente gegen den Ver-

---

[140] Vgl. dazu auch Adorno(1959), *Klassik, Romantik, neue Musik*, S. 127-128.
[141] Adorno(1966), *Die Kunst und die Künste*, S. 433.

such, eine Demarkationslinie zwischen den Kunstgattungen zu fixieren und jede Kunstgattung normativ zu etablieren. Er vergleicht das Verhältnis der Künste mit dem Verhältnis eines Orchesters zu den einzelnen Instrumenten. Die einzelnen Instrumente spielen zwar gleichzeitig gegeneinander an, aber klingen trotz ihrer Verschiedenheit im Orchester zusammen. Die Spannung zwischen den Künsten läuft für Adorno nicht auf den Machtanspruch einer Kunstgattung hinaus. Ein einheitlicher ontologischer Begriff der Kunst ist mit dem Versuch, die Künste miteinander zu vergleichen und sie nach einer Wertskala anzuordnen, verschwistert. In einer hierarchischen Auffassung der Künste versteckt sich eine idealistische Gewalt, welche die Heterogenität und das »Nebeneinander« der Künste theoretisch zu synthesieren versucht. Es geht für Adorno eher darum, in der Wertskala der Künste die verdächtige Systemorientierung zu entlarven und die synthesierenden Ansichten mit dem Argument eines »Nebeneinanders« der Künste zu kritisieren. Obwohl Adorno den Impuls Schopenhauers, der die Welt der »Vorstellung« aus dem Geist der Musik einer Kritik unterzieht, übernimmt, stößt der synthesierende Ansatz Schopenhauers auf die Kritik Adornos:

> Die große Philosophie, Hegel und Schopenhauer je auf ihre Weise, haben an der heterogenen Vielheit laboriert und gesucht, das Nebeneinander theoretisch zu synthesieren; Schopenhauer in einem hierarchischen, von der Musik gekröntem System; Hegel in einem historisch-dialektischen, das in der Dichtung sich vollenden sollte. Beides war unzulänglich. Offensichtlich gehorcht der Rang von Kunstwerken nicht der Wertskala von Systemen ihrer verschiedenen Gattungen.[142]

Die Herstellung der Wertskala der Künste fällt mit dem Unternehmen zusammen, die Kunst auf die Invarianten zu reduzieren. Sicherlich macht diese synthesierende Ansicht das »Nebeneinander« der Künste unsichtbar. Ein hierarchischer Ansatz mißt alle Künste an dem Kriterium des Wesens der Kunst und ordnet die Künste nach einer Wertskala an. Die Kritik Adornos an diesem Ansatz zeigt sich exemplarisch an der Kritik der Heideggerschen Auffassung der Kunst. Heidegger sucht nach dem Ursprung des

---

[142] Adorno(1966), ebenda, S. 436.

Kunstwerks. Die Suche nach dem Ursprung bzw. dem Wesen der Kunst[143] bleibt für Adorno fragwürdig. Für Adorno ist der Satz von Heidegger, daß „alle Kunst im Wesen Dichtung sei, und daß dann Baukunst, Bildkunst, Tonkunst auf die Poesie zurückgeführt werden müßten",[144] willkürlich, weil er alle Künste auf das eine Wesen der Kunst bezieht. Gegen diese totalisierende Fassung der Künste unter den einen Begriff der Kunst akzentuiert Adorno das »Nebeneinander« der Künste. Wenn die Künste auf ein Wesen reduziert und folgerichtig zu einem Einheitsmoment subsumiert werden, läßt sich die reine Vielfalt der Künste eskamotieren. Insofern verliert der eine Begriff der Kunst unvermeidlich seinen Bezug zu den einzelnen Kunstwerken. Adorno verabschiedet sich von der Ansicht, daß die Kunst einfach der Oberbegriff der Künste sei.[145]

Gegen den Versuch, die Kunst auf ihren Ursprung zu reduzieren und ihr irgendeinen Ewigkeitswert zu verleihen, betrachtet Adorno Kunst unter dem Aspekt der „geschichtlich sich verändernder Konstellation von Momenten."(ÄT, S.11) Weil Kunst mit der geschichtlichen Konstellation verschlungen ist, ist sie nur an ihrer konkreten Bewegung deutbar. Das zeitlose Wesen der Kunst ist für Adorno eine »Schimäre«. Die Künste befinden sich wie anderes Seiendes in einer gesellschaftlichen und geschichtlichen Konstellation. Deswegen kann eine Kunstgattung nicht von einem abstrakten Kunstbegriff her eingeschätzt werden. Während Wagner „die Grenzen der einzelnen Künste im Name des alle durchwirkenden Unendlichen"[146] aufheben will, unterstreicht Adorno immer das Kraftfeld der verschiedenen Künste, welches das »Nebeneinander« der Künste bewirkt.

Aber die Theorie des »Nebeneinanders« der Künste trifft auf die entgegengesetzte Tendenz, die alle Künste konvergieren lässt: "Mit der wachsenden Integration der Gesellschaft ist auch der vielfältige Widerstand gegen ihre Spielregel vereinheitlicht."[147] Die Kraft, die alle Kunstgattungen vereinheitlicht, konzipiert Adorno als die eine Idee der Kunst. Aber diese muß kontextualisiert werden, um ihre Differenz zu einem ontologisch ge-

---

[143] Den Ursprung des Kunstwerks versteht Heidegger nicht als die zeitliche Genese, sondern als „die Herkunft des Wesens der Kunstwerke."
[144] Heidegger, *Holzwege*, 2. Aufl., Frankfurt a.M. 1950, S. 60. zitiert nach Adorno(1966), a.a.O., S. 446.
[145] Vgl. Adorno(1966), a.a.O., S. 447.
[146] Adorno(1964), *Versuch über Wagner*, S. 92.
[147] Adorno(1950), *Zum Verhältnis von Malerei und Musik heute*, S. 140.

prägten Begriff der Kunst klar zu machen. Mit ihr ist keine metaphysische Prämisse gemeint. Die eine Idee der Kunst gewinnt erst ihre Legitimität, wenn sie gegen das Unterfangen, die Künste qualitativ nach einer Wertskala zu differenzieren, pointiert wird. Adorno begreift sie nicht als eine Wesensbestimmung der Kunst, sondern eher als einen Versuch, sie zu legitimieren. Die eine Idee der Kunst ist einerseits ideologisch und andererseits wahr. Sie wird einer Ideologie zugerechnet, solange sie von der apriorischen Systematik der Ästhetik her als Metaphysik des Schönen bestimmt wird. Die eine Idee der Kunst ist „mehr" als nur Ideologie. Sie hat ihr Wahres. Die Adornosche Gleichstellung aller Kunstgattungen basiert auf dem Gedanken, daß sie ein gemeinsames Unternehmen sind, das »Ästhetische« zu artikulieren. Empirisch existiert die eine Idee der Kunst immer in der Verschiedenheit, aber die Künste sind als die Realisierung der Negativität Eins:

> Alle (d.h. die Künste) brauchen Elemente aus der empirischen Realität, von der sie sich entfernen; und ihre Realisierungen fallen doch auch in die Empirie. Das bedingt die Doppelstellung der Kunst zu ihren Gattungen. Ihrem unauflöslichen Anteil an der Empirie gemäß existiert Kunst nur in den Künsten, deren diskontinuierliches Verhältnis zueinander von der außerkünstlerischen Empirie vorgezeichnet wird. Als Antithese zur Empirie dagegen ist die Kunst Eins.[148]

Die eine Idee der Kunst impliziert die gemeinsame Resistenzkraft der Künste. Die Künste sind Eins, wenn es ihnen gelingt, als sozial autonome Phänomene zur Negation der Gesellschaft zu werden. Die eine Idee der Kunst ist nicht selber explizit bestimmbar, weil sie sich darauf bezieht, was sie nicht ist. Insofern kann die Idee der Kunst nicht aus der Systematik der Ästhetik abgeleitet werden, sondern ist sie nur negativ denkbar:

> Eine solche Idee der Kunst in den Künsten ist aber nicht positiv, nichts in ihnen einfach Vorhandenes, sondern einzig als Negation zu fassen. Allein negativ hat man, was inhaltlich, über den

---

[148] Adorno(1966), a.a.O., S. 448.

leeren klassifikatorischen Begriff hinaus, die Kunstarten vereint.[149]

Die eine Idee der Kunst gewinnt nur ihre Legitimität, wenn sie der Logik der identifizierenden Vernunft entgegengesetzt wird. Sie hat ihren Ort in der Wiederherstellung der unterdrückten Natur. Das gemeinsame »Was« der Künste vergegenwärtigt die Differenz der ästhetischen Logik in bezug auf die diskursive. Der Verfransungsprozeß, der die Grenze zwischen den Künsten erschüttert, ist ein Ausdruck der Gemeinsamkeit der Kunst als Antithese zum Vorhandenen und eine Rebellion gegen die Verdinglichung, die sich auch in der branchenmäßigen Aufteilung der Zonen des objektiven Geistes zeigt.

Die Künste besitzen gemeinsam den Status von „Statthaltern der Mimesis" in der verwalteten Gesellschaft. Gegen die diskursive Logik, die das Nichtidentische unter einheitliche Begriffe subsumiert, hält Adorno am gemeinsamen »Was« der Künste fest und beharrt auf der einen Theorie der Kunst. Die Behauptung Adornos, daß die Künste Eins sind, enthält gleichzeitig die umgekehrte Ansicht, daß die Künste verschieden sind. Wenn die ontologisch gefaßte Idee der Kunst die Unterschiede der Künste durch die Reduzierung auf einen Ursprung und auf ein Wesen der Kunst eskamotiert, verweist Adorno auf ihre Unterschiede hinsichtlich der Bezogenheit auf ihre jeweils eigenen Materialien. Der Wahrheitsgehalt stellt in der Kunst ein Vieles, nicht einen abstrakten Oberbegriff der Kunstwerke dar. Die Betonung der Gemeinsamkeit der Künste schließt das eigene »Wie« der Künste nicht aus.

Trotz des gemeinsamen »Was« sind nicht alle Künste gleich. Aber die Kunst hat ihr dialektisches Wesen darin, daß „sie ihre Bewegung zur Einheit einzig durch die Vielheit hindurch vollzieht."[150] Essentielle Differenzen zwischen den Kunstarten gibt es immer noch. Die Differenzen zwischen den Künsten bezeugen, daß die Künste untereinander kein Kontinuum bilden, das es gestatten würde, „das Ganze mit einem ungebrochen einheitlichen Begriff zu bedenken."[151] Dadurch wird die Rede von der zur

---

[149] Adorno(1966), ebenda, S. 448.
[150] Adorno(1966), ebenda, S. 448.
[151] Adorno(1966), ebenda, S. 447.

Totalität integrierenden Idee der Kunst fragwürdig. Es ist für Adorno nicht legitim, „etwa mit dem Anspruch von Ontologie eine Ästhetik von oben her zu entwerfen, die sich nicht kümmerte um *das Bewegungsgesetz des künstlerischen Materials und die konkreten Gebilde, in denen einzig jene Gesetze* sich kristallisieren."[152]

Jede Kunstgattung hat ihre eigene Materialien, die dem künstlerischen Subjekt heterogen gegenüberstehen, und ihre eigenen Verfahrensweisen, die mit den bestimmten Eigenschaften der Materialien zusammenhängen. Das bringt ein Moment des gegenseitig Irreduziblen, qualitativ Vielfältigen zwischen den Künsten ins Spiel, das der Einheitstendenz der Kunst entgegensteht. Die einzelnen Kunstgattungen streben, nicht allgemein, sondern spezifisch durch die Auseinandersetzung mit ihrem je eigenen Material, ihrer konkreten Verallgemeinerung zu, schlichtweg der einen Idee von Kunst. In der Artikulation der einen Idee der Kunst zeigt sich keine Übereinstimmung des ästhetischen Prozesses in jeder Kunstgattung. Jede Kunstgattung verwirklicht die Idee der Kunst durch ihre eigenen Materialien. „Das Gleiche, was die Künste als ihr Wesen meinen, wird dadurch, wie sie es meinen, zu einem Anderen. Ihr Gehalt ist das Verhältnis des »Was« und des »Wie«. Kunst werden sie kraft ihres Gehalts. Er bedarf ihres »Wie«, ihrer besonderen Sprache."[153] Ein Kunstwerk entsteht durch das Spannungsverhältnis des allgemeinen »Was« und des ihm eigenen »Wie«. Jede Kunstgattung bedarf ihres »Wie«, ihrer eigenen Sprache, um Kunst zu werden. Trotz der Gemeinsamkeit des »Was« gab und gibt es immer eine essentielle Divergenz zwischen den Künsten in der Art ihres jeweils eigenen »Wie«. Die spezifischen materiellen Eigenschaften jeder Kunstgattung, „an denen der Künstler konkret jenes ihm Entgegengesetzte und seine Forderung jeweils erfährt",[154] sind nicht gleich. Adorno wirft den Blick auf die Nichtidentität des künstlerischen Materials in der Identität der einen Idee der Kunst. Die Entwicklungszüge der Künste zeigen die entscheidende Differenz eher im Aspekt des einzelnen »Wie«. Die Differenz zwischen den Künsten hängt mit der Differenz des immanenten Prinzips der jeweiligen Kunstgattung zusammen: mit dem jeweils eigenen Charakter des künstleri-

---

[152] Adorno(1958), *Die Funktion des Kontrapunkts in der neuen Musik*, S. 146. Hervorhebung von mir.
[153] Adorno(1966), *Die Kunst und die Künste*, S. 442.
[154] Adorno(1950), *Zum Verhältnis von Malerei und Musik heute*, S. 142.

schen Materials und der damit notwendig verbundenen spezifischen Auseinandersetzungsweise des Künstlers mit dem Material:

> Während diese Subsumption (die Subsumption der Künste unter die Kunst) die reale Tendenz zur Integration des Geistes widerspiegelt, bleibt sie beschränkt auf das Subjekt, das diese Tendenz motiviert und setzt. Vergessen wird, daß Kunst stets ein dialektisches Verhältnis jenes Subjekts zu dem ihm Gegenüberliegenden, seinem Material, impliziert. Ihre Objektivität steigt erst aus diesem vielfach vermittelten Verhältnis auf.[155]

Adorno erhellt die Deutung der Differenz des jeweiligen Materials, weil er findet, daß die spezifische Beschaffenheit der jeweiligen Materialien für den Sinn der ästhetischen Gebilde nicht gleichgültig ist. Das allgemeine Ästhetische konkretisiert sich in der bestimmten Auseinandersetzung mit dem eigenen Material jeder Kunstgattung: „Sobald die eine Kunst die andere nachahmt, entfernt sie sich von ihr, indem sie den Zwang des eigenen Materials verleugnet, und verkommt zum Synkretismus in der vagen Vorstellung eines undialektischen Kontinumms von Künsten überhaupt."[156] Jede Kunst überschreitet die eigene Grenze nicht durch das Medium der anderen Künste, sondern durch ihr eigenes.[157] Die Künste konvergieren nur, „wo jede ihr immanentes Prinzip rein verfolgt."[158]

---

[155] Adorno(1959), *Klassik, Romantik, neue Musik*, S. 128.
[156] Adorno(1965), *Über einige Relationen zwischen Musik und Malerei*, S. 629
[157] Die Musik soll nicht die Malerei nachahmen, und umgekehrt auch nicht. In diesem Kontext ist die Kritik Adornos an der Musik von Strawinsky sehr bedeutungsvoll. Adorno findet in der Musik Strawinskys die Tendenz der Verräumlichung der Zeit (vgl. *Über einige Relationen zwischen Musik und Malerei*, S. 629ff und *Philosophie der neuen Musik*, S. 174ff). Die Annäherung der Musik an die Malerei, die Adorno als „Malende Musik" bezeichnet, ist keine Verfransung der Künste, sondern nur die „Pseudomorphose" der Musik an die Malerei. Adorno meint, daß die malende Musik stets an der Kraft der zeitlichen Organisation verliert. Strawinsky behandelt die Zeit umstandslos, als wäre sie Raum: „Zeit wie im Zirkustableau einstehen zu lassen und Zeitkomplex wie räumliche zu präsentieren."(PdnM, S.177) Die Beschaffenheit der Musik als Zeitkunst verschwindet, sobald Strawinsky in seiner Musik die Malerei nachahmt. Adorno kritisiert die Verräumlichung der Musik bei Strawinsky, weil sich durch die Pseudomorphose der Musik an die Malerei dem Werden in der Musik entzieht.
[158] Adorno(1965), *Über einige Relationen zwischen Musik und Malerei*, S. 629.

2. ASPEKTE DES MUSIKALISCHEN

2.1 GEGENSTANDSLOSIGKEIT UND MUSIK

Die eine Idee der Kunst tritt an der Musik besonders hervor wegen der Charaktere des musikalischen Materials. Musik ist ihren eigenen Materialbedingungen nach die ungegenständliche Kunst par excellence: „Musik ist ungegenständlich, mit keinen Momenten der äußeren Welt eindeutig zu identifizieren, dabei indessen höchst artikuliert und bestimmt in sich selbst, und dadurch doch wieder, sei's noch so vermittelt, der äußeren Welt, der gesellschaftlichen Realität kommensurabel. Sie ist eine Sprache, aber eine ohne Begriffe."[159] Wenn Adorno von der Musik redet, handelt es sich hauptsächlich um die absolute Musik. Sein Musikbegriff ist immer durch die Ästhetik der absoluten Musik geprägt, die von der sprachlich-dichterischen und religiösen Basis abgelöst ist. Sie ist von der praktischen Welt am weitesten entfernt, so die Überzeugung Adornos, vorweg frei von jeder Bindung an die Gegenständlichkeit und die Begrifflichkeit. Adorno grenzt zunächst die Musik von der nichtmusikalischen Kunst ab und hebt dabei ihre Gegenstands- und Begriffslosigkeit hervor:

> Die Erinnerung daran genüge, daß ein essentieller Unterschied, zumindest historisch retrospektiv, zwischen den Kunstarten besteht, die Bildcharakter haben oder hatten, und von dessen Erbschaft sie latent weiter zehren, also den nachahmenden oder darstellenden auf der einen Seite, und auf der anderen denen, die jenes Bildcharakters vorweg entraten und denen er erst allmählich, intermittierend und stets prekär, eingepflanzt wurde, wie der Musik. Weiter herrscht qualitative Differenz zwischen der Dichtung, die der Begriffe bedarf und noch in ihrer radikalsten Gestalt des begrifflichen Elements nicht ganz ledig wird, und den nichtbegrifflichen Kunstarten.[160]

---

[159] Adorno(1962), *Einleitung in die Musiksoziologie*, S. 224.
[160] Adorno(1966), *Die Kunst und die Künste*, S. 447 vgl. auch Adorno(1953), *Über das gegenwärtige Verhältnis von Philosophie und Musik*, S. 153ff.

An der Gegenstandsgebundenheit kommt die Divergenz des musikalischen Materials in bezug auf das der Malerei zutage. Ein eindeutig gegenständlicher Inhalt fehlt der Musik als solcher. Sie ist durch den Mangel an Gegenständlichkeit charakterisiert. Musik ist frei von einem eindeutigen Bezug auf die äußerlichen Gegenstände und das Begriffliche. Die Gegenstands- und die damit verbundene Begriffslosigkeit unterscheidet die Musik von anderen Künsten: „Indem Musik in Gegensatz zur dinglichen Bestimmtheit tritt, steht sie auch in Gegensatz zur Eindeutigkeit, zum Begriff."[161] Die Malerei bleibt trotz ihrer neuen Abstraktionstendenz und Verweigerung der Abbildungsfunktion an die Gegenstände gebunden: „Bis in die Assoziation der abstrakten Malerei hinein ist die Beziehung auf Gegenständliches mit dem Gehalt verschmolzen."[162] Der Adornosche Kontrast der gegenständlichen, begrifflichen Kunst und der ungegenständlichen, unbegrifflichen Musik tritt aus einem fundamentalen Gegensatz hervor. Adorno merkt an der Malerei die dem Blick der Augen inhärente Tendenz der Naturbeherrschung an. Er knüpft den Abbildungs- bzw. Vergegenständlichungsanspruch des Subjekts an die Tendenz der Naturbeherrschung. Der Versuch, die äußerlichen Gegenstände kraft der Vergegenständlichung im Bild zu verdoppeln, steht in Parallelität mit dem Identitätsdenken, das alles Seiende unter den allgemeinen Begriff subsumieren will. Der Abbildungs- und Vergegenständlichungsversuch partizipiert an dem universalen Bann der Identität. Die bildnerische Freiheit hat ihre Grenze an der Gegentandsgebundenheit:

> Vielmehr bekundet sich das tiefe Wissen darum, daß alles Sichtbare an Ähnlichkeiten mit der sichtbaren Welt gebunden bleibt, weil das Auge, welches das Bild konstituiert, seiner Organisation im buchstäblichen und übertragenen Sinn nach identisch ist mit dem, das den Raum wahrnimmt und kraft dessen Natur seit je tendenziell vom Menschen so sich beherrschen

---

[161] Adorno(1969), *Komposition für den Film*, S. 30.
[162] Adorno(1953), *Über das gegenwärtige Verhältnis von Philosophie und Musik*, S. 153. Vgl. auch die folgenden Sätze: „Man weiß, daß Picasso sich weigerte, wie Kandinsky jegliche Beziehung zum Gegenständlichen zu durchschneiden. Selbst auf der Höhe des Kubismus sind die Konstruktionen aus Fragmenten der Dingwelt zusammengesetzt" Adorno(1950), *Zum Verhältnis von Malerei und Musik heute*, S. 145.

läßt, wie Picassos schaltender Blick es zum äußersten steigert. Das diktiert der bildnerischen Freiheit die Grenze.[163]

Während der traditionelle Malerblick das Einverständnis mit den Dingen verfolgend etwas vom sturen Betrieb der Naturbeherrschung spiegelt, enthält die Musik wegen der ihr eigenen Begriffs- und Bilderlosigkeit Andeutungen eines anderen Umgangs mit dem Gegenstand. Adorno findet in der Musik eine andere Umgangsweise des Subjekts mit der Natur (dem Objekt). Das zeigt sich vor allem in der Thematik des Naturschönen, die Adorno im Gegensatz zu Hegel in die Ästhetik wieder eingeführt hat.

2.2 DAS NATURSCHÖNE, DIE MIMESIS UND DIE MUSIK

Die Adornosche Rehabilitierung des Naturschönen ist die Kritik an der idealistischen Annahme des autonomen Subjekts gegenüber der Natur und am damit verbundenen Herrschaftsgestus des Subjekts. Der Verdrängungsprozeß des Naturschönen in der Ästhetik fällt nach Adorno mit der dauerhaften Tendenz des Subjekts zur Naturbeherrschung zusammen. Bei dem Verdrängungsprozeß des Naturschönen spielt die Ausbreitung der menschlichen Herrschaft über die Natur mit. Adorno legt diesen Prozeß folgendermaßen aus:

> Das Naturschöne verschwand aus der Ästhetik durch die sich ausbreitende Herrschaft des von Kant inaugurierten, konsequent erst von Schiller und Hegel in die Ästhetik transplantierten Begriffs von Freiheit und Menschenwürde, demzufolge nichts in der Welt zu achten sei, als was das autonome Subjekt sich selber verdankt. (ÄT, S.98)

Die Thematik des Naturschönen bleibt bei Adorno nicht eine reine ästhetische, sondern in ihr konvergieren die Themen der »*Dialektik der Aufklärung*« und der »*Ästhetischen Theorie*«. Der Verdrängungsprozeß des

---

[163] Adorno(1950), ebenda, S. 145.

Naturschönen ist nichts als der Prozeß der Selbsterhöhung des Menschen über die Tierheit, also der des Vergessens seiner Naturverbundenheit. Das autonome Subjekt nimmt die äußerliche Natur als sein äußerliches Material wahr und degradiert sie zu seinem Stoff und Aktionsobjekt. Die Menschen treten den Naturobjekten als Definitionsmächtige gegenüber und versetzen sich damit in die Lage, die Natur zum Mittel ihrer Zwecke zu machen. Folgerichtig wird die Qualität der Natur quantifiziert. Die Natur wird „verdinglicht": „Die disqualifizierte Natur wird zum chaotischen Stoff bloßer Einteilung und das allgewaltige Selbst zum bloßen Haben, zur abstrakten Identität."(DdA, S.26)

Die menschliche Beziehung zur Natur reduziert sich lediglich auf die Anwendung, um sie vollends zu beherrschen: „Mit der Ausbreitung der Technik, mehr noch in Wahrheit der Totalität des Tauschprinzips wird das Naturschöne zunehmend zu dessen kontrastierender Funktion und dem befochteten verdinglichten Weisen integriert. Der Begriff des Naturschönen, einmal gegen Zopf und Taxusgang des Absolutismus gemünzt, hat seine Kraft eingebüßt, weil seit der bürgerlichen Emanzipation im Zeichen der angeblich natürlichen Menschenrechte die Erfahrungswelt weniger nicht sondern mehr verdinglicht war als das dix-huitème. Die unmittelbare Naturerfahrung, ihrer kritischen Spitze ledig und dem Tauschverhältnis – das Wort Fremdenindustrie steht dafür ein – subsumiert, wurde unverbindlich neutral und apologetisch: Natur zum Naturschutzpark und zum Alibi."(ÄT, S.107) Das Subjekt bildet das Erscheinende der Natur ab und legt die Natur auf Begriffe fest, um sie zu beherrschen. Die Verdrängung der Thematik des Naturschönen in der Ästhetik Hegels ist ein Beispiel für eine krasse, nahezu unreflektierte Parteinahme für den subjektiven Geist. Hegel opfert das Naturschöne dem autonomen Subjekt. Während Hegel das dem festen Begriff sich Entziehende als Mangel des Nichtidentischen behauptet,[164] hebt Adorno es als die Substanz des Naturschönen selber hervor. Im Hegelschen Übergang vom Natur- zum Kunstschönen waltet die Herrschaft des

---

[164] Vgl. dazu das folgende Zitat aus der »*Ästhetischen Theorie*«: „Hegels Philosophie versagt vor dem Schönen: weil er die Vernunft und das Wirkliche durch den Inbegriff ihrer Vermittlungen einander gleichsetzt, hypostasiert er die Zurüstung alles Seienden durch Subjektivität als das Absolute, und das Nichtidentische taugt ihm einzig als Fessel der Subjektivität, anstatt daß er dessen Erfahrung als Telos des ästhetischen Subjekts, als dessen Emanzipation bestimmte. Fortschreitende dialektische Ästhetik wird notwendig zur Kritik auch an der Hegelschen." ÄT, S. 119.

Subjekts über die Nichtidentität. Das Naturschöne ist für Adorno bedeutungsvoll, weil es „die Spur des Nichtidentischen an den Dingen im Bann universaler Identität"(ÄT, S.114) ist. Der Verweis der ästhetischen Theorie auf das Naturschöne bei Adorno ist eine Apologie des von der dominanten Rationalität Unterdrückten. Die Rehabilitierung des Themas des Naturschönen ist deswegen eine Kritik an der Gewalttat des Subjekts gegen das Objekt, um der Herstellung der Eindeutigkeit und Synthesis willen: „Der Begriff des Naturschönen rührt an eine Wunde, und wenig fehlt, daß man sie mit der Gewalt zusammendenkt, die das Kunstwerk, reines Artefakt, dem Naturwüchsigen schlägt."(ÄT, S.98) Das Naturschöne stellt eine „Allegorie des Jenseitigen" dar. (ÄT, S.108) Adorno kontrapunktiert die ästhetische Erfahrung des Naturschönen mit der „verdinglichten" Praxis des Subjekts: „Das System muß in Harmonie mit der Natur gehalten werden; wie die Tatsachen aus ihm vorhergesagt werden, müssen sie es bestätigen. Tatsachen aber gehören der *Praxis* an; sie bezeichnen überall den Kontakt des einzelnen Subjekts mit der Natur als gesellschaftlichem Objekt: *Erfahren* ist allemal reales Handeln und Leiden."(DdA, S.101-102, Hervorhebung von mir) Die Erfahrung des Naturschönen bezieht sich auf die Natur, indem sie die Natur nicht als „Stoff" der Arbeit, sondern als „Erscheinung" behandelt. Es repräsentiert eine jenseits aller menschlichen Nützlichkeitserwägungen liegende und eine über alle materielle Greifbarkeit hinausgehende Natur. Hegel behauptet, daß „die Naturschönheit nur schön für Andere ist, d.h. für uns, für das die Schönheit auffassende Bewußtsein." (Hegel, Vorlesungen über die Aesthetik, 157, zitiert nach ÄT, S. 116) Aber die Essenz des Naturschönen ist für Adorno „die Anamnesis dessen gerade, was nicht nur für Anderes ist."(ÄT, S.116) Adorno revidiert den Hegelschen Vorrang des selbstherrlich schaltenden Subjekts mit dem »Vorrang des Objekts«, mit dem »Ansichsein« des Naturschönen. Er gewinnt die Kategorie des Nichtidentischen aus der Umkehrung der philosophischen Perspektive von Hegel. Er geht nicht vom erkennenden Subjekt, sondern von der erkenntnistheoretischen Prädominanz des Objekts aus.[165] Das Schöne der Natur kommt zwar nicht zum Ausdruck ohne die subjektive Rezeption, aber es reduziert sich nicht aufs Subjekt: „Das Naturschöne

---

[165] Vgl. Thomas Wimmer(1990), *Ästhetische Modelle der Kritischen Theorie.*

deutet auf den Vorrang des Objekts in der subjektiven Erfahrung."(ÄT, S. 111)[166]

Was das Naturschöne bestimmt, ist zunächst seine Unbestimmtheit. Es hat seine Substanz „in dem der Allgemeinbegrifflichkeit sich Entziehenden"(ÄT, S.110) Das Unbestimmbare stellt keine niedrige Stufe im Angesicht der Erkenntnis der Wahrheit dar. Das Unbestimmbare ist also „weder eine irrationale Zone noch Ausgang oder Durchgang für den Begriff."[167] Das Phänomen des Unbestimmbaren zu konzedieren wird zu einem Argument gegen das transzendentale Subjekt, das alles Seiende klar mit Begriffen bestimmen will. Als Unbestimmtes und Unbestimmbares bleibt das Naturschöne stets negativ auf die dialektische Vernunft bezogen.[168] Das Naturschöne ist die erscheinende Natur. Adorno fährt fort: „Das Erscheinende ist nicht vertauschbar, weil es weder stumpfe Einzelheit bleibt, die durch andere sich ersetzen ließe, noch ein leeres Allgemeines, das als Merkmaleinheit das darunter befaßte Spezifische gleichmachte."(ÄT, S.128) Es ist selber Bild. Der Ansich-Charakter des Naturschönen macht die vergegenständlichende Wahrnehmung überhaupt unzugänglich. Das Naturschöne liegt jenseits des Abbildungsversuchs des freien Subjekts:

> Seine Abbildung (d.h. des Naturschönen) hat ein Tautologisches, das, indem es das Erscheinende vergegenständlicht, zugleich es wegschafft. Die keineswegs esoterische Reaktion, welche die lila Heide und gar das gemalte Matterhorn als Kitsch empfindet, reicht weit über derlei exponierte Sujets hinaus: innerviert wird darin die Unabbildbarkeit des Naturschönen schlechthin. (ÄT, S.105)

Das Naturschöne läßt sich nicht abbilden. Nur das Prinzip des Naturschönen ist von der Kunst nachzubilden. Je strenger die Kunstwerke der Vergegenständlichung und der Abbildung von Natur sich enthalten, desto

---

[166] Vgl. auch Rademacher(1993), *Versöhnung oder Verständigung? Kritik der Habermasschen Adorno-Revision*, S. 43-55 und Thyen(1989), *Negative Dialektik und Erfahrung. Zur Rationalität des Nichtidentischen bei Adorno*, S. 207-212.
[167] Zenck(1977), *Kunst als begriffslose Erkenntnis*, S. 106.
[168] Vgl. Baumeister und Kulenkampff(1973), *Geschichtsphilosophie und philosophische Ästhetik*, S. 86.

mehr nähern sich die gelungenen von ihnen dem Naturschönen: „Mit fortschreitender Aufklärung haben es nur die authentischen Kunstwerke vermocht, der bloßen Imitation dessen, was ohnehin schon ist, sich zu entziehen."(DdA, S.34) Dem Kunstwerk kann nur gelingen, sich der Erscheinung der Natur anzugleichen, wenn es das „Ansichsein" und die „Nichtabbildbarkeit" des Naturschönen mit seinem eigenen Medium bildet.

Adorno konzipiert das Verhältnis der Kunst zum Naturschönen aus der Perspektive der Mimesis. Der Begriff der Mimesis erfährt bei Adorno eine gänzlich andere Deutung als in der philosophischen Tradition. Er bezeichnet nicht das künstlerische Abbilden und Nachahmen der Welt, sondern erhält eine anthropologische Ausdeutung.[169] Der Begriff der archaischen Mimesis hat mehre Bedeutungen. Sein Doppelcharakter zeigt sich im Hinblick auf ihr Verhältnis zur Natur.[170] Sie legt es einerseits auf ein „Sich-der-Umwelt-Ähnlichmachen" an: auf die Nachahmung im Sinne der organischen Anschmiegung an das Andere und der leiblichen Angleichung an die Natur. (Vgl. DdA, S.205) Andererseits entspricht der Impuls des „Sich-der-Umwelt-Ähnlichmachens" den Zwecken der „Selbsterhaltung" und der „Abwehr" des Subjekts der unbeherrschten Natur gegenüber; Mimesis ist eine Schutzreaktion des Menschen gegen den Schrecken angesichts der gefahrvollen Natur. Das bezeichnet Adorno als eine Form von Mimikry. (Vgl. DdA, S.205) Im letzteren Fall ist der Sinn der Mimesis „pejorativ"; sie dient ausschließlich der „Selbsterhaltung" des Subjekts und beansprucht die Beherrschung des Anderen, um die Angst zu beseitigen. Im ersteren Fall ist sie „normativ", insofern Adorno darauf insistiert, daß sie evoziert werden soll, denn Adorno erkennt, daß die Ambivalenz der Mimesis während des fortschreitenden Aufklärungsprozesses aufgehoben wird. Die organische Anschmiegung der mythischen Mimesis an die Natur wird ver-

---

[169] Vgl. Kager(1988), *Herrschaft und Versöhnung*, S. 29-30.
[170] Vgl. dazu Lypp(1980), *Ästhetischer Absolutismus und politische Vernunft*, S. 205 und Lüdke(1980), *Zur Logik des Zerfalls*, S. 426. Wulf unterscheidet zwei Arten von Mimesis: die Mimikry an das Tote und die Mimesis an die Natur. Vgl. Gebauer und Wulf(1992), *Mimesis*, S.391f: „Mimesis birgt in sich eine nicht auflösbare Ambivalenz, die sich im Verhältnis des Menschen zur äußeren und zur inneren Natur zeigt. Einerseits ist sie Ausgangspunkt für eine sich von ihren Ursprüngen loslösende Rationalität. (...) Andererseits macht sie die völlige Einheit des Bewußtseins unmöglich und trägt etwas an das Subjekt heran, das sich seiner Herrschaft entzieht und nicht domestizierbar und kontrollierbar ist." Gebauer und Wulf (1992), ebenda, S. 394.

drängt und schrittweise durch magische Praktiken, zuletzt durch solche der rationalen Arbeit, ersetzt. In der Formulierung Adornos: „Zivilisation hat anstelle der organischen Anschmiegung ans andere, anstelle des eigentlich mimetischen Verhaltens, zunächst in der magischen Phase, die organisierte Handhabung der Mimesis und schließlich, in der historischen, die rationale Praxis, die Arbeit, gesetzt."(DdA, S.205) Adorno versucht, den Begriff der Mimesis gegen seine eigenen Erstarrungstendenzen zu mobilisieren. Sie zielt auf ein Jenseits des Subjekt-Objekt-Gegensatzes, mit dem Anspruch des utopischen Telos, das Objekt sprechen zu lassen, ohne es subjektiven Zwecken zu unterwerfen. In der verwalteten Gesellschaft der Zivilisation bleibt die organische Anschmiegung ans Andere, nach Überzeugung Adornos, nur in der Kunst gewährleistet. Während die Zivilisation das Verbot des Rückfalls in mimetische Daseinsweisen zu ihrer Bedingung gemacht hat, ist die Kunst für Adorno nichts anderes als die „Erinnerungsspur der Mimesis"(ÄT, S.198); „Kunst ist Zuflucht des mimetischen Verhaltens." (ÄT, S.86)

Die Kunst ahmt nicht die Natur nach, sondern sie verhält sich der Natur gegenüber mimetisch. Es geht beim Kunstschönen nicht um die Nachahmung der Natur, also nicht um die Verdopplung des Objekts im Subjekts, sondern um die Nachahmung des Naturschönen als solches. Die mimetische Verhaltensweise ist „eine Stellung zur Realität diesseits der fixen Gegenübersetzung von Subjekt und Objekt."(ÄT, S.169) Das ästhetische Subjekt geht mit dem Gegenstand nicht identifizierend, abbildend, sondern mimetisch um. An den Begriffen setzt Kunst ihre mimetische, unbegriffliche Schicht frei. Die Kunst bemüht sich „um die Verwandlung der kommunikativen Sprache in eine mimetische."(ÄT, S.171) Das ästhetische Subjekt, das die Unabbildbarkeit und die Ungewißheit des Naturschönen wahrnimmt, tritt vom Abbildungsanspruch zurück. Die Kunst ahmt nicht die Natur gegenständlich nach, sondern die Unbestimmtheit und Vieldeutigkeit des Naturschönen.

Während Lukács den Begriff der Mimesis von der Sprache, und zwar von einem äußerst gegenstandsbezogenen Realismus her, konstruiert, ist Adornos Mimesistheorie aus der ungegenständlichen Ähnlichkeit mit dem Gegenstand hervorgegangen. Die mimetische Verhaltensweise gibt den Anspruch des Begreifens der Sache mit Begriffen auf. Was Adorno „echte

Mimesis" nennt, ist weit von der Widerspiegelung des Objekts und der Identifikation des Objekts um der Selbsterhaltung willen entfernt. Dabei erfüllt Mimesis die Funktion des Korrektivs der instrumentellen Rationalität.[171] Darauf weist Noerr zu Recht nachdrücklich hin: „Mimesis scheint sich der Vergegenständlichung des Begriffs auch in der eigenen begrifflichen Artikulation zu entziehen. Mimesis ist der Grenzbegriff des Rationalen des Begrifflichen selbst, dessen materialistischer Widerpart, der Begriff des Nicht-Begrifflichen, Nicht-Identischen."[172] Die Vergegenständlichung des Objekts beinhaltet notwendig die gewaltsame Systematisierung des Gegenstandes durch das Subjekt. Die rationalisierte Praxis beseitigt alle Differenzen zwischen den Dingen und stellt eine Einheit der Dinge her. Folgerichtig tritt „anstelle der leiblichen Angleichung an Natur" „die Rekognition im Begriff, die Befassung des Verschiedene unter Gleiches." (DdA, S.205) Die Wahrnehmungsstruktur der Vergegenständlichung zehrt von der Struktur der „Projektion". Die „Projektion" der Vernunft ist das negative Spiegelbild der Mimesis: „Wenn Mimesis sich der Umwelt ähnlich macht, so macht falsche Projektion die Umwelt sich ähnlich. Wird für jene das Außen zum Modell, dem das Innen sich anschmiegt, das Fremde zum Vertrauten, so versetzt diese das sprungbereite Innen ins Äußere und prägt noch das Vertrauteste als Feind. Regungen, die vom Subjekt als dessen eigene nicht durchgelassen werden und ihm doch eigen sind, werden dem Objekt zugeschrieben: dem prospektiven Opfer."(DdA, S.212)

Die in der Kunst fortlebende Mimesis, die Widerpart der falschen Projektion ist, ist „die nichtbegriffliche Affinität des subjektiv Hervorgebrachten zu seinem Anderen."(ÄT, S.86-87) Die Mimesis der Kunst, die jenseits der falschen Projektion des Subjekts auf ein Objekt liegt, relativiert den »Vorrang des Subjekts« und rettet das verlorene mimetische Vermögen durch die ungegenständliche Ähnlichkeit mit dem Gegenstand: „Mimesis bildet einen mit dem Körperlichen verbundenen Widerstand gegen Verdinglichung und sichert den Vorrang des Objekts gegen die Herrschaftsansprüche des Subjekts; sie verweist auf die prinzipielle Unbestimmbarkeit und Rätselhaftigkeit der Dinge, die den Menschen erst die Möglichkeit le-

---

[171] Vgl. Früchtl(1986), *Mimesis. Konstellation eines Zentralbegriffs bei Adorno*, S.3ff.
[172] Noerr(1990), *Das Eingedenken der Natur im Subjekt*, S. 147.

bendiger Erfahrung bietet."[173] Mimesis läuft auf Differenz, auf das Andere hinaus.[174] Die ästhetische Mimesis versucht, sich dem Objekt anzunähern, nicht um sich mit ihm zu identifizieren, sondern um sich ihm anzuschmiegen, ohne die Differenzen wegzuräumen. Mimesis öffnet den Blick auf das Nichtidentische, Unfaßbare und Rätselhafte des Anderen.

Die Musik ist, so die Überzeugung Adornos, im Unterschied zu den anderen Künsten mit dem Naturschönen verschwistert, weil sie als eigentlich gegenstandslose Kunst nicht die äußerlichen Gegenstände nachahmt. Die rätselhafte Musik bildet nicht irgendeinen Gegenstand der Natur ab, sondern ahmt das Naturschöne als solches nach als die Unbestimmtheit und Vieldeutigkeit, die Adorno mit dem Phänomen des Naturschönen verbindet. Das in der Musik sich Artikulierende, also ihr Gehalt, ist das, was dem vorstellbaren, gegenständlichen Bewußtsein entzogen bleibt:

> Als Unbestimmtes, antithetisch zu den Bestimmungen, ist das Naturschöne unbestimmbar, darin der Musik verwandt, die aus solcher ungegenständlichen Ähnlichkeit mit Natur in Schubert die tiefsten Wirkungen zog. Wie in Musik blitzt, was schön ist, an der Natur auf, um sogleich zu verschwinden vor dem Versuch, es dingfest zu machen. (ÄT, S.113)

Die Musik ist Verschwindendes und Verlöschendes ebenso wie das Phänomen des „Aufblitzens". Die gegenständliche Welt kommt in der Musik nicht dinglich vor, sondern „unbestimmt" und „flüchtig". Musik erscheint deswegen der naturbeherrschenden Subjektivität „rätselhaft." Die Welt erscheint in der Musik wie in einem Traum:

> Die Streitfrage ob Musik Bestimmtes darzustellen vermöge oder nur Spiel tönend bewegter Formen sei, verfehlt wohl das Phänomen. (...) Nur zerstreut, exzentrisch, als aufblitzende, sogleich wieder vergehende kommen die Bilder der gegenständlichen Welt in Musik vor, sind ihr aber als untergehende, verzehrte we-

---

[173] Gebauer und Wulf(1992), a.a.O., S. 394-395.
[174] Vgl. Kamper(1991), *Mimesis und Simulation*.

sentlich. Das Programm ist gleichsam der Tagesrest der Musik.
Wir sind dabei in Musik ähnlich wie wir im Traum sind.[175]

Das Naturschöne, dem die Musik verwandt ist, erfaßt Adorno als „sistierte Geschichte, innehabendes Werden."(ÄT, S.111) Im Naturschönen spielen, so schreibt er dazu, „musikähnlich und kaleidoskopisch wechselnd, naturhafte und geschichtliche Elemente" (ÄT, S.111) ineinander. Die Verwandtschaft der Musik mit dem Naturschönen zeigt sich an ihrer Zeitlichkeit.

2.3 DIE VERGÄNGLICHKEIT, DAS MUSIKALISCHE UND DIE KRITIK

Die vergehende Natur erstarrt in den Bemühungen des Subjekts, sie dingfest zu machen und begrifflich zu bestimmen. Das herrschende Subjekt läßt dabei die Zeitdimension der Natur verschwinden. Um seine Herrschaft über die Natur zu verewigen, wird die ewige Vergänglichkeit der Natur im Bewußtsein des Subjekts zum Stillstand gebracht. Dagegen ist Musik transitorisch; sie geht vorüber statt der Betrachtung standzuhalten: „Alle Malerei, auch die abstrakte, hat ihr Pathos an dem, was ist; Alle Musik meint ein Werden."(PdnM, S.174) Die Welt blitzt in der Musik auf. Im Verlauf der Zeit erscheint die Welt in der Musik und vergeht gleich wieder. Dagegen versucht das Bild, dem Verschwinden zu entgehen und das Verlöschende zu festigen. Ein Bild entsteht erst, wenn die Ungleichzeitigkeit und die Geschichtlichkeit in allen Momenten verschwinden.

Im Bild wird alles als Gleichzeitiges behandelt. Ein Bild ergibt notwendig eine Synthesis, weil das im Raum nebeneinander Seiende im Bild zusammengebracht und das formale Prinzip der Gleichzeitigkeit in die Struktur der bestimmten Einheit der Bildermomente umgestellt wird. Darin zeigt sich der Herrschaftsanspruch der Bilderwelt. Musik richtet sich nach der zeitlichen Folge, wogegen Malerei die Zeitlichkeit im Bild fixieren will. Die Malerei, die eine Raumkunst ist, hat „ihre Idee an der Transzen-

---

[175] Adorno(1993), *Beethoven. Philosophie der Musik*, S. 27.

denz zur Zeit hin."[176] Zeit wird im Bild aufgespeichert und die Sukzessivität der Zeit verschwindet unvermeidlich im Raum: „Seine (des Bildes) vermeintlich apriorische Räumlichkeit ist keine solche allein, sondern immer zugleich Resultat; der absolute Raum des Bildes ein Zeitdifferential, der Augenblick, in dem das zeitlich Disparate sich konzentriert."[177] Dagegen ist Musik selber identisch mit der Geschichte, wie Buck-Morss ausführt: „Music, which has often been called the most abstract of the arts, is in the historical sense the most concrete. For no art is more integrally related to the dimension of time. The composition is itself history: the sense of each transient note both determines and is determined by that which has been and that which will come. Musical sound unfolds in a continuous transitory present."[178] Musik läuft nur in der Zeit ab. Um Musik zu sein, muß sie zeitliche Relationen in sich herstellen und mit der Zeit selbst fertig werden. Ohne die Zeitdimension ist die Musik undenkbar, unhörbar und unreproduzierbar: „Ihr Inhalt ist allenfalls, was geschieht, Teilereignisse, Motive, Themen, Verarbeitung: Wechselnde Situation. Der Inhalt ist nicht außerhalb der musikalischen Zeit, sondern ihr wesentlich und sie ihm: er ist alles, was in der Zeit stattfindet."(ÄT, S.222) Die Zeitfolge selber wird zum Inhalt der Musik. Sie ist ihr Sinn.

> Zunächst ist Musik als Zeitkunst ihren eigenen Materialbedingungen nach dynamisch: wie die Zeit unumkehrbar ist, so verweigert sich jegliches Musikalische einer Vertauschung in der Zeit, die gegen diese indifferent wäre. Sinnvolle musikalische Organisation heißt notwendig, daß Sinn und Zeitfolge in Beziehung stehen, daß also der Zeitablauf selber als sinnvoller, nicht gegenüber dem konkreten musikalischen Inhalt zufälliger sich ausweise.[179]

Die organisierte Zeit der Musik ist nicht gleichzeitig wie die Zeit des Bildes, sondern sukzessiv. Musik artikuliert sich in der zeitlichen Aufeinanderfolge der Teile. Das musikalische Werk existiert nur ganz in der

---

[176] Adorno(1968), *Über einige Relationen zwischen Musik und Malerei*, S. 628.
[177] Adorno(1968), ebenda, S.633.
[178] Buck-Morss(1977), *The Origin of Negative Dialectics*, S. 43.
[179] Adorno(1957), *Kriterien der neuen Musik*, S. 221.

wahrgenommen Aufeinanderfolge der Teile, und die Auffassung von Musik muß dieses Ganzen als eines sich in der Zeit Erstreckenden innewerden. Das Sichtbare verharrt in der Zeit, das Hörbare vergeht in der Zeit. Musik ist eine „vergängliche Kategorie".[180] Der Klang der Musik bleibt nicht konstant und ewig. Der Klang verschwindet, sobald er zutage getreten ist.[181] Die Musik verweigert sich nicht der zeitlichen Folge. Gegen die Allherrschaft der Dauerhaftigkeit der prima philosophia weist die Musik auf die Vergänglichkeit hin: auf die Irreversibilität und Unwiederholbarkeit der Zeit. Die Musik nimmt in sich die Vergänglichkeit der Natur hinein. Der vergängliche Charakter der Musik zeigt eine ganz andere Verhaltensweise gegenüber der Zeit als die moderne Vernunft, die die Zeit transzendieren will.

Indem er die Zeitproblematik der Musik evoziert, zielt Adorno auf die Kritik am Visualprimat der europäischen Philosophie ab.[182] Die Tradition der abendländischen Philosophie ist von einem Okularzentrismus geprägt. Die Bedeutung des Hörens ist bei ihm stets von den Dimensionen der Kritik am Sehen begleitet. Während Theorie und Philosophie hauptsächlich auf die Augenwelt hin orientiert sind, gehört Musik zur Ohrenwelt.[183] Die

---

[180] Vgl. Adorno(1953), *Über das gegenwärtige Verhältnis von Philosophie und Musik*, S. 151.
[181] Welsch vergleicht die musikalische Welt mit der Bilderwelt unter dem Aspekt der Differenz in der Wahrnehmung: „Sich umzusehen heißt, räumliche und körperliche Gegebenheiten wahrzunehmen, die relativ konstant vorhanden sind; sich umzuhören hingegen heißt, Laute wahrzunehmen, die im nächsten Moment verschwunden sein werden." Welsch(1996b), *Grenzgänge der Ästhetik*, S. 247.
[182] Zum Primat des Sehens im philosophischen Denken vgl. Konersmann(1997), *Kritik des Sehens*, Welsch(*1996b*), Grenzgänge der Ästhetik, S.321ff, Martin Jay(1994), *Downcast Eyes. The Denigration of Vision in Twentieth-Century French Thought*, Kamper(1991), *Umgang mit der Zeit. Paradoxe Wiederholungen*, S. 306ff.
[183] „Theorie im ausgezeichneten Sinne des Wortes ist derart aufs Auge gemünzt, daß es strenggenommen keine Zeit-Theorie geben kann.", Kamper(1991), ebenda, S. 247. Jay charakterisiert die europäische Kultur als eine visuelle Kultur. Er stellt ausführlich dar, wie die wichtigen philosophischen Begriffe des Abendlandes mit dem Primat des Visuellen zusammenhängen: „There are some twenty-one visual metaphors in this paragraph, many of them embedded in words that no longer seem directly dependent on them. Thus, for example, *vigilant* is derived from the Latin *vigilare*, to watch, which in its French form *veiller* is the root of *surveillance*. *Demonstrate* comes from the Latin *monstrare*, to show. *Inspect*, *prospect*, *introspect* (and other words like *aspect* or *circumspect*) all derive from the Latin *specere*, to look at or observe. *Speculate* has the same root. *Scope* comes from the Latin *scopium*, a translation of a Greek word for to look at or examine. *Synopsis* is from the Greek word for general view. These are latent or dead metaphors, but they still express the sedimented importance of the visual in the English language." Jay(1994), a.a.O., S. 1-2. Vgl. auch Konersmann(1997), a.a.O., *Kritik des Sehens*, S. 12ff: „Wissen ist etymologisch gleichbedeutend mit gesehen ha-

Augen sind, so argumentiert Adorno, „ein Organ von Anstrengung, Arbeit, Konzentration, es faßt ein Bestimmtes eindeutig auf."[184] Demgegenüber weist Adorno den Ohren die folgenden Charakteristika zu:

> Die Anpassung an die bürgerlich rationale und schließlich hochindustrielle Ordnung, wie sie vom Auge geleistet wurde, indem es die Realität vorweg als eine von Dingen, im Grunde als eine von Waren aufzufassen sich gewöhnte, ist vom Ohr nicht ebenso geleistet worden. Hören ist, verglichen mit dem Sehen, archaisch, mit der Technik nicht mitgekommen. Man könnte sagen, daß wesentlich mit dem selbstvergessenen Ohr, anstatt mit den flinken, abschätzenden Augen zu reagieren, in gewisser Weise dem spätindustriellen Zeitalter und seiner Anthropologie widerspricht. (...) Demgegenüber ist das Ohr eher dekonzentriert, passiv. Man muß es nicht wie die Augen erst aufsperren. Mit ihnen verglichen hat es etwas Dösendes, Dumpfes. Auf diesem Dösen aber liegt das Tabu, das die Gesellschaft über Faulheit überhaupt verhängt hat. Musik ist immer schon ein Versuch gewesen, dies Tabu zu überlisten. Sie hat Dösen, Träumen, Dumpfsein selber zu einer Sache von Kunst, Anstrengung, von ernster Arbeit gemacht.[185]

Der typologische Unterschied zwischen Sehen und Hören suggeriert ein grundlegendes Spannungsverhältnis des europäischen Denkens. Jay interpretiert das Adornosche Denken aus Polarität der Augen- und der Ohrenwelt: „He (Adorno) saw the eye more closely adapted to the world of bourgeois rationalism than the ear, which had archaic residues that prevented its total absorption into the administered world."[186] Der Vergleich zwischen der musikalischen und der bildnerischen Welt liefert einen nützlichen Hinweis auf das darauf bezogene historische Spannungsverhältnis der

---

ben, und auch die meisten unserer anderen Erkenntniseindrücke – Einsicht, Evidenz, Idee, Theorie, Reflexion usw. – sind von visuellen Zuschnitte." Vgl. auch Welsch(1996 b), a.a.O., S. 239. „Theorie nämlich ist weithin Bilderhörigkeit aufgrund verstopfter Ohren." Kamper(1991), a.a.O., S. 287.
[184] Adorno(1969), *Komposition für den Film*, S. 31.
[185] Adorno(1969), ebenda, S.29-S.31.
[186] Jay(1984), *Adorno*, S. 126.

abendländischen Philosophietradition. Adorno ordnet die Musik jenseits der rationalen, römisch-zivilisatiorischen Elemente des Abendlandes ein:[187]

> Die grob zutreffende Bestimmung, Frankreich sei das Land der großen Malerei und Deutschland das der großen Musik, geht darauf zurück, daß die Malerei selber, primär menschlich beherrschtes Ordnen der äußeren räumlichen Welt, in die Kontinuität der rationalen, römisch-zivilisatiorischen Elemente des Abendlandes eher hineinfällt als die Musik, die zum Guten und Schlechten ein Unerfaßtes, Chaotisches, Mythisches in sich enthält.[188]

Diesem Unterscheidung kommt eine große Bedeutung bei Adorno zu. Adorno konstatiert in bezug auf die Wagner-Interpretation folgendes: „Dabei leitet ihn (Wagner) die Ahnung, daß Musik ein zivilisatorisch Unerfaßtes, nicht vollends der vergegenständlichenden ratio Unterworfenes enthalte, während die Kunst des Auges, die sich an die bestimmten Dinge, die gegenständliche Welt der Praxis hält, damit dem Geist technologischen Fortschritts verschwistert sich zeigt."(PdnM, S.175) Adorno hat den Grund für die Vorrangstellung, die er der Musik einräumte, darin gesehen, daß sie nicht, wie das Sehen, ein Medium der Herrschaft, sondern der Freiheit ist. In diesem Kontext bedeutet die Favorisierung der Musik bei Adorno eine entscheidende Zäsur; seine Musikästhetik stellt nicht bloß die Ästhetik einer Kunstgattung dar, sondern sie stellt das Visualprimat des Abendlandes in Frage. Die Adornosche Skepsis im Hinblick auf die Selbstverständlichkeit der Vernunft und seine Kritik an den „an den Augen orientierten Traditionen" stehen in einem engen Zusammenhang. Die bilderlose musikalische Welt ist ein Muster der Kritik an der Welt und an einer Theorie, die ausschließlich visuell dominiert ist,[189] und dabei fungiert die Musik als ein Modell des Ästhetischen. (vgl. ÄT, S.123-4)

---

[187] Zum Visualprimat der Griechen vgl. Welsch(1996 b), a.a.O., S. 236ff.
[188] Adorno(1950), *Zum Verhältnis von Malerei und Musik heute*, S. 143.
[189] Vgl. Foucault(1976), *Überwachen und Strafen. Die Geburt des Gefängnisses*, S.256ff. Foucault demonstriert am Beispiel des Panoptikons, wie sehr das Sehen die Überwachung und die Disziplinierung bestimmt.

Die Musik prägt gewisse Charaktere des Ästhetischen vorbildlich aus. Sie gewinnt durch ihr kritisches Potential bei Adorno folgerichtig eine paradigmatische Stellung. Der Sinn der Musik ist darin aufzufinden, daß sie auf eine entscheidende Wendung des Denkens hinweist: auf ein neues Grundmodell des Selbst- und Weltverhaltens des Subjekts, also auf ein neues Denken mit Hilfe des Ohres. Im Musikalischen zeichnet sich zudem ein Modell ab, das offenbar für das Ästhetische charakteristisch ist, und die Musikalisierung,[190] die sich nach der strukturellen Verwandtschaft des Kunstwerks mit der ästhetischen Logik der Musik richtet, wird für Adorno zu einem Kriterium für das Ästhetische. Alle Kunstwerke, die Adorno als authentisch einschätzt, enthalten musikalische Dimensionen. Adorno hält die Dichtung Hölderlins für groß, weil sie sich der Musik annähert: „Große Musik ist begriffslose Synthesis; diese das Urbild von Hölderlins später Dichtung, wie denn Hölderlins Idee des Gesangs streng für die Musik gilt, freigelassene, verströmende Natur, die, nicht länger im Bann von Naturbeherrschung, eben dadurch sich transzendiert."[191]

2.4 MUSIKALISCHE SPRACHE, SEISMOGRAMME EINER NICHT SUBJEKTIVEN SPRACHE

Adorno deutet das Musikalische im Spannungsverhältnis zu seinem Widerpart, d.h. zu der meinenden Sprache. Das Musikalische rekurriert bei ihm auf „die Reinheit des musikalischen Mediums und seiner Logik im

---

[190] Vgl. Adorno, ÄT, S.123-124 und vgl. auch Eichel(1990), »Die Kunst der Künste«. Perspektiven einer interdisziplinären Ästhetik nach Adorno, S.167f.

[191] Adorno(1963), Parataxis, S.471. Der Maler Kandinsky wußte um die günstigen Voraussetzungen der Musik im Vergleich zur Malerei. Seine abstrakten Bilder sind die Folge seines Versuches, die musikalischen Wirkungen darin zu integrieren. Kandinsky schreibt: „Ihre (d.h. der Musik) Mittel braucht man nicht zum Darstellen der Erscheinungen der Natur, sondern als Ausdrucksmittel des seelischen Lebens des Künstlers und zum Schaffen eines eigenartigen Lebens der musikalischen Töne." Die Musik ist „von der Natur äußerlich ganz emanzipiert", sie „braucht nicht irgendwo äußere Formen für ihre Sprache zu leihen." Die Malerei hingegen wäre „heute noch beinahe vollständig an die naturellen Formen" gebunden und ihre Aufgabe sei es nunmehr, die „Mittel und Kräfte in rein malerischer Weise (...) anzuwenden." Kandinsky, Über das Geistige in der Kunst, zitiert nach Hansen(1993), Arnold Schönberg. Ein Konzept der Moderne, S. 42.

Gegensatz zur Sprache."[192] Das Musikalische ist „die Kraft der musikalischen Konfiguration in der vollendeten Sprachferne."[193] Die Kunst stellt die Widersacherin der diskursiven Logik dar, indem sie sich der musikalischen Sprache annähert, die gerade in ihrer befremdlichen Distanz dem Zentrum der begriffslosen Erfahrungen eher entspricht. Adorno arbeitet aus der »musikalischen«[194] Musik die Beschaffenheit der musikalischen Sprache heraus und setzt die musikalische Sprache der subjektiven Sprache entgegen. Die Musik wird bei Adorno in ihrer Freiheit von semantischer Zuordnung zum Paradigma einer ästhetischen Sprachlichkeit.[195] Musik stellt einen anderen »Gestus« des Sprechens dar: „Sie (d.h. die Musik) ist nicht länger Aussage und Abbild eines Inwendigen, sondern ein Verhalten zur Realität, die sie erkennt, indem sie nicht länger im Bilde sie schlichtet."(PdnM, S.122) Das Grundkonzept der musikalischen Sprache Adornos konfiguriert sich um seine These der Sprachähnlichkeit der Musik, die aus der Erkenntnis entsteht, daß alle Dinge einerseits ihre eigene Sprache besitzen und andererseits selber an der meinenden Sprache teilhaben.[196] Die Musik ist keine Sprache, sie ist »sprachähnlich«: "Daß der Kunst universelle Momente ebenso unabdingbar sind, wie sie ihnen sich entgegenstemmt, ist zu begreifen aus ihrer Sprachähnlichkeit."(ÄT, S.304) Die Sprachähnlichkeit der Musik ist ihrer Genese nach ein doppeltes Wesen. Musikalische Sprache ist systematisch und gleichzeitig der Systematik feindlich. Sie ist mehr als eine bloße Sukzession sinnlicher Reize. Sie ist zunächst eine „zeitliche Folge artikulierter Laute"[197], die mehr als ein bloßer Laut ist. Die Folge der Laute in der Musik ist logisch, nicht willkürlich und chaotisch. Obwohl die Musik weder begrifflich ist noch urteilt, enthält sie ihre innere Logizität. Sprache ist das Konstituens der Musik und gleichzeitig ihr „Todfeind". Die musikalische Sprache kann sich nicht von der meinenden Sprache emanzipieren, indem sie willkürlich die an der

---

[192] Adorno(1993), *Beethoven. Philosophie der Musik.* S.54.
[193] Adorno(1993), ebenda, S. 54.
[194] Zur Adornoschen Anwendung des Wortes »musikalisch« vgl. die folgende Bemerkung: „Die Musik spricht vermöge ihrer Reinheit von der Sprache - nicht von deren Ausdruck oder Gehalt, sondern vom Gestus des Sprechens. In diesem Sinne ist Bach die musikalischste Musik." Adorno(1993), ebenda, S. 54.
[195] Vgl. Eichel(1990), a.a.O., S.167.
[196] Vgl. Tiedemann(1984), *Begriff Bild Name. Über Adornos Utopie von Erkenntnis*, S. 76.
[197] Adorno(1956), *Fragment über Musik und Sprache*, S.251.

Sprache entwickelten Charaktere preisgibt und vermeintlich vorsprachliche Strukturen zum Modell nimmt. „Die Folge der Laute ist der Logik verwandt; es gibt Richtig und Falsch."[198] Als organisierter Zusammenhang von Lauten ist Musik analog zur Rede. Der Modus ihres konkreten Gefüges, d.h. „Satz", „Halbsatz", „Periode" und „Interpunktion", ist von der redenden Stimme entlehnt. In ihr ist nichts, das isoliert steht. In ihrem inneren Strukturzusammenhang steht alles im Kontakt mit dem Nächsten und dem Fernen. "Musikhaft ist die Verwandlung der Sprache in eine Reihung, deren Elemente anders sich verknüpfen als im Urteil."[199] Obwohl die Musik eine eigene Logizität einschließt, zielt sie nicht auf die Geschlossenheit und Fixierung der Bedeutung des Ausgedrückten. Im Ausdruckscharakter der Musik erblickt Adorno das nicht-signifikative Moment der musikalischen Sprache. Die Logik der Musik, ihre Stimmigkeit in sich, fungiert als Gegenpol zur Geschlossenheit der Sprache und bezeugt die Offenheit der Bedeutung. Insofern liegt die musikalische Konfiguration in der vollendeten Sprachferne:

> Auf der einen Seite involviert er (der Sprachcharakter), daß Musik, durch die Verfügung über das Naturmaterial, sich in ein mehr oder minder festes System verwandelt, dessen einzelne Momente eine dem Subjekt gegenüber selbständig und zugleich diesem offene Bedeutung haben.[200]

Musik sagt „etwas, oft ein Menschliches."[201] Anderenfalls würde die musikalische Welt zu einer Welt des Sinnlosen, die dem Erkenntnismoment entrückt ist. Musik ist „eine sich selbst und den Erkennenden verhüllte Weise von Erkenntnis."[202] Der Gestus des musikalischen Sprechens ist jedoch anders: „Die Musik spricht vermöge ihrer Reinheit von der Sprache – nicht von deren Ausdruck oder Gehalt, sondern vom Gestus des Sprechens."[203] Musik sagt etwas und mit dem gleichen Atemzug verbirgt es

---

[198] Adorno(1956), *Musik, Sprache und ihr Verhältnis im gegenwärtigen Komponieren*, S.649.
[199] Adorno(1963), *Parataxis*, S.471.
[200] Adorno(1953), *Über das gegenwärtige Verhältnis von Philosophie und Musik*, S.161.
[201] Adorno(1956), *Musik, Sprache und ihr Verhältnis im gegenwärtigen Komponieren*, S.649.
[202] Adorno(1956), ebenda, S.654.
[203] Adorno(1993), *Beethoven. Philosophie der Musik*, S. 54.

dieses. Das nennt Adorno den „Rätselcharakter" der Musik unter dem Aspekt der Sprache. Musik ist vor allem rätselhaft. Je mehr man sich der Musik annähert, umso vager wird sie:

> Sucht einer dem Regenbogen ganz nahezukommen, so verschwindet dieser. Prototypisch dafür ist, vor den anderen Künsten, die Musik, ganz Rätsel und ganz evident zugleich. (ÄT, S.185)

Wenn Adorno meint, „das Rätsel lösen ist soviel wie den Grund seiner Unlösbarkeit angeben"(ÄT, S.185), heißt das nicht, es wäre unmöglich, Musik zu verstehen. Vielmehr weist es darauf hin, daß sie nicht in der Weise interpretiert werden kann wie die meinende Sprache. Keiner versteht die Musik, der ihre eigene Sprache nicht versteht. Um zu verstehen, was Musik unmittelbar sagt, muß ihr Rätsel entziffert werden: „Der Wahrheitsgehalt der Kunstwerke ist die objektive Auflösung des Rätsels eines jeden einzelnen."(ÄT, S.193) Das Rätsel, das die Musik uns aufgibt, soll gelöst werden: „Die Werke warten auf ihre Interpretation."(ÄT, S.193) Doch ist der Wahrheitsgehalt der Kunstwerke kein unmittelbar zu Identifizierendes.

Adorno bezeichnet den Rätselcharakter der Musik als »Schrift« bzw. »Écriture«, zu deren Verständnis der Code verlorengegangen ist: „Alle Kunstwerke sind Schriften, nicht erst die als solche auftreten, und zwar hieroglyphenhafte, zu denen der Code verloren ward und zu deren Gehalt nicht zuletzt beiträgt, daß er fehlt."(ÄT, S.189) Die Musik wird zur Schrift durch den Verzicht auf das Kommunikative, also darauf, etwas als Symbol zu kommunizieren: „Es ist apparition: empirisch Erscheinendes befreit von der Last der Empirie als einer der Dauer, Himmelszeichen und hergestellt in eins, Menetekel, aufblitzend und vergehende Schrift, die doch nicht ihrer Bedeutung nach sich lesen läßt."(ÄT, S.125) Ihr Sagen bleibt immer offen und vieldeutig, und dadurch wird Musik zu einer Sprache eines ganz anderen Typus: „Sie verweist auf die wahre Sprache als auf eine, in der der Gehalt selber offenbar wird, aber um den Preis der Eindeutigkeit, die überging an die meinenden Sprachen."[204]

---

[204] Adorno(1956), *Musik, Sprache und ihr Verhältnis im gegenwärtigen Komponieren*, S.650-651.

Musik zielt auf eine „intentionslose Sprache", die nicht eine auf Ausdruckscharaktere gerichtete Attitüde ist. Sie stellt die Intentionslosigkeit der Intention als Aufgabe: „Wie Musik nicht in den Intentionen sich erschöpft, findet umgekehrt sich auch keine, in der nicht expressive Elemente vorkämen: noch Ausdruckslosigkeit wird in Musik zum Ausdruck."[205] In der Musik wird gerade durch ihre Ausdruckslosigkeit etwas ausgedrückt: „Musik als ganze birgt die Intention, nicht indem sie sie zu einer abstrakten, höheren Intention verdünnt, sondern indem sie im Augenblick, da sie zusammenschießt, zum Anruf des Intentionslosen sich anschickt."[206] Als intentionslose Sprache spricht Musik nicht ausdrücklich von etwas. In der Musik wird etwas nicht durch die Spaltung des Ausdrückenden und des Ausgedrückten ausgedrückt, sondern durch ihre eigene „Existenz". Musik bildet einen in sich stimmigen Zusammenhang, ohne diese Stimmigkeit nach Maßgabe des Begriffs ausweisen zu können. Musik spricht durch die Macht ihrer Geschlossenheit: durch die Identifikation mit sich selbst. Was in der Musik dabei nach Ausdruck strebt, ist nicht länger der des synthesierenden Ichs. Dadurch verwandelt sich die Musik in die Schemata einer nichtsubjektiven Sprache mit einer Abrüstung des Subjekt-Ethos zugunsten des »Vorrangs des Objekts«. Die These vom »Vorrang des Objekts« wird von Adorno gegen das Primat der Subjektivität des Idealismus behauptet:[207] „Der Vorrang des Objekts bewährt sich daran, daß er die Meinungen des verdinglichten Bewußtseins qualitativ verändert, die mit dem Subjektivismus reibungslos sich vertragen."[208] Musik beharrt nicht auf dem Punkt der reinen Subjektivität. In ihr geht es „nicht mehr um den Spiegel des synthesierenden Ich und seine Selbstmächtigkeit".[209] Die Autonomie der Musik, ihre Geschlossenheit, ist hier nicht der Ausdruck der Autonomie

---

[205] Adorno(1956), ebenda, S.653.
[206] Adorno(1956), ebenda, S.653.
[207] Vgl. dazu die folgende Bemerkung: „Sie (die These) beansprucht nicht den Primat des Objekts vor dem des Subjekts, sonder besagt nur, daß es den des Subjekts nicht mehr gibt." Thyen(1989), *Negative Dialektik und Erfahrung. Zur Rationalität des Nichtidentischen bei Adorno*, S. 208.
[208] Adorno(1977), *Zu Subjekt und Objekt*, S. 748. Vgl. auch Bauer(1995b), *Seismogramme einer nichtsubjektiven Sprache. Écriture und Ethos in Adornos Theorie der musikalischen Avantgarde*, S. 84f und Rademacher(1993), *Versöhnung oder Verständigung? Kritik der Habermasschen Adorno-Revision*, S. 42ff.
[209] Bauer(1995b), a.a.O., S. 83.

des Subjekts, sondern der Autonomie vom Subjekt, der Freiheit vom Menschen. Die Intentionslosigkeit der musikalischen Sprache ist eine Kritik an der meinenden Sprache, die aus der subjektiven Intention entwickelt wird. Gleichzeitig weist sie auf das Utopische hin, das ihr aus der Idee einer musikalischen Sprache zuwuchs, in der sich Wort und Sache gewaltlos und unverkürzt zusammenfanden.[210] Adorno betrachtet den wesentlichen Charakter der musikalischen Sprache unter dem theologischen Aspekt des göttlichen Namens, den er immer in seinem spannungsgeladenen Verhältnis zum diskursiven Begriff sieht: „Musik bricht ihre versprengten Intentionen aus deren eigener Kraft und läßt sie zusammentreten zur Konfiguration des Namens."[211] Die Utopie der musikalischen Sprache zielt auf die absolute Einheit von Sache und Zeichen jenseits eines abstrakten Zeichensystems ab. Adorno entwickelt die utopische Erkenntnis vom Begriff des Namens. Musik ist ein Versuch des Namens, den Namen selber zu nennen, ohne seine Bedeutung mitzuteilen. Dem Namen nähert sich die Musik am meisten. In seinem Verhältnis zum Begriff steht der Name für die Selbstheit. „Wenn Benjamin meinte, daß in Malerei und Plastik die stumme Sprache der Dinge in eine höhere, aber ihr ähnliche übersetzt sei, so ließe von der Musik sich annehmen, daß sie den Namen als reinen Laut errettet – aber um den Preis seiner Trennung von den Dingen."(MM, S.252) Der Name unterliegt heute „einer chemischen Veränderung." Der Name, an den Magie sich vornehmlich knüpft, „verwandelt sich in willkürliche und handhabbare Bezeichnungen, deren Wirkkraft nun zwar berechenbar, aber gerade darum ebenso eigenmächtig ist, wie die des archaischen." (DdA, S.188) Dagegen enthält Musik noch den Prototyp der »Unübersetzbarkeit«[212] der Dinge: also den Prototyp der Nicht-Identifikation mit etwas anderem und stattdessen der Identifikation mit sich selbst. Die musikalische Welt ist die Welt des sich Ausdrückens ohne signifikative Beziehung auf ein Auszudrückendes. In der Musik geht es nicht um Bedeutung, sondern um Gesten: „Der Name erscheint in der Musik einzig als reiner Laut, losgelöst von seinem Träger, und damit das Gegenteil eines jeglichen Bedeu-

---

[210] Vgl. Tiedemann(1984), *Begriff Bild Name. Über Adornos Utopie von Erkenntnis*, S. 71ff.
[211] Adorno(1956), *Musik, Sprache und ihr Verhältnis im gegenwärtigen Komponieren*, S.652.
[212] Vgl. Adorno(1953), *Über das gegenwärtige Verhältnis von Philosophie und Musik*, S. 157.

tens, einer jeglichen Intention auf den Sinn."²¹³ Musik steht dem Ideal des Namens näher als andere Künste – sie verweist auf ein Anderes. In seinem antithetischen Bezug zum Begriff²¹⁴ antezipiert der Name den Tod der Intention. Musik erzeugt in sich gegenüber der Bestimmtheit des Begriffs Korrespondenzen, die zwar nicht den fixierten Umriß des Begriffs haben, aber deswegen nicht bloß diffus oder vage sind. Die Teilhabe der ästhetischen Sichselbstgleichheit an der logischen der Begriffe wird, anders als die diskursiv begründete Logizität, nicht durch Identität mit etwas bzw. durch den Ausdruck von etwas, sondern durch Identität mit sich selbst ausgeführt. Je mehr sich die Musik kraft ihrer inneren Geschlossenheit einer Logik annähert, desto offenbarer wird deren Unterschied zu der draußen waltenden. Die begriffliche Logik ist durch das Auseinanderfallen der Sache als solcher und des Begriffs entstanden. Die Erkenntnis der Kunst scheidet sich von der begrifflichen Logik in folgendem Punkt:

> Der peripatetische Satz, einzig Gleiches könne Gleiches erkennen, den fortschreitende Rationalität bis zu einem Grenzwert liquidiert hat, scheidet die Erkenntnis, die Kunst ist, von der begrifflichen: das wesentlich Mimetische erwartet mimetisches Verhalten. Machen Kunstwerk nichts nach als sich, dann versteht sie kein anderer, als der sie nachmacht. (ÄT, S.190)

Das Identitätsdenken reduziert die konkreten Dinge auf ihr Identisches im Begriff, so daß alles „Unähnliche" zu einem „Gleichen" wird. Während die diskursive Sprache durch die Spaltung von Subjekt und Objekt entsteht, gibt es in der musikalischen Sprache keine Spaltung dieser Art. Dadurch vergegenwärtigt die Musik die Idee des Namens, der jenseits der Intention des Subjekts und der Austauschbarkeit der Dinge liegt: „Vollends beruht das Verhältnis der Kinder zu den Tieren darauf, daß die Utopie in jene sich vermummt, denen Marx es nicht einmal gönnt, daß sie als Arbeitende Mehrwert liefern. Indem die Tiere ohne den Menschen irgend erkennbare

---

[213] Adorno(1953), ebenda, S. 154.
[214] Vgl. Düttmann(1991), *Das Gedächtnis des Denkens. Versuch über Heidegger und Adorno*, S. 14-17.

Aufgabe existieren, stellen sie als Ausdruck gleichsam den eigenen Namen vor, das schlechterdings nicht Vertauschbare."(MM, S. 259) Musik lässt sich weder nach dem Objekt hin noch nach dem Subjekt hin auflösen. Musikalisches Objekt und musikalisches Subjekt sind vermittelt mimetisch, nicht diktierend. Dagegen sind das Mimetische und die Rationalität heute im „Bruch von Subjekt und Objekt" radikal auseinandergefallen.

Adorno insistiert auf der Verschränkung der beiden Momente. Das moderne Subjekt hat das Objekt zum bloßen Gegenstand gemacht und dabei den kognitiven Anteil der Mimesis übersehen. In der begrifflichen Logik fallen die Sache als solche und deren Begriff notwendig auseinander. Die meinende Sprache möchte das Absolute vermittelt sagen und fällt in die „Irrfahrt der unendlichen Vermittlung", aber Musik trifft es „unmittelbar". In der meinenden Sprache werden das Zeichen und das Gezeichnete notwendig abgespalten, um das Objekt zu identifizieren und es zur subjektiven Sprache zu bringen. Folgerichtig wird die meinende Sprache auf die Welt der Abstraktion der aufeinander verwiesenen Be-griffe hinauslaufen. Der quantifizierende Zugriff der subjektiven Sprache stellt nur Relationen zwischen den Objekten her; in deduktiver Weise werden die Erscheinungen unter Begriffe subsumiert und damit ihrer Einzigartigkeit beraubt. Der universelle Herrschaftsgestus des allmächtigen Subjekts richtet die Dinge zu, macht sie gleich, vergewaltigt sie.

Die meinende Sprache bleibt für Adorno ein bloßes Zeichensystem. Als Zeichen soll Sprache „zur Kalkulation resignieren, um Natur zu erkennen, den Anspruch ablegen, ihr ähnlich zu sein".(DdA, S.24) Musik bildet dagegen kein „System aus Zeichen."[215] Das Gesagte läßt sich von der Musik nicht ablösen: „Nur liegt die Identität dieser musikalischen Begriffe in ihrer eigenen Existenz, nicht in einem von ihnen Bezeichneten."[216] Das Sagen und das Gesagte trennen sich nicht in der Musik. Den Bruch zwischen dem Zeichen und dem Bezeichneten transformiert die Musik zu einer veränderten Gestalt des Expressiven. Sie ist nicht Abbild einer Wirklichkeit, sondern „eine Wirklichkeit sui generis."[217]

---

[215] Adorno(1956), *Musik, Sprache und ihr Verhältnis im gegenwärtigen Komponieren*, S. 649.
[216] Adorno(1956), ebenda, S. 650.
[217] Adorno(1993), *Beethoven. Philosophie der Musik*, S. 235.

3. MUSIK ZWISCHEN WARE UND WAHRHEIT

Die Konsistenz des Adornoschen Denkens, das alles Seiende nicht pauschal beurteilt und es als ein der historischen und gesellschaftlichen Konstellation Unterworfenes betrachtet, schreibt nicht jeder Musik „Souveränität" zu. Adorno geht behutsam mit der Vorrangstellung der Musik um. Die Authentizität der Musik wird von ihm nicht als das immer Gegebene behauptet. Es genügt nach Adorno nicht, auf die Eigenschaftsdifferenz des Materials zwischen der Musik und den anderen Künsten hinzuweisen und daraus die „Dignität" der Musik zu begründen. Er geht einen zusätzlichen Schritt, indem er den Hintergrundkontrast zwischen der musikalischen und der nicht-musikalischen Musik herausstellt. Er richtet immer den Blick auf die konkrete Komplexität der Musik. Gilt noch für Schopenhauer „die Musik an sich" als eine wesentlich den anderen Künsten überlegene, so exponiert Adorno darüber hinaus den Widerstreit der Musik zwischen ihrem Charakter als „Ware" und als „Wahrheit". Die Bestimmung, daß die Musik eine begriffslose Kunst sei, ist zwar die Basis seines Grundvertrauens in die Musik. Aber Adorno nähert sich der apriorischen Wahrheit der Musik vorsichtig. Obwohl ihre Unbegrifflichkeit und Gegenstandlosigkeit Musik sinnfällig macht, ist Musik als solche nicht „musikalisch". Die Behauptung, daß Musik wegen ihrer Begriffs- und Gegenstandslosigkeit anderen Künsten überlegen ist, bleibt in der äußersten und vagsten Allgemeinheit, wenn ihre geschichtliche Komplexion nicht berücksichtigt wird. Die eine Idee der Kunst bei Adorno ist zwar vom Geist der Musik her inspiriert, aber er ist weit von der Einsicht entfernt, daß er die Musik summarisch für die einzige Kunstgattung hält, welche die Idee des Ästhetischen ausschließlich artikuliert.

Die begriffslose Musik unterwirft sich auch der Herrschaft des Identitätszwangs: „Die ästhetische Sondersphäre, selber kein Apriori, vermag denn auch keineswegs a priori sich durchzuhalten, und die geschichtliche Bewegung aller Kunst vollzieht sich nicht zuletzt *vermöge jener Labilität des ästhetischen Reinen.*"[218] Deswegen ist Adorno der Frage „Was ist Mu-

---

[218] Adorno(1953), *Über das gegenwärtige Verhältnis von Philosophie und Musik*, S. 157. Hervorhebung von mir.

sik?" gegenüber zur Vorsicht geneigt.[219] Diese Frage ist ontologisch geprägt, solange sie sich auf das Sein der Musik als solches richtet, ohne ihren naturgeschichtlichen Kontext zu berücksichtigen. Der Ursprungs- und Fundamentalfrage „Was ist Musik?" stellt Adorno die Unmöglichkeit gegenüber, im Hinblick auf die Musik irgendeine singuläre Kategorie zu bezeichnen und sie wesenhaft zu definieren. Adorno transfiguriert die Frage nach dem Wesen der Musik in eine historische Frage in Rücksicht auf ihre geschichtliche Aktualität. Daraus entstehen für ihn zwei weitere Fragen – eine normative: „Was soll Musik sein?" und eine empirische: „Wie ist die Stellung von Musik in der gegenwärtigen Gesellschaft?"

Adorno läßt die sich aus diesen Fragen konstituierende objektive Antinomie der Musik nicht aus den Augen. Er unterscheidet die Musik, die sich dem Warencharakter ausgeliefert hat und völlig unter dem Tauschgesetz steht, von der Musik, die sich dem widersetzt. Die Musik als Ware, die von der Kulturindustrie gesteuert und manipuliert wird, hat die Tendenz, zum „unwiderlegbaren Propheten des Bestehenden" zu werden. Sie ist eine Musik, die bloß zum Vergnügen produziert wird. Musik ist nicht von der allesbeherrschenden Verdinglichung ausgenommen. Sie unterwirft sich auch dem Prozeß der Aufklärung, den Adorno die fortschreitende technische Naturbeherrschung nennt. Adorno trennt das, was Menschen ausdrücklich über die Musik meinen, von ihrer realen Funktion und von dem, was sie im Leben der Menschen, ihrem Bewußtsein und Unbewußten, tatsächlich leistet. Er beleuchtet insbesondere den prekären Status der Musik in der verwalteten Gesellschaft durch die Analyse der Tendenz der „Entkunstung" (Vgl. ÄT, S.32), die aus dem Gesamteffekt der Kulturindustrie entsteht: „Aber mit ihrem schuldhaften Fetischismus sind die Kunstwerke nicht abgetan, so wenig wie irgendein Schuldhaftes; denn nichts in der universal gesellschaftlich vermittelten Welt steht außerhalb ihres Schuldzusammenhangs. Der Wahrheitsgehalt der Kunstwerke jedoch, der auch ihre gesellschaftliche Wahrheit ist, hat ihren Fetischcharakter zur Bedingung."(ÄT, S.337) Der Wahrheitsgehalt und der Fetischcharakter der Musik stehen antinomisch zueinander. Trotz ihrer Gegenstandslosigkeit und Begriffslosigkeit kann Musik auch nicht absolut von der Gewalt der gesellschaftlichen Totalität befreit sein: „Ihr (d.h. der Musik) begriffsloses und

---

[219] Vgl. Adorno(1939), *Was ist Musik*, S. 614ff.

ungegenständliches Element, das sie seit Schopenhauer der irrationalistischen Philosophie empfahl, macht sie spröde gegen die ratio der Verkäuflichkeit. Erst in der Ära des Tonfilms, des Radios und der gesungenen Reklamensprüche ist sie gerade in ihrer Irrationalität von der geschäftlichen Vernunft ganz beschlagnahmt worden."(PdnM, S.15) Musik könnte nach Adorno in der verwalteten Welt absolut als Ideologie fungieren. Adorno setzt sich mit dem Warencharakter der heutigen Musik auseinander. Im Aufsatz »*Zur gesellschaftlichen Lage der Musik*« schreibt er:

> Die Rolle der Musik im gesellschaftlichen Prozeß ist ausschließend die der Ware; ihr Wert der des Marktes. Sie dient nicht mehr dem unmittelbaren Bedürfnis und Gebrauch, sondern fügt sich mit allen anderen Gütern dem Zwang des Tausches um abstrakte Einheiten und ordnet mit ihrem Gebrauchswert, wo immer er übrig sein mag, dem Tauschzwang sich unter.[220]

Wenn Adorno die Musik, die von der Kulturindustrie verwaltet wird und dem Warencharakter ausgeliefert ist, als Ideologie bezeichnet, so schreibt er der authentischen Musik den Charakter der Wahrheit zu. Musik als Ware und Musik als Wahrheit bilden die objektive Antinomie der Musik in der Gesellschaft. In dieser Hinsicht sind die berühmten Vorwürfe gegen Adorno wegen der elitären Züge seines Aufsatzes »*Über Jazz*« und dem Kulturindustrie-Kapitel der »*Dialektik der Aufklärung*« wenig stichhaltig. Adornos Affinität zur authentischen Kunst und seine Ablehnung der Massenkultur sind kein Beweis einer elitären Haltung gegenüber die Unterhaltungsmusik. Adorno kategorisiert die Musik in eine authentische und eine affirmative nicht nach dem Kriterium der herkömmlichen Eingliederung der Kunst in eine hohe und eine niedrige, sondern nach dem Kriterium der Kritik am Bestehenden.[221] Seine Kritik an der populären Musik richtet

---

[220] Adorno(1932), *Zur gesellschaftlichen Lage der Musik*, S. 729.
[221] Jay interpretiert die Adornosche Ablehnung der Massenkultur als Kritik am Fetischismus: „Adorno's relentless animus towards mass culture was among his most controversial characteristics, often leading to the charge that he was an elitist snob, an arrogant mandarin, and even (because of his hatred for jazz) a covert racist. These glibly defensive epithets fail to acknowledge the extent to which the very same criticism he levelled against most elite culture, which he refused to fetishize as inherently superior. There are, for example, few aspects of this critique of the cinema that cannot be found in his attack on Wagner, whose operas, contra

sich auf ihre Manipulation durch die Kulturindustrie, nicht auf sie als solche. Adorno betont, daß die hohe und die niedrige Musik gleichermaßen von der Kulturindustrie zerstört werden: „Sie (die Kulturindustrie) zwingt auch die jahrtausendelang getrennten Bereiche hoher und niedriger Kunst zusammen. Zu ihrer beider Schaden. Die hohe wird durch die Spekulation auf den Effekt um ihren Ernst gebracht; die niedrige durch ihre zivilisatorische Bändigung um das ungebärdig Widerstehende, das ihr innewohnte, solange die gesellschaftliche Kontrolle nicht total war."[222]

Die musikalischen Produkte, die von der Kulturindustrie mehr oder weniger planvoll hergestellt werden, verhindern die Bildung des autonomen, selbständigen Individuums, weil „Vergnügen" für die Kulturindustrie heißt: „nicht daran denken müssen, das Leiden vergessen, noch wo es gezeigt wird. Ohnmacht liegt ihm zu Grunde. Es ist in der Tat Flucht, aber nicht, wie es behauptet, Flucht vor der schlechten Realität, sondern vor dem letzten Gedanken an Widerstand, den jene noch übriggelassen hat. Die Befreiung, die Amusement verspricht, ist die von Denken als von Negation."(DdA, S.167) Obwohl die musikalische Welt auf die Möglichkeit einer Umorientierung und Umwälzung der gesamten visuell orientierten abendländischen Tradition hindeutet, kann das Hören als solches keine Kritik am Sehen leisten. Wenn die musikalischen Phänomene als solche in die kommerzialisierte Massenproduktion eingeordnet werden, entstehen dadurch „gewisse anthropologische Verschiebungen in der standardisierten Gesellschaft bis in die Struktur des musikalischen Hörens hinein"(PdnM, S.9): die Regression des Hörens.[223] Die Autonomie der Musik ist für Adorno nicht eine selbstverständliche Voraussetzung der Musik. Sie stellt eher das

---

the young Nietzsche, witness the birth of film out of the sprit of music rather than a resurrected Greek tragedy. And although he may have been overly eager to demonstrate the sadomasochistic core of jazz, he was no less willing to discern the same pathology in the music of Strawinsky. In short, all culture for Adorno, high or low, contained a moment of barbarism". Jay(1984), *Adorno*, S. 119. Vgl. auch Huyssen(1986), *Adorno in Reverse: From Hollywood to Richard Wagner, in: After the Great Divide: Modernism, Mass Culture, Postmodernism.*

[222] Adorno(1963), *Résumé über Kulturindustrie*, S. 337.

[223] Vgl. Adorno(1938), *Über den Fetischcharakter in der Musik und die Regression des Hörens*, S. 39. Adorno schreibt darin: „Es gibt tatsächlich einen neurotischen Mechanismus der Dummheit auch im Hören: die hochmütig ignorante Ablehnung alles Ungewohnten ist sein sicheres Kennzeichen. Die regredierten Hörer benehmen sich wie Kinder. Sie verlangen immer wieder und mit hartnäckiger Tücke nach der einen Speise, die man ihnen einmal vorgesetzt hat."

Ziel und die Utopie der Errungenschaften der Musik dar. Nur gelungene und authentische Kunstwerke vermögen ihre Autonomie zu verteidigen und sind in der Lage, als Kunst in den gesellschaftlichen Prozeß einzugreifen. Adorno schreibt dazu: „Sie (d.h. die philosophische Ästhetik) scheint stillschweigend die Möglichkeit von Kunst überhaupt zu implizieren, sie richtet sich vorweg mehr aufs Wie als aufs Daß". (ÄT, S.503) Dies gilt, insofern die Souveränität der Musik gegenüber den anderen Künsten nicht aus dem Wesen der Musik entsteht, sondern die Musik ebenso auf die ästhetische Autonomie abzielt wie die anderen Künste: „Von der autoritären Schmach der Kulturindustrie war die autonome Kunst nicht durchaus frei. Ihre Autonomie ist ein Gewordenes, das ihren Begriff konstituiert; aber nicht a priori."(ÄT, S.33-34) Die Souveränität der Musik hängt mit dem Gelingen oder Mißlingen ihrer Bemühungen um die Autonomie zusammen. Die Bestimmung, daß Musik keine bestimmten Gegenstände kennt, gewährleistet nicht automatisch ihre Souveränität. Adorno bemerkt, daß der affirmative Charakter eben der Beschaffenheit des musikalischen Materials inhärent ist. Gerade in der Funktion der Funktionslosigkeit der Musik verschränken sich die Wahrheit und der Affirmationscharakter der Musik. Die Abstraktheit der Musik, die ihre Gegenstandslosigkeit bestimmt, ermöglicht sie als eine Sprache ohne Begriff. Zugleich aber ist die Musik eben wegen ihrer Abstraktheit leicht in Ideologie umzuwandeln, weil sie sich nicht ebenso dingfest machen läßt wie die anderen Kunstarten, und deswegen hat sie etwas Ideologisches, das die gesellschaftliche Realität verhüllt:[224]

> Das ideologische Wesen der Musik, ihr Affirmatives, besteht, im Gegensatz zu anderen Künsten, nicht in ihrem spezifischen Inhalt, ja nicht einmal darin ob die Form harmonisch fungiert oder nicht, sondern darin, daß sie nur anhebt, überhaupt Musik ist – ihre Sprache an sich ist Zauber, und der Übergang in ihre isolierte Sphäre hat a priori etwas Verklärendes. Die Suspension der empirischen Realität und die Konstitution einer zweiten sui

---

[224] Vgl. das Kulturindustrie-Kapitel in der »*Dialektik der Aufklärung*«.

generis sagt gleichsam vorweg: es ist gut. Der Ton ist im Ursprung tröstlich und an diesen Ursprung gefesselt.[225]

Die Gegenstandslosigkeit und die damit verbundenen Begriffslosigkeit der Musik könnte im Gegensatz zu der ihr eigenen Gestalt und dem ihr eigenen Sinn zur Ideologie beitragen. Adorno schreibt dazu:

> Zu ihr (der Ideologie) schickt Musik insgesamt wohl sich in besonderem Maß, weil ihre Begriffslosigkeit weithin den Hörern erlaubt, bei ihr als Fühlende sich zu fühlen, zu assoziieren, sich das zu denken, was sie gerade mögen. Sie fungiert als Wunscherfüllung und Ersatzbefriedigung und läßt sich nicht einmal, wie der Film, recht dabei ertappen.[226]

Die falsche Musik macht den Menschen ein verlogenes Versprechen des Glücks, anstelle des Glücks selber. Sie wird zum Mittel der Fesselung des Bewußtseins. Die Ersatzbefriedigung, welche die ideologische Musik den Menschen bereitet, verblendet die falsche Gesellschaft, indem sie ein Wohlgefühl weckt. Der Bruch zwischen der autonomen und der affirmativen Musik weist auf die gegenwärtigen Krise der Musik in ihrer historischen Aktualität hin. Das Hauptinteresse der Musikkritik Adornos bleibt immer der erbarmungslose Kampf gegen die Reaktion in der Musik, die von ihm für ein Phänomen gehalten wird, das die reaktionären Richtungen der Gesellschaft aufweist. Im Exposé »*Zum Anbruch*« von 1928 beschreibt Adorno sein musikkritisches Programm:

> Die reaktionäre Musik, die ja in der Tat stets und nur die schlechte Musik ist, muß von nun an im Anbruch mit allen Mitteln der Polemik und rücksichtslos angegriffen werden. (...) Die Polemik gegen die Reaktion hat sich unter zwei Gesichtspunk-

---

[225] Adorno(1993), *Beethoven. Philosophie der Musik*, S. 25-26.
[226] Adorno(1958), *Ideen zur Musiksoziologie*, S. 13. Auch in der »*Ästhetischen Theorie*« schreibt er: „Als tabula rasa subjektiver Projektionen jedoch wird das Kunstwerk entqualifiziert. Die Pole seiner Entkunstung sind, daß es sowohl zum Ding unter Dingen wird wie zum Vehikel der Psychologie des Betrachters. Was die verdinglichten Kunstwerke nicht mehr sagen, ersetzt der Betrachter durch das standardisierte Echo seiner selbst, das er aus ihnen vernimmt." Adorno, ÄT, S. 33.

ten zu vollziehen: dem soziologischen, der die Unangemessenheit jener Musik an die bestehende Realität aufweist (...) und dem material-musikalischen, der nachweist, daß die reaktionäre Musik (...) schlechte Musik ist.[227]

Adorno stellt immer die normative Frage: „Was soll Musik sein?" Die Musik als solche ist nicht authentisch, sondern nur bestimmte Arten von Musik sind es:[228]

> Musik hat an dem teil, was Clement Greenberg die Aufspaltung aller Kunst in Kitsch und Avantgarde nannte, und der Kitsch, das Diktat des Profits über die Kultur hat deren gesellschaftlich reservierte Sondersphäre längst sich unterworfen. Darum sind Überlegungen, denen es auf die Entfaltung von Wahrheit in der ästhetischen Objektivität ankommt, einzig auf die Avantgarde verwiesen, die aus der offiziellen Kultur ausgeschlossen ist. (PdnM, S.19)

Die ästhetische Kritik eines musikalischen Kunstwerkes als Ware steht in Analogie zur Gesellschaftskritik, weil Adorno „immanente Mängel von Kunst" als „Male gesellschaftlich falschen Bewußtseins"[229] auffaßt. Musik bewegt sich zwischen den Polen der Ideologie und der Wahrheit. Musik als empirisches Dasein ist immer in den universalen Wirkungszusammenhang der Gesellschaft eingebettet. Die Autonomie der Musik ist kein »Jenseits« des gesellschaftlichen Zusammenhangs, der sie hervorgebracht hat. Musik wird nur dann zur objektiven Wahrheit und gewinnt als solche ihren Rang, wenn sie in der negativen Beziehung auf das, wovon sie sich scheidet, ihre Autonomie erreicht. Die Wahrheit der Musik läßt sich erst im letzten Takt legitimieren.

---

[227] Adorno(1928), *Zum Anbruch*, S. 597-598.
[228] Der Begriff »Kunstwerk« impliziert bei Adorno das Gelingen: „Der Begriff des Kunstwerks impliziert den des Gelingens. Mißlungene Kunstwerke sind keine, Approximationswerte der Kunst fremd, das Mittlere ist schon das Schlechte." Adorno, ÄT, S. 280.
[229] Adorno(1962), *Einleitung in die Musiksoziologie*, S. 418.

4. DIE VERMITTLUNG VON MUSIK UND DINGWELT

4.1 DIE GESELLSCHAFT UND ADORNOS MUSIKÄSTHETIK

Die Musik zu hören, die Adorno authentisch findet, beinhaltet das Erkennen ihres Wahrheitsgehalts. Man stößt auf Schwierigkeiten, wenn man den Wahrheitsgehalt des musikalischen Werkes erkennen will, weil das von der Musik Gesagte nicht in der Form der eindeutigen Expression vorhanden ist. Das in der diskursiven Sprache Gesagte ist zwar unverhüllt, aber ihr fehlt das Wahre der Musik. Dagegen ist das Wahre der ästhetischen Erkenntnis zwar verhüllt, aber sie hat die Erkenntnis, die der Philosophie inkommensurabel ist. Wenn es keine Spaltung zwischen dem Bezeichneten und dem Zeichen in der Musik gibt, wie ist es dann möglich, ihre Beziehung zur äußerlichen Dingwelt zu erkennen? Musik sagt nichts unmittelbar über die Gesellschaft, aber sie will die Negation der Gesellschaft sein. Sie bedarf der Interpretation, die ihre Idee und ihren inneren Zusammenhang in eine philosophische Konstruktion umwandelt: „Aber die verschwiegene und bestimmte Antwort der Kunstwerke offenbart sich nicht mit einem Schlag, als neue Unmittelbarkeit der Interpretation, sondern erst durch alle Vermittlungen hindurch."(ÄT, S.189) Eine Musikästhetik ist daher notwendig, um den von der Musik ausgedrückten Wahrheitsgehalt in die philosophische Sprache zu übersetzen.

Wenn es um die Beziehung der Musik zur Gesellschaft geht, bewegt sich die Musiksoziologie Adornos zwischen dem „Soziologismus" und der reinen Musikwissenschaft. Der Sachverhalt, der die wissenschaftliche Behandlung der Musik in den Soziologismus und die Musikwissenschaft gespalten hat, ist bei Adorno fragwürdig, weil er findet, daß die ästhetischen und soziologischen Fragen der Musik unauflöslich und konstitutiv miteinander verflochten sind. Für Adorno sind der ästhetische Rang und der gesellschaftliche Wahrheitsgehalt des Kunstwerkes wesentlich aufeinander bezogen: „Nichts an Musik taugt ästhetisch, was nicht, sei es auch als Negation des Unwahren, gesellschaftlich wahr wäre; kein gesellschaftlicher Gehalt von Musik gilt, wofern er nicht ästhetisch sich objektiviert."[230] Aso-

---

[230] Adorno(1962), ebenda, S. 398.

ziale Musik gibt es nicht. Musik ist, nach Formulierung Adornos, „das verborgene gesellschaftliche Wesen."(PdnM, S.124) Adorno schrieb in einem Brief an Krenek: „Es ist meine Meinung, daß Musik durchaus sozial gebunden, richtiges oder falsches gesellschaftliches Bewußtsein sein kann."[231] Alle Musiksoziologen beschäftigen sich auch mit der Beziehung der Musik zur Gesellschaft. Wenn es um die Problem- und Forschungsfelder der geläufigen Musikästhetik bzw. Musikphilosophie (und -soziologie) geht, behandelt man die Musik nur als ein Teilgebiet der Gesellschaft, ohne »das Innere der Musik« auf die gesamte Gesellschaft zu beziehen. Adorno versteht die Musiksoziologie nicht als ein Anwendungsbereich der allgemeinen Soziologie. Bei Adorno gibt es keine a priorische Spaltung zwischen der speziellen Soziologie und der allgemeinen Soziologie. Die Forschungsfelder der Adornoschen Musikästhetik beschränken sich nicht auf ihre äußerliche Beziehung zur Gesellschaft, sondern die Musikästhetik Adornos versucht, „in der Musik an sich" das Gesellschaftliche auszuleuchten: „Eher sollte ausgeführte Musiksoziologie sich orientieren an den Strukturen der Gesellschaft, die *in der Musik* und dem, was in allgemeinsten Verstande Musikleben heißt, sich abdrücken."[232]

Der entscheidende Punkt bei der Adornoschen Musiksoziologie hängt mit seiner Interpretation der Gesellschaft zusammen. Gesellschaft ist für ihn kein Festes oder Invariantes. Er hält sie nicht für substantiell. Gesellschaft bezeichnet eher den dynamischen Prozeß aller Teilgebiete. Die Gesellschaft besteht aus ihren Teilgebieten, aber sie ist für ihn dennoch keine obere Totalität, die alle gesellschaftlichen Bereiche subsumiert. Das reale Verhältnis zwischen den einzelnen Bereichen und der Gesellschaft als ganzer faßt Adorno folgendermaßen: „Nicht bloß ist der Einzelne in sich gesellschaftlich vermittelt, nicht bloß sind seine Inhalte immer zugleich auch gesellschaftlich, sondern umgekehrt bildet sich und lebt die Gesellschaft auch nur vermöge der Individuen, deren Inbegriff sie ist."[233] Deshalb meint Adorno, daß in jedem Teilmoment der Gesellschaft die gesamte Gesellschaft erscheint. Die musikalischen Phänomene gehören freilich zu einem Teilbereich der Gesellschaft, aber in der Musik tritt die gesamte Gesellschaft zutage. Adorno schreibt dazu:

---

[231] Adorno(1974), Brief an Krenek, 7. Oktober 1934, S.45
[232] Adorno(1962), a.a.O., S. 424. Hervorhebung von mir.
[233] Adorno(1957), *Rede über Lyrik und Gesellschaft*, S. 57.

> Aber der Inbegriff der Gesellschaft, wie er nicht nur jedes soge-
> nannte Teilgebiet unter sich befaßt, sondern in jedem auch als
> ganzer erscheint, ist weder ein bloßes Feld mehr oder minder
> verbundener Tatsachen noch eine oberste logische Klasse, zu
> der man durch fortschreitende Generalisierung gelangte.[234]

Die Beziehung der Musik zu den anderen Bereichen der Gesellschaft ist deswegen nicht von einer abstrakten Idee der Gesellschaft abzuleiten, sondern sie ist im „Sich-Selbst", in der Musik, zu finden. Dem Bereich der Musik wohnt immer das Gesellschaftliche inne. Adorno versucht einerseits „von einer durchgebildeten Theorie der Gesamtgesellschaft her", alle gesellschaftlichen Momente in der Musik aufzuhellen und andererseits, in allen musikwissenschaftlichen Untersuchungen, umgekehrt „die Kraft der gesellschaftlichen Reflexion fruchtbar"[235] zu machen. Sein musiksoziologisches Programm läßt sich in die These der „gesellschaftlichen Dechiffrierung der Musik"[236] zusammenfassen.

Die gesellschaftliche Dechiffrierung der Deutung von Musik steht wegen ihres ambivalenten Verhältnisses zur Dingwelt vor einer gedoppelten Aufgabe. Ihre erste Aufgabe ist es, die gesamten strukturellen Zusammenhänge der Gesellschaft aus der inneren Struktur der Musik herauszulesen. Das Verfahren muß immanent sein. Die Musikästhetik Adornos erkennt von »Innen« her das »Außen« der Musik. Sie folgt dem gesamten Wirkungszusammenhang der Gesellschaft in der Musik und enthüllt den ideologischen Gehalt und die ideologische Wirkung von Musik; Adorno fragt: „Inwiefern ist die Musik von der Unwahrheit des herrschenden Ganzen angesteckt?" Ihre zweite Aufgabe ist es, die kritischen Kräfte der Musik auf die gesellschaftliche Antinomie hin zu deuten. Diese Aufgabe richtet sich auf das Kritikpotential der Musik: „Wie stellt sich Musik der Gesellschaft entgegen und greift in sie ein?" Die Musiksoziologie empfängt „ihre theoretische Dignität" erst „durch die Explikation der Wahrheitsidee"[237] im »universalen Verblendungszusammenhang«: „Maß der gesell-

---
[234] Adorno(1958), *Ideen zur Musiksoziologie*, S. 9.
[235] Adorno(1956), *Musiksoziologie*, S. 841.
[236] Vgl. Adorno(1958), *Ideen zur Musiksoziologie*, S. 12 und Adorno(1962), *Einleitung in die Musiksoziologie*, S. 399.
[237] Adorno(1962), ebenda, S. 428.

schaftlichen Wahrheit von Musik heute ist, daß sie ihrem Gehalt nach, der an ihrer immanenten Konstitution haftet, in Gegensatz tritt zu der Gesellschaft, in der sie entspringt und in der sie steht: daß sie selber, in einem wie immer auch vermittelten Sinn, kritisch wird."[238] Musiksoziologie bietet den Ansatz zur Kritik am »Außen« der Musik durch die Analyse des »Innen« der Musik. Dadurch wird sie zu einer „kritischen Lehre von der Gesellschaft", weil Adorno meint, daß authentische Musik nicht auf die Rechtfertigung des gesellschaftlichen Zustandes, sondern auf dessen Veränderung hindeutet. Die gesellschaftliche Dechiffrierung der Musik partizipiert an der Kritik der Gesellschaft.

4.1 MONADE: SCHNITTSTELLE ZWISCHEN MUSIK UND GESELLSCHAFT

Wenn man die Musikanalyse Adornos nicht als eine reine musikwissenschaftliche Angelegenheit, sondern als ein sozialkritisches Unternehmen versteht, stößt man auf die folgende Frage: Wie läßt sich seine hartnäckige Parteinahme für die gesellschaftliche Autonomie der Musik mit seinem Anspruch, daß Musik Kritikinstanz an der Gesellschaft werden soll, in Übereinstimmung bringen? An welchem Punkt können die beiden Herausforderungen miteinander verknüpft werden?

Seine musikästhetische Methode will nicht, wie die traditionellen Bestimmungen der „großen Ästhetik", von einem allgemeinen Begriff der Kunst her auf die Kunstwerke herabsehen. Vielmehr setzt die Musikästhetik Adornos unabdingbar die »Versenkung« ins einzelne Werk voraus: „Die Formulierung einer wie immer auch gearteten allgemein-normativen, invarianten Ästhetik heute dünkt mir unmöglich. Nur unter der Voraussetzung, daß ich diese Position ausdrücken könnte, wäre es mir möglich, den Gegenstand zu behandeln."[239] Er vertritt die These, daß ohne die Versenkung ins einzelne Werk weder das Kunstwerk im Verhältnis zu dem zu begreifen ist, wovon es selber ein Moment abgibt, noch dem eigenen Gehalt nach zu

---

[238] Adorno(1958), *Ideen zur Musiksoziologie*, S. 22.
[239] Adorno(1960), *Ohne Leitbild. Anstelle einer Vorrede*, S. 291.

entziffern ist. Die Aufforderung zur Versenkung in einzelne Werke basiert auf seiner Ansicht, daß das Ganze in den Teilen erscheint.

Hier knüpft Adorno an die Leibnizische Monadenlehre an.[240] Adorno entfaltet die Problematik der Vermittlung der autonomen Kunstwerke mit der Gesellschaft durch die Übernahme des Begriffs der Monade. Die Monade bezeichnet Adorno als „Kraftzentrum und Ding in eins". (ÄT, S.268) Der Begriff der Monade bezieht sich hauptsächlich auf die Monas-Struktur der ästhetischen Gebilde.[241] Alle Kunstwerke sind einzelne Dinge; sie sind gegeneinander und der Gesellschaft gegenüber verschlossen. Jedes Kunstwerk läßt sich im Verhältnis des Ganzen zu seinen Teilen als eigener Prozeß verstehen: „Die Interpretation des Kunstwerks als eines in sich stillgestellten, kristallisierten, immanenten Prozesses nähert sich dem Begriff der Monade."(ÄT, S.268) Was irgend am Kunstwerk das Ganze heißen darf, ist nicht das all seine Teile integrierende Gefüge; umgekehrt existieren die Teile nicht als Gegebenheiten für das Ganze. Ein Kunstwerk hat in sich nichts Festes, Endgültiges, sondern etwas Bewegtes. Es entfaltet seine Elemente in der Konstellation seiner Teile. Die einzelnen Kunstwerke sind ein Kraftfeld: die dynamische Konfiguration der Momente. Die musikalische Analyse reicht erst dann ans Kunstwerk heran, wenn sie die Beziehung seiner Momente zueinander prozessual begreift, ohne Teile des Werkes durch Zerlegung auf die vermeintlichen Urelemente zu reduzieren.

„Die Versenkung ins Einzelne" bedeutet nicht die Isolierung des einzelnen Kunstwerkes von der äußerlichen Gesellschaft, also nicht die Annahme eines autarken Wesens der Werke: „Sie (die Musik) ist Ideologie, insoweit sie sich als ein ontologisches Ansichsein jenseits der gesellschaftlichen Spannungen behauptet."(PdnM, S.123) Adorno findet paradoxerweise im monadologischen Charakter der Werke den Weg zur Vermittlung zwischen Musik und Gesellschaft. Wie Martin Jay ganz recht bemerkt, thematisiert die musikalische Werkanalyse Adornos immer den Bezug der

---

[240] Adorno nimmt den Begriff der Monade explizit in der »Ästhetischen Theorie« auf. Aber das Motiv der Monade findet sich schon in seinen frühen philosophischen Werken. Im Aufsatz »Aktualität der Philosophie« schreibt er etwa: „Wenn wahrhaft Deutung allein durch Zusammenstellung des Kleinsten gerät, dann hat sie an den großen Problemen im herkömmlichen Sinn keinen Anteil mehr oder allein in der Weise, daß sie in einem konkreten Befund die totale Frage niederschlägt, die er vordem symbolisch zu repräsentieren schien." Adorno(1931), *Aktualität der Philosophie*, S. 336.

[241] Vgl. Schweppenhäuser(1995), *Kunst Geschichte Gesellschaft*, S. 152.

Musik zur Gesellschaft: „Although he was fully equipped to probe the internal development of Music in strictly formal terms, he never remained solely within the sphere of musical form alone. (...) Adorno *always moved out from the Music to Society*."[242] Nach Adorno liegt der Vermittlungspunkt eigentlich in der Sache selbst, nicht zwischen den Dingen.[243] Adorno denkt »Vermittlung« und »Monade« zusammen.[244] Adorno schreibt kurz und bündig dazu: „Das Verhältnis der Kunstwerke zur Gesellschaft ist der Leibnizischen Monade zu vergleichen."[245] Angesichts der These vom monadologischen Charakter des Kunstwerks findet Adorno in der Monade den Vermittlungspunkt des Kunstwerkes mit der äußerlichen Gesellschaft. Durch den monadologischen Charakter geht das Kunstwerk über den „Solipsismus" hinaus und erlangt die gesellschaftliche Objektivität. Wie Zenck bemerkt, impliziert die Adornosche Bestimmung die Autonomie der Kunst gegenüber dem ihr Auswendigen, auf das Heteronome Gerichteten.[246] Durch das monadologische Wesen weist das Kunstwerk auf sein Heterogenes, also die Gesellschaft hin, ohne ein Fenster zur Außenwelt zu haben:

> Fensterlos, also ohne der Gesellschaft sich bewußt zu sein, jedenfalls ohne daß dies Bewußtsein stets und notwendig sich begleitet, stellen die Werke und die begriffsferne Musik zumal, die Gesellschaft vor; man möchte glauben: desto tiefer, je weniger sie auf die Gesellschaft blinzelt.[247]

Ein Kunstwerk ist mit der realen Gesellschaft durch seinen monadologischen Kern vermittelt. In der Monade der Kunstwerke ist die reale Geschichte aufbewahrt:

> Der Prozeß, der in den Kunstwerken sich vollzieht und in ihnen stillgestellt wird, ist als gleichen Sinnes mit dem gesellschaftlichen Prozeß zu denken, in den die Kunstwerke eingespannt

---

[242] Jay(1991), *Adorno*, S. 131. Hervorhebung von mir.
[243] Vgl. Adorno(1965), *Thesen zur Kunstsoziologie*, S. 374.
[244] Vgl. Figal(1977), *Theodor W. Adorno. Das Naturschöne als spekulative Gedankenfigur. Zur Interpretation der Ästhetischen Theorie im Kontext philosophischer Ästhetik*, S. 81.
[245] Adorno(1962), *Einleitung in die Musiksoziologie*, S. 413.
[246] Vgl. Zenck(1977), *Kunst als begriffslose Erkenntnis*, S. 79.
[247] Adorno(1962), *Einleitung in die Musiksoziologie*, S. 413.

sind; nach Leibnizens Formel repräsentieren sie ihn fensterlos. (ÄT, S.350)

Deswegen scheint es für Adorno möglich zu sein, die reale Gesellschaft durch die „Versenkung ins Einzelne des Kunstwerkes" erkennen zu können. Kunstwerke analysieren heißt, „der in ihnen aufgespeicherten immanenten Geschichte innezuwerden."(ÄT, S.132) Aber Kunstwerke ähneln der Außenwelt, ohne sie zu imitieren, selbst wenn die Welt in der Monade des Kunstwerkes erscheint. Die Monade ist „Fenster" zur Welt, nicht „Spiegel" der Welt. Hierin unterscheidet sich die Adornosche Ansicht von einer kruden Widerspiegelungstheorie:

> Daß die Kunstwerke als fensterlose Monade das vorstellen, was sie nicht selbst sind, ist kaum anders zu begreifen als dadurch, daß ihre eigene Dynamik, ihre immanente Historizität als Dialektik von Natur und Naturbeherrschung nicht nur desselben Wesens ist wie die auswendige, sondern in sich jener ähnelt, ohne sie zu imitieren. (ÄT, S.15)

Für den Begriff der Monade im Kunstwerk ergibt sich eine doppelte Bestimmung: Der Monade der Kunstwerke wohnen sowohl transzendentale und kritische Momente als auch repräsentative Momente inne. Im Kunstwerk reproduziert sich die gesellschaftliche Entwicklung kraft der innerästhetischen, ohne daß sie nachgeahmt wird: „Alle ästhetischen Kategorien sind ebenso in ihrer Beziehung auf die Welt wie in der Lossage von ihr zu bestimmen."(ÄT, S.209) In der Monade erscheint die reale Geschichte der äußerlichen Welt, aber ihre Erscheinung ist nicht bloß ihre Widerspiegelung: „Die Blindheit des Kunstwerks ist nicht nur Korrektiv des naturbeherrschend Allgemeinen sondern dessen Korrelat."(ÄT, S.269)

An der Monade verbirgt sich „die Kluft zwischen dem monadischen Individuum und seiner barbarischen Umwelt."[248] Gegen die Tendenz der verwalteten Gesellschaft zur gewalttätigen Verallgemeinerung versucht Adorno in der Monade des Kunstwerkes, die Gewalt des Ganzen im Einzelfall aufzuspüren. In der verwalteten Welt tritt die gesellschaftliche All-

---
[248] Schweppenhäuser(1995), *Kunst Geschichte Gesellschaft*, S. 155.

gemeinheit in einen, dem Subjekt äußerlichen, quasi naturhaften Zwang. Die einzige Möglichkeit, die Welt ohne Herrschaftsanspruch zu erkennen und zu kritisieren, ist die philosophische Deutung, die in „Spuren und Trümmern"[249] der Realität verweilt. Die Versenkung ins Detail öffnet sich für das, was mehr als das jeweilige Besondere ist. Es geht bei der Monadologie nicht um die Subsumtion des Besonderen unter das Allgemeine, sondern um die Entdeckung der widersprüchlichen Allgemeinheit im Besonderen. Sein negatives Denken versenkt sich ins Besondere, ins Detail, um es der Herrschaft des Allgemeinen, der Totalität zu entwinden: „Sie (die Wahrheit) nötigt das Denken, vorm Kleinsten zu verweilen."(ND, S.41) Vermöge des »principium individuationis« zielt die Monade nicht auf die nach Identität strebende Verallgemeinerung, sondern auf deren Kritik. Die Versenkung ins Individuierte erhebt das Kunstwerk dadurch zum Allgemeinen, daß es das Individuierte als noch nicht Subsumiertes in Erscheinung setzt:

> Die dialektische Methode, und gerade die vom Kopf auf die Füße gestellte, kann nicht darin bestehen, die einzelnen Phänomene als Illustrationen oder Exempel eines bereits Feststehenden und von der Bewegung des Begriffs selber Dispensierten abzuhandeln; so entartete die Dialektik zur Staatsreligion. Gefordert ist vielmehr, die Kraft des allgemeinen Begriffs in die Selbstentfaltung des konkreten Gegenstandes zu transformieren und dessen gesellschaftliches Rätselbild mit den Kräften seiner eigenen Individuation aufzulösen. Dabei wird nicht auf gesellschaftliche Rechtfertigung abgezielt, sondern auf gesellschaftliche Theorie vermöge der Explikation von ästhetischem Recht und Unrecht im Herzen der Gegenstände. (PdnM, S. 32-33)

Das monadologische Verfahren ist ein umgekehrtes Verfahren der Identität. Adorno kehrt den „Übergang von der reflektierenden Vereinze-

---

[249] Vgl. Adorno(1931), *Die Aktualität der Philosophie*, S. 325, wo es heißt: „Keine rechtfertigende Vernunft könnte sich selber in einer Wirklichkeit wiederfinden, deren Ordnung und Gestalt jeden Anspruch der Vernunft niederschlägt; allein polemisch bietet sie dem Erkennenden als ganze Wirklichkeit sich dar, während sie nur in Spuren und Trümmern die Hoffnung gewährt, einmal zur richtigen und gerechten Wirklichkeit zu geraten."

lung zur verherrlichenden Totalität"(MM, S.15) in der Hegelschen Logik um. Er lehnt das Primat des Ganzen ab und rekurriert deshalb auf die Kräfte der „reflektierenden Vereinzelung":

> Je spezifischer das Werk desto treuer erfüllt es seinen Typus: der dialektische Satz, das Besondere sei das Allgemeine, hat sein Modell an der Kunst. (ÄT, S.300)

Adorno findet im Besonderen das Allgemeine, ohne jenes als Exemplar des Allgemeinen zu zeigen. Die Monaden führen „durch ihr eigenes Prinzip der Besonderung aufs Allgemeine".(ÄT, S.270) Adornos Monadologie richtet sich stark gegen die Vermittlung der Allgemeinheit mit der Individuation unter dem Primat der Allgemeinheit, also dagegen, die Individuation als die Manifestation des Allgemeinen zu behandeln: „Doch ist das ästhetisch Bestimmte auf das Moment seiner Allgemeinheit einzig durch sein monadologisches Verschlossensein hindurch zu beziehen."(ÄT, S.269) Der Rekurs auf das »principium individuationis« als Erkenntnisimpuls wird für ihn unter den Bedingungen der Dialektik der Aufklärung sogar zu einer zwingenden Notwendigkeit, weil der Einzelne von der Herrschaft vollends annulliert wird: „Es (das Individuum) wird nur so weit geduldet, wie seine rückhaltlose Identität mit dem Allgemeinen außer Frage steht."(DdA, S.177) „Jeder ist nur noch, wodurch er jeden anderen ersetzen kann: fungibel, ein Exemplar. Er selbst, als Individuum, ist das absolut Ersetzbare, das reine Nichts."(DdA, S.168) Das principium individuationis bezieht sich auf die Allgemeinheit, indem es die Allgemeinheit problematisch macht. In den gegenwärtigen Phasen der gesellschaftlichen Bewegung, in der die überwältigende Totalität einzig in der Auflösung des Subjekts besteht, ist die Parteinahme Adornos für das principium individuationis ein kritisches Geschäft. „Das Prinzip der Individualität war widerspruchsvoll von Anbeginn. Einmal ist es zur Individuation gar nicht wirklich gekommen. Die klassenmäßige Gestalt der Selbsterhaltung hat alle auf der Stufe bloßer Gattungswesen festgehalten."(DdA, S.178) Die individuelle Erfahrung stellt nicht eine niedrige Stufe der Allgemeinheit dar. Die kritischen gesellschaftlichen Kräfte sind in der Individuation aufbewahrt:

> Im Zeitalter seines Zerfalls trägt die Erfahrung des Individuums
> von sich und dem, was ihm widerfährt, nochmals zu einer Er-
> kenntnis bei, die von ihm bloß verdeckt war, solange es als herr-
> schende Kategorie ungebrochen positiv sich auslegte. Ange-
> sichts der totalitären Einigkeit, welche die Ausmerzung der Dif-
> ferenz unmittelbar als Sinn ausschreit, mag temporär etwas so-
> gar von der befreienden gesellschaftlichen Kraft in die Sphäre
> des Individuellen sich zusammengezogen haben.(MM, S.16)

Die Musikästhetik Adornos versucht nun, sich den einzelnen Werken zuzuwenden, um gegebenenfalls aus ihnen etwas herauszuholen, was sich aufgrund der Konstellation ihrer Einzelmomente ergibt. Die autonommusikalische Entwicklung stellt das Ganze fensterlos, lediglich durch die eigene Konsequenz, vor. In der Monade der Kunstwerke konvergieren Naturgeschichte und Musikgeschichte. Gesellschaftlich ist ein Kunstwerk weder durch den Modus seiner Hervorbringung noch durch die gesellschaftliche Herkunft seines Sujets. Vielmehr wird ein Kunstwerk durch sein »bloßes Dasein« zum Gesellschaftlichen. Ein autonomes Kunstwerk stellt nicht die Gesellschaft unmittelbar dar. Die ästhetische Entwicklung produziert die gesellschaftliche, ohne sie zu wiederholen und nachzuahmen. Der Prozeß, der sich in den Kunstwerken vollzieht, ist simultan zu dem gesellschaftlichen Prozeß zu denken, in den die Kunstwerke eingespannt sind. Das »Ansichsein« des Kunstwerks, seine Monadenstruktur, ist schon die Kritik am totalen Schein des »Für-anderesseins« der verwalteten Gesellschaft, die einzig durch das Tauschprinzip beherrscht wird.

4.3 MUSIKALISCHE FORM

Die Gesellschaftskritik wird in der Musik nicht durch die direkte Thematisierung des gesellschaftskritischen Gehaltes, sondern einzig durch die monadologische Versenkung ausgeführt. Musik ist mit der realen Welt durch ihr »Ansichsein« – ihre strenge Immanenz – vermittelt und kritisiert dadurch die äußerliche Welt. Der Ort einer Musikästhetik, also einer philosophischen und soziologischen Behandlung der Musik, ist in den inneren

Kraftfeldern der Musik zu suchen. Die einzige Möglichkeit, das musikalische Werk dem Verstehen zu öffnen, ist darin zu finden, »ohne Leitbild« sich jedem »Kraftfeld« des einzelnen musikalischen Gegenstandes selbst zu überlassen.[250] Adorno versucht, durch die »Versenkung« in Aufbau und innere Stimmigkeit des musikalischen Werkes jene Implikationen ansichtig zu machen, die das Werk aus seiner Isoliertheit herausführen und für seinen Anspruch auf Wahrheit öffnen. Wie in der Darstellung des Charakteristikums der musikalischen Sprache bereits erwähnt, kennt Musik aufgrund ihrer Gegenstandslosigkeit keinen der äußeren Welt unmittelbar entlehnten gegenständlichen Inhalt. Musik spricht nicht symbolisch, sondern ihre Selbstgleichheit ist ihr Sprechen. Deswegen ist der Weg für das Verstehen des von der Musik Gesagten nicht in deren inhaltlicher Analyse, sondern in der immanenten Formanalyse, die Adorno als „technische und physiognomische Analyse" bezeichnet, zu finden:

> Dagegen hilft nur die ausgeführte technische und physiognomische Analyse, welche noch formale Momente als solche des im Zusammenhang konstituierten musikalischen Sinnes, oder seiner Absenz, benennt und von ihm auf Gesellschaftliches schließt. Formale Konstituentien von Musik, am Ende ihre Logik, sind gesellschaftlich zum Sprechen zu bringen.[251]

Die technische und physiognomische Analyse deckt die Implikationen der musikalischen Form auf. Musik greift durch ihre Form über ihre Verschlossenheit hinaus. In Adornos Reflexionen auf den Formbegriff bekundet sich die zentrale Frage der »Ästhetischen Theorie«: „Wodurch konstituiert sich Kunst als Kunst?"

Was er unter Form versteht, ist die Totalität des Erscheinenden, also die Konkretion der Musik in sich, ihr Gefüge an sich. Form ist Inbegriff dessen, „was es zu Kunst überhaupt macht; der Momente insgesamt, durch welche ein Kunstwerk als ein in sich Sinnvolles sich organisiert."[252] Form ist der Inbegriff aller Momente der Musik, die Logizität oder Stimmigkeit

---

[250] Vgl. Grammer(1976), *Musik und Verstehen. Eine Studie zur Musikästhetik Theodor W. Adornos*, S. 28ff.
[251] Adorno(1958), *Ideen zur Musiksoziologie*, S. 12.
[252] Adorno(1966), *Form in der neuen Musik*, S. 607.

der Musik heißen dürfen. Form ist die ästhetische Logizität, die „das Kunstwerk als ein Ganzes und seine Autonomie überhaupt erst ermöglicht."(ÄT, S.212) Durch die Formkonstruktion verwandelt sich die empirische Welt im Kunstwerk in die ästhetische. Form repräsentiert die Momente, die am Kunstwerk als das spezifisch Ästhetische bezeichnet werden können. Deswegen behauptet Adorno, daß Kunst mit Form identisch sei. (vgl. ÄT, S.211) Dementsprechend versucht er, an der Formkonstruktion des Kunstwerkes seinen Kritikansatz zu vergegenwärtigen. Adorno schreibt dazu: „Der Formbegriff markiert die schroffe Antithese der Kunst zum empirischen Leben, in welchem ihr Daseinsrecht ungewiß ward. Kunst hat soviel Chance wie die Form, und nicht mehr."(ÄT, S.213)

In enger Beziehung steht der Charakter der Sprachähnlichkeit der Musik vor allem zu deren Formbegriff. Die musikalische Form ist eine Gestalt der musikalischen Sprache. In der Form wird alles Sprachähnliche zusammengefaßt. Sie ist das „stimmig Beredte": „In Form faßt alles Sprachähnliches an den Kunstwerken sich zusammen und dadurch gehen sie in die Antithese zur Form, den mimetischen Impuls über. Form versucht, das Einzelne durchs Ganze zum Sprechen zu bringen."(ÄT, S.217) In ihrer Verschlossenheit spricht Musik von etwas durch ihre eigene Sprache: Die musikalische Form übersetzt die symbolischen, diskursiven Begriffe in ihre innere Stimmigkeit. Das kommunikative Element der Musik dringt dann ins Innere ihres Formgesetzes. Die Identität setzt sich in der Konstitution der Kunstwerke in Gestalt der Sichselbstgleichheit, »Sich-Identität« fort. Liegt die musikalische Sprache jenseits der Abspaltung des Zeichens und des Bezeichneten, so ist die musikalische Form der versteckte Ausdruck der Musik in Gestalt der Ausdruckslosigkeit. Die musikalische Form zu verstehen bedeutet das Verstehen ihrer Relationen der innerlichen Momente, also die Konstellation der inneren Momente in sich selbst zu spüren und deren »Sinnzusammenhang« zu erhellen. Wegen ihrer innerlichen Stimmigkeit als Form widerlegt Musik die Behauptung, daß sie zu einer unmittelbaren archaischen Welt gehöre. Die musikalische Form ist die Vermittlung als „Beziehung der Teile aufeinander und zum Ganzen und als Durchbildung der Details."(ÄT, S.216) In diesem Punkt taucht das Problem des Verhältnisses von Form und Inhalt auf. Der Adornosche Formbegriff resultiert aus einer dialektischen Kritik an der Form- und Inhaltsästhetik.[253]

---

[253] Vgl. Paetzold(1974), *Neomarxistische Ästhetik*, S. 42f.

Den Aporien reiner Formästhetiken und jenen dazu antipodischer Inhaltsästhetiken versucht Adorno durch die These zu entgehen, daß die Beziehung zwischen Form und Inhalt kein Gegensatz sei. Er schreibt dazu: „Form und Inhalt sind nicht zu konfundieren, wohl aber aus ihrem starren und nach beiden Polen hin insuffizienten Gegensatz zu befreien."(ÄT, S.529) Form ist nicht allein gegen den Inhalt zu denken, sondern durch ihn hindurch. Nach Adorno ist der Gehalt der Musik, das Geistige des Komponierten nicht in der Gegenständlichkeit oder dem Stoff der Musik, sondern nur in ihrer Form zu finden. Die musikalische Form ist die geheime Inhaltlichkeit der Musik: „Das Geformte aber, der Inhalt, sind keine der Form äußerlichen Gegenstände sondern die mimetischen Impulse, welche es zu jener Bilderwelt zieht, die Form ist."(ÄT, S.213) Das Verhältnis zwischen Form und Inhalt ist nicht das von »Innen« und »Außen«, »Bewegtem« und »Stillgelegtem«, »Stoff« und »Geformtem«: „die Vermittlung von Form und Inhalt ist nicht zu fassen ohne deren Unterscheidung, so ist die Vermittlung einigermaßen allgemein darin zu suchen, daß ästhetische Form sedimentierter Inhalt sei."[254] (ÄT, S.15) Während die Hegelsche Inhaltsästhetik die Vergegenständlichung der Kunst durch ihre rohe Beziehung auf Gegenstände versteht und notwendig die Form als Inhalt denkt, stellt der Inhalt bei Adorno keinen oberen Begriff dar, der die Form unter ihm subsumiert. Gegen die Inhaltsästhetik Hegels legitimiert Adorno die Relevanz des Formbegriffs, weil er erkennt, daß das spezifisch Ästhetische in der Form hypostasiert wird. Hegel bewertet den Stoffgehalt des Kunstwerks außerhalb seiner Dialektik mit der Form. Die Vernachlässigung der Relevanz der Form steht in engem Zusammenhang mit seinem Subjektivismus. Adorno kritisiert die Hegelsche Inhaltsästhetik aus dem folgenden Grund:

> Sein Subjektivismus ist so total, sein Geist so sehr alles, daß dessen Unterscheidung von seinem Anderen, und damit die Bestimmung jenes Anderen, bei ihm in der Ästhetik nicht zur Geltung kommt. Weil ihm alles sich als Subjekt erweist, verkümmert dessen Spezifisches, der Geist als Moment der Kunstwerke, und beugt sich dem Stoffmoment diesseits der Dialektik. (ÄT, S.528)

---

[254] Vgl. auch »Philosophie der neuen Musik« S. 47. Hier erklärt Adorno das Verhältnis von Form und Inhalt folgendermaßen: „Alle Formen der Musik, nicht erst die des Expressionismus, sind niedergeschlagene Inhalte."

Im komplementären Kontrast zur Hegelschen Inhaltsästhetik steht die reine Formästhetik Adornos. Wenn Hegel von seinem Subjektivismus her die Autonomie des Formbe-griffs verschwinden läßt, so verabsolutiert seine Formästhetik die Form, nimmt sie aus der Dialektik mit ihrem Anderen, d.h. mit dem Inhalt, heraus. Sie droht zu versteinern. Adornos Reflexion über die Form geht immer von deren Vermittlung mit dem Inhalt aus. Form ist eine Kategorie für Adorno, in der die äußere Welt im immanenten Zusammenhang der Musik »transformiert« wird. Kunstwerke transfiguren die Verdinglichung der realen Gesellschaft in die immanente Verdinglichung, die sie zu einem sich selbst Gleichen, mit sich Identischen, macht.

Wenn es um die Gesellschaftsbezogenheit der Kunst geht, ist für Adorno weder die Alternative des Realismus noch die absolute Autonomie der Kunst stichhaltig. Die Autonomie der Kunst gewinnt ihre Legitimität durch ihren Widerpart. Sie tritt aus ihrem Zusammenhang mit der Gesellschaft hervor. Autonomie bedeutet die selbständige Konstitution gegenüber einem Heteronomen als Naturzwang oder dessen Vergegenwärtigung in der gesellschaftlichen Herrschaft. Kunst leistet ihre Kritik am Verblendungszusammenhang nicht in der Art des direkten Engagement, sondern paradoxerweise in ihrer „Sichselbstgleichheit". Die Betonung der Autonomie meint nicht ein Jenseits von der Gesellschaft, sondern eine durch die „Sichselbstgleichheit" umgewandelte Gesellschaftskritik:

> Sind jene Formen im auswendigen Dasein die maßgebenden der Naturbeherrschung, so werden sie in der Kunst ihrerseits beherrscht, mit ihnen wird aus Freiheit geschaltet. Durch Beherrschung des Beherrschenden revidiert Kunst zuinnerst die Naturbeherrschung. (ÄT, S.207)

Je mehr sich Kunst der Autonomie annähert, desto mehr geht sie in die Gesellschaft ein, ohne sich von der Gesellschaft loszulösen. Das Gesellschaftliche der Kunst liegt in der Art und Weise der Konstituierung der Sichselbstgleichheit im Kunstwerk, in der Formkonstruktion. Durch seine Identität reflektiert das Kunstwerk die äußerliche Gesellschaft und transzendiert sie gleichzeitig: "Bis in ihre innersten Zellen ist, was man an der Kunst gesellschaftliche Kritik oder Engagement zu nennen pflegt, ihr Kritisches oder Negatives, mit dem Geist, ihrem Formgesetz zusammengewachsen."(ÄT, S.144) Wohl impliziert die realistische Auffassung, daß Musik zur Erkenntnis der Realität wird, wenn sie sich unmittelbar mit der Realität auseinandersetzt. Dagegen wird Musik bei Adorno zur Erkenntnis des Sozialen, ohne direkt über die Gesellschaft zu reden, ohne sie abzubilden, ohne sie irgend zu imitieren. Wie Zenck das interpretiert, interessiert sich Adorno nicht für die Frage, „inwieweit Musik als eine besondere Form angeeigneter Wirklichkeit gefaßt ist, sondern wie sie in ihrer ästhetischen Form eine »Transformation« gegenständlicher Erkenntnis ist."[255] Musik bezieht sich immer auf die Gesellschaft, aber die Gesellschaft schlägt sich in der Musik nicht durch bloße stoffliche Repräsentation, sondern durch die Transformation der realen Welt in Form nieder. Musik rekonstruktiert die empirische Realität nach ihrem eigenen Gesetz; sie enthält einerseits die empirische Realität in sich, andererseits versetzt sie die empirische Welt in ihre eigenen Gesetze:

> Dabei sind die formativen Kategorien der Kunst von denen draußen nicht einfach qualitativ verschieden, sondern tragen ihre Qualität in das qualitativ andere Medium trotz der Modifikation hinein. (ÄT, S.207)

Die Form konstituiert sich durch eine Synthese, aber ihre Synthese ist von der Synthese des Begriffs zu unterscheiden. Während die begriffliche Synthese aus der Gewalt der Allgemeinheit resultiert, ist die ästhetische Synthese der Form als eine gewaltfreie Konstitution des Vielen zu verstehen. Um eine Einheit des Vielen zu stiften, folgt die Synthese des Begriffs der Subsumption des Besonderen unter das Allgemeine, wohingegen die ästhetische Synthese der Form der Bewahrung des empirisch Mannigfaltigen folgt:

> Sie (d.h. die Form) ist die gewaltlose Synthesis des Zerstreuten, die es doch bewahrt als das, was es ist, in seiner Divergenz und seinen Widersprüchen, und darum tatsächlich eine Entfaltung der Wahrheit. (ÄT, S.216)

---

[255] Zenck(1977), *Kunst als begriffslose Erkenntnis*, S. 124.

Durch die Form hat Musik am Aufklärungsprozeß teil, aber gleichzeitig kritisiert sie ihn durch ihre Teilnahme an ihm. Die Transfiguration des Seienden in die Form zielt auf die Kritik ab. Alle authentischen Kunstwerke lösen sich von der empirischen Welt los und bekunden durch die Transformation der empirischen Welt in eine neue ästhetische Form, daß diese Welt anders werden soll und kann. Die Antagonismen der Realität kehren in den Kunstwerken als die immanenten Probleme ihrer Form wieder. Adorno schreibt dazu: „Die Formen der Kunst verzeichnen die Geschichte der Menschheit gerechter als die Dokumente."(PdnM, S.47) Die künstlerische Auseinandersetzung mit der gewöhnlichen Form, die Bemühungen um »das Neue« und die erfolgreiche Verwirklichung des »Neuen« antizipieren eine andere Verhaltensweise des ästhetischen Subjekts gegenüber dem Objekt: „Kunst ist dazu versucht, eine nichtexistente Gesellschaft, deren nichtexistentes Subjekt zu antezipieren."(ÄT, S.251) Künstler wollen nicht mehr das Gegebene interpretieren und wiederholen, sondern eine neue Wirklichkeit mit einer neuen ästhetischen Form aufbauen. Die neuen Formen repräsentieren die Freiheit gegenüber dem Seienden, welches der Macht der Immergleichheit, des Identitätszwanges, ausgeliefert ist. (Vgl. ÄT, S.216) Insofern konvergiert die Form mit der Kritik. Die Form enthält die Momente der „Anamnesis der Unterlagen, des Verdrängten, vielleicht Möglichen"(ÄT, S.384):

> Im Aufgang eines Nichtseienden, als ob es wäre, hat die Frage nach der Wahrheit ihren Anstoß. Ihrer bloßen Form nach verspricht sie (die Kunst), was nicht ist, meldet objektiv und wie immer auch gebrochen den Anspruch an, daß es, weil es erscheint, auch möglich sein muß. (ÄT, S.128)
> Im Akt der Erkenntnis, den Kunst vollzieht, vertritt ihre Form Kritik am Widerspruch dadurch, daß sie auf die Möglichkeit seiner Versöhnung weist und damit auf das Kontingente, Überwindbare, Nichtabsolute am Widerspruch. (PdnM, S.119)

Die Aufgabe der Musikästhetik Adornos ist darin aufzusuchen, im authentischen Kunstwerk dem Vorgang des Abschieds des ästhetischen Subjekts vom mythischen Bann der ewigen »Wiederkehr des Gleichen«, vom Identitätszwang, nachzuspüren. Adorno hält Schönberg für eine Allegorie des ästhetischen Subjekts, das sich dem Herrschaftsbegehren des Subjekts entzieht und gegen die »Wiederkehr des Immergleichen« »das Neue« hervortreten läßt. Die Gesten Schönbergs sind die objektiven Antworten auf objektive gesellschaftliche Konstellationen. Adornos Schönberg-Deutung geht von diesem Gedanken aus.

Kapitel III
Neue Musik und bestimmte Negation
»Dialektik der Aufklärung«
und
»Philosophie der Neuen Musik«

> Ich fühle mich Luft von anderem Planet.
> Mir blasen durch das dunkel die Gesichter
> Die freundlich eben noch sich zu mir drehen.
> (Stefan George)

> O Freunde nicht diese Töne!
> Sondern laßt uns angenehmere anstimmen
> Und freudevolle!
> (Friedrich von Schiller)

1. KOMPONIST UND GESELLSCHAFT

1.1 MUSIKGESCHICHTE UND DIE GESCHICHTE DER MENSCHHEIT

Nach der herkömmlichen Gliederung der Wissenschaften könnte man die »*Dialektik der Aufklärung*« als ein geschichtsphilosphisches Werk und die »*Philosophie der Neuen Musik*« als ein musikästhetisches verstehen. So wenig es möglich ist, die Schriften Adornos auf die jeweiligen wissenschaftlichen Disziplinen zu reduzieren, so ist es kaum plausibel, die »*Dialektik der Aufklärung*« und die »*Philosophie der neuen Musik*« isoliert zu besprechen, ohne ihre innertextuellen und gedanklichen Zusammenhänge zu berücksichtigen.[256] Adorno legt das Verhältnis der beiden Werke folgendermaßen dar: „Das Buch (die »*Philosophie der neuen Musik*«) möchte als ein ausgeführter Exkurs zur »*Dialektik der Aufklärung*« genommen werden."(PdnM, S.11) Das besagt, daß Adorno den musikästhetischen Dis-

---

[256] Vgl. Metzger(1984), *Mit den Ohren denken. Zu einigen musikphilosophischen Motiven von Adorno*, S. 80.

kurs in der »*Philosophie der neuen Musik*« mit den geschichtsphilosophischen Erwägungen der »*Dialektik der Aufklärung*« in Verbindung bringt. Die Musikästhetik Adornos grenzt sich vom Paradigma der traditionellen Musikwissenschaft scharf durch seinen Ansatz ab, der innerhalb der Musikgeschichte den Momenten der gesamten Geschichte des Aufklärungsprozesses nachspürt. Adorno fügt nicht einfach der systematischen Analyse der musikalischen Werke nachträglich die geschichtliche Ebene hinzu. Vielmehr verknüpft er die Frage der partikularen Musikgeschichte mit geschichtsphilosophischen Fragestellungen und gesellschaftskritischen Diagnosen. Die Adornosche Musikästhetik bewegt sich zwischen Analytik, Systematik, Hermeneutik, Geschichtsphilosophie und radikaler Gegenwartserfahrung.[257] Jene Fragen, die Adorno in der »*Dialektik der Aufklärung*« stellt, beziehen sich auf den Bereich der Musik, und umgekehrt haben die musikästhetischen Probleme, mit denen Adorno sich in der »*Philosophie der neuen Musik*« beschäftigt, geschichtsphilosophische Züge. Wie Lüdke bemerkt, ist das Interesse an der Geschichtsphilosophie bei Adorno identisch mit dem an der Ästhetik: „Beide sind wechselseitig aufeinander verwiesen: einerseits, weil der geschichtsphilosophische Stand sowohl die Stellung wie die Funktion der Ästhetik bestimmt, andererseits, weil die Ästhetik, und vielleicht nur die Ästhetik, Indikator der – wie Adorno sagt – geschichtsphilosophischen Stunde ist."[258] Adorno behandelt die Musikgeschichte nicht in der Weise, sie rückblickend zu archivieren, sondern als »Exponentin« der menschlichen Geschichte. Die dem Musikwerk inhärente Geschichte konvergiert mit der Geschichte der Menschheit:

> Die ästhetischen Bilder sind kein Unbewegtes, keine archaischen Invarianten: Kunstwerke werden Bilder dadurch, daß die in ihnen zur Objektivität geronnenen Prozesse selber reden. (...) Weit eher sind die in den Kunstwerken latenten und im Augenblick durchbrechenden Prozesse, ihre innere Historizität, die sedimentierte auswendige Geschichte. (ÄT, S.132-133)

---

[257] Vgl. Claus-Steffen Mahnkopf(1998), *Adorno und die musikalische Analytik*, S. 245.
[258] Lüdke(1980), *Zur Logik des Zerfalls*, S. 421.

Während Hegel die konkreten ästhetischen Gegenstände vom Gesichtspunkt der Geschichtsphilosophie her betrachtet, die aus seiner philosophischen Systematik abgeleitet ist, erkennt Adorno an den ästhetischen Gegenständen und Problemen die aktuelle Problematik der menschlichen Geschichte: „Es ist gleichsam das Echtheitssiegel aller ästhetischen Probleme, daß sie geschichtlich entspringen, und – vorwegnehmend – die Schicht der Wahrheit eines Kunstwerkes ist um so verbürgter, je tiefer seine Sachgehalte in der historischen Stoffschicht ihrer Zeit haften. Die überzeitliche Kunst ist die zeitlichste."[259] Deswegen ist die ästhetische Problematik für Adorno immer eine geschichtliche Problematik. Beide Motive sind unauflöslich miteinander verbunden: „Die ästhetischen Normen unterstehen einer geschichtsphilosophisch–gesellschaftlichen Dialektik, von der sie nicht losgerissen werden können, so wie umgekehrt die geschichtsphilosophische Fassung der ästhetischen Norm–Probleme die präzise Fassung der sachlichen Problematik allemal zur Voraussetzung hat."[260]

Die Parallelität zwischen der Musikgeschichte und der allgemeinen Geschichte erklärt Adorno durch die Einheit des Geistes der Epoche. Adorno behauptet, daß die Produktivkräfte einer Epoche sich in Bereichen, die nicht unmittelbar voneinander abhängen, gleichermaßen entfalten:[261] „In der Geschichte der Kunst kehrt die reale wieder vermöge des Eigenlebens der aus dieser stammenden und dann von ihr abgesonderten Produktivkräfte."(ÄT, S.339) Anschließend an Max Weber stellt Adorno hier fest, daß die Rationalisierung der abendländischen Musik den gesellschaftlichen Prozeß der Rationalisierung exponiert: „Was den Geist in der Musik weitertreibt, das von Max Weber mit Recht als zentral erkanntes Rationalitätsprinzip, ist kein anderes als die Entfaltung der außerkünstlerischen, gesellschaftlichen Rationalität."[262] Und an anderer Stelle erläutert er:

> Wie gesellschaftlich, nach dem Ausweis von Max Weber und seiner Schule, die bürgerliche Phase wesentlich charakterisiert wird durch Rationalität, die feudale aber durch eine am naturwüchsigen Verhältnis der Generationen gebildete Tradition, so

---

[259] Adorno(1992), *Aufzeichnungen zur Ästhetik – Vorlesung 1931/32*, S. 38.
[260] Adorno(1992), ebenda.
[261] Vgl. Adorno(1962), *Einleitung in die Musiksoziologie*, S. 408.
[262] Adorno(1962), ebenda, S. 409.

verhält es sich auch musikalisch: Musik insgesamt kann nicht getrennt werden vom jeweiligen Stand der gesellschaftlichen Produktivkräfte. Vielmehr ist der Kernbegriff, der die neuere Musikgeschichte in Bewegung brachte, der von der Rationalität, unmittelbar eins mit dem der gesellschaftlichen Beherrschung außer- und innermenschlicher Natur. Darum reproduziert die scheinbar geschlossene Geschichte der Musik in sich selber Strukturen und Gesetzmäßigkeiten der gesellschaftlichen Bewegung.[263]

Obwohl die Geschichte der Musik fraglos eine fortschreitende Rationalisierung ist, bezeichnet die Rationalisierung nur eine Ebene ihres gesellschaftlichen Aspekts. Die Musikgeschichte entfaltet sich gleichzeitig in ihrer autonomen Entwicklung. Sie hat ihre eigene geschichtliche Dynamik:

> Diese Tendenzen sind komplex. Einmal beziehen sie sich auf die immanent-musikalische, gleichsam autonome Entwicklung, ähnlich wie die Geschichte der Philosophie einen in sich relativ geschlossenen Problemzusammenhang darstellt. (...) Andererseits jedoch – und das bringt die Musiksoziologie in Gegensatz zur bloßen Geistesgeschichte – verläuft jener immanent-musikalischer Motivationszusammenhang, dessen gesellschaftliche Implikationen jeweils zu extrapolieren sind, doch nicht durchaus geschlossen.[264]

Der Rationalisierungsprozeß der westlichen Musik ist zwar die Repräsentation des Zustandes des gesellschaftlichen Rationalisierungsprozesses, aber die Musik repräsentiert die gesellschaftliche Entwicklung in sich kraft der innerästhetischen Entwicklung, anstatt die reale gesellschaftliche Entwicklung bloß widerzuspiegeln. Die Musikgeschichte repräsentiert die menschliche Geschichte: „Innerhalb der Gesamtenentwicklung, an der sie (d.h. die Musik) in fortschreitender Rationalität teilhatte, ist Musik doch immer zugleich auch die Stimme dessen, was auf der Bahn jener Rationa-

---

[263] Adorno(1960), *Tradition*, S. 130.
[264] Adorno(1958), *Ideen zur Musiksoziologie*, S. 20.

lität zurückblieb oder ihr zum Opfer fiel. Das nennt nicht nur den zentralen gesellschaftlichen Widerspruch von Musik selbst, sondern auch die Spannung, aus der musikalische Produktivität bislang lebte."[265] Das ist ein Moment der bestimmten Negation in der Musikgeschichte. Obwohl sie selbst einen Moment des „Weltlaufs", der unter dem Gesetz der Rationalisierung steht, darstellt, enthält die Musikgeschichte in ihrer autonomen Entwicklung den Moment der Negation des Weltlaufs: „Durch ihr pures Material ist Musik die Kunst, in der die vorrationalen, mimetischen Impulse unabdingbar sich behaupten und zugleich in Konstellation treten mit den Zügen fortschreitender Natur- und Materialbeherrschung. (...) Als gehegte irrationale Sonderzone inmitten der rationalisierten Welt wird sie zum schlechterdings Negativen, so wie es die gegenwärtige Kulturindustrie rational plant, produziert, verwaltet."[266] Die Musikgeschichte ist nun für Adorno die Geschichte als Entfaltung der bestimmten Negation der Gesellschaft: „In großer Musik kehrt diese (d.h. die Gesellschaft) wieder: verklärt, kritisiert und versöhnt, ohne daß diese Aspekte mit der Sonde sich trennen ließen."[267]

1.2 DAS MUSIKALISCHE MATERIAL, DER KOMPONIST UND DIE GESELLSCHAFT

Wie treffen in der Musik das Moment der Repräsentation der Gesellschaft und das der Negation der Gesellschaft zusammen? Auf diese Frage antwortet Adorno mit dem Be-griff des musikalischen Materials. Der Adornosche Begriff des musikalischen Materials bezeichnet, wie Bürger zusammenfaßt, einmal den Ort, an dem das Musikwerk und die Gesellschaft zusammentreffen, zum anderen dient er dazu, die Entwicklung der Musik als eine autonome Entwicklung und zugleich als eine der gesamtgesellschaftlichen Entwicklung folgende zu fassen.[268] Der Versuch Adornos, mit dem Begriff des musikalischen Materials die allgemeine Situation der

---

[265] Adorno(1958), ebenda, S. 14.
[266] Adorno(1958), ebenda, S. 14.
[267] Adorno(1962), *Einleitung in die Musiksoziologie*, S. 413.
[268] Vgl. Bürger(1980), *Das Vermittlungsproblem in der Kunstsoziologie Adornos*, S. 175.

Zeit an der Musik abzulesen, beginnt schon in den 20er Jahren.[269] Der junge Adorno hat den Begriff des musikalischen Materials aus seiner Beschäftigung mit den aktuellen Musikwerken und der zeitgenössischen Musiktheorie gewonnen.[270] Die Implikationen der Adornoschen Konzeption des musikalischen Materials zeigten sich vor allem in seiner Debatte mit Krenek. Adorno hat sich mit dem Komponisten Krenek[271] über die Thematik von Reaktion und Fortschritt in der Musik im Juni-Heft der Zeitschrift »Anbruch« auseinandergesetzt. Der Beitrag Adornos für die Zeitschrift hat den Titel »*Reaktion und Fortschritt*«, und die Abhandlung Kreneks heißt »*Fortschritt und Reaktion*«. Anschließend führte Adorno 1930 ein Gespräch mit Krenek über die Arbeitsprobleme des Komponisten. In dieser Debatte zeigen sich die theoretischen Grundzüge des Materialbegriffs Adornos, die an dem musikalischen Material den soziologischen Momenten nachspüren. Das Gespräch setzt nach dem Vorschlag Adornos bei der Frage der Geschichtlichkeit des musikalischen Materials ein, auf die sich der Gegensatz der beiden zugespitzt hatte. In einem Brief an Krenek schlägt Adorno den Verlauf der Diskussion folgendermaßen vor: „Also bei der Frage des musikalischen Materials, auf die sich ja unser Gegensatz zugespitzt hat. Ich würde also als Eingangsthese die (relative) Eigenständigkeit des Materials vertreten, die Forderung des Materials als eine konkrete, aus der die Freiheit des Komponisten mit der Antwort erst hervortritt; Sie würden dagegen dann die Einwände geltend machen, die Sie andeuten; daß auf diese Weise das Material eine magische Gewalt würde."[272] Dieses Gespräch scheint spontan geführt zu werden, aber Adorno bereitet die Debatte durch den Briefwechsel mit Krenek vor.

Unter dem musikalischen Material versteht Krenek „die Gesamtheit aller musikalischen Ausdrucksmittel; also Harmonik, Rhythmik und Melo-

---

[269] Vgl. Paddison(1993), *Adorno's aesthetics of music*, S. 65f. und auch Sziborsky(1979), Adornos Musikphilosophie, S.91ff.
[270] Paddison analysiert der Einfluß der Schönbergischen »*Harmonielehre*(1911)« auf die Adornosche Theorie des musikalischen Materials. Vgl. Paddison(1997), a.a.O., S. 71-73.
[271] Adorno lernte Krenek 1924 in Frankfurt kennen, als Krenek die Oper »*Der Sprung über den Schatten*« uraufgeführt hatte. Die beiden traten danach in eine enge Verbindung. Insbesondere arbeiteten sie in der Musikzeitschrift »*Anbruch*« zusammen. Die Debatte entstand in dieser Zeit. Vgl. Claudia Maurer-Zenck(1979), *Die Auseinandersetzung Adornos mit Krenek*, S. 227ff.
[272] Adorno(1974), Brief an Krenek, 28. Oktober 1930, S.22.

dik, so wie sie *als natürliche Gegebenheiten, als Möglichkeit des Komponierens* zu jeder Zeit vorfindlich sind."[273] Krenek faßt das musikalische Material als das geschichtslose und unveränderliche Ausdrucksmittel des Komponisten auf und unterstellt es ausschließlich den Ausdrucksmöglichkeiten des Komponisten. Dagegen meint Adorno: „Dabei möchte ich mich so verstanden wissen, daß die objektiv–physikalische Struktur des Materials für den Komponisten nicht ausschlaggebend ist, sondern er es nur mit der subjektiven Erfahrungsweise des Materials zu tun hat. Andererseits aber ist das Material nicht selbst bereits als geformt zu denken, sondern stellt eben eine bloße Möglichkeit des Formens für den Komponisten dar."[274] Das musikalische Material deutet für Adorno einen Schauplatz der Subjekt-Objekt-Dialektik an:

> Nur ein Wort noch zum Vorwurf der Material-Mythologie: von ihr glaube ich mich darum frei, weil ich das Material nicht als blind-gesetzmäßiges Naturmaterial mit Obertönen, mathematischen Symmetriegesetzen und ähnlichem Spuk nehme, sondern selber als geschichtliches: als den Schauplatz von Geschichte und, wenn ich es spaßeshalber in der Terminologie Hegels sagen darf, als das Subjekt-Objekt des Komponierens.[275]

Während Krenek am Begriff des musikalischen Materials den reinen Ausdruckswillen und die Freiheit des Komponisten unterstreicht, setzt Adorno den Akzent auf die Grenze, welche die Freiheit des Komponisten beschränkt. Adorno begreift das Material als Inbegriff des Objektiven beim Komponieren, das die vollkommene Freiheit des Komponisten eingrenzt. Der Komponist verfügt in dieser Dialektik nicht über die reine Freiheit. Den Komponisten faßt Adorno nicht als einen Schöpfer auf, der von allen gesellschaftlichen und ästhetischen Bedingungen befreit ist:

> Auf der gegenwärtigen Stufe steht dem Künstler unvergleich viel weniger frei, als Hegel zu Beginn der liberalen Ära denken

---

[273] Adorno und Krenek(1930), *Arbeitsprobleme des Komponisten*, S. 433. Hervorhebung von mir.
[274] Adorno und Krenek(1930), ebenda, S.433.
[275] Adorno(1974), Brief an Krenek, 30. September 1932, S. 39.

konnte. Die Auflösung jegliches Vorgegebenen hat nicht in der Möglichkeit resultiert, über alles an Stoff und Technik nach Gutdünken zu verfügen, (...) sondern er ist zum bloßen Exekutor der eigenen Intentionen geworden, die ihm fremd, als unerbittliche Anforderungen aus den Gebilden entgegentreten, an denen er arbeitet. (PdnM, S.25)

Adorno verneint nicht den subjektiven Anteil des Komponisten an dieser Dialektik, sondern er bestreitet hier die naive Annahme der »Autarkie« des Subjekts. Er hebt die Konstellation, der ein Komponist untersteht, hervor. Ein Komponist ist kein Schöpfer und genießt nicht die Freiheit als solche. Seine Freiheit liegt nicht in einer willkürlichen Verfügung über das musikalische Material. In die Dialektik des Objekts und des Subjekts ist die Freiheit des Komponisten miteingeschlossen. Adorno hat die „prinzipiellen Bedingungen" des Komponisten vor Augen, unter denen die Arbeit des Komponisten überhaupt erst beginnen kann. Der Komponist als Subjekt steht dem vorgegebenen musikalischen Objekt gegenüber. Die Beziehung der beiden ist dialektisch: „In immanenter Wechselwirkung konstituieren sich die Anweisungen, die das Material an den Komponisten ergehen läßt, und die dieser verändert, indem er sie befolgt."(PdnM, S.40) Der Komponist gehorcht der Forderung des Materials. Ein Komponist erreicht seine Freiheit, paradox gesagt, nicht in der Entfaltung seines grenzenlosen Ausdruckswillens, sondern in der Erfüllung der Forderungen des Materials. Damit aber wandelt sich zugleich das Bild des Komponisten: „Es verliert jene Freiheit im Großen, welche die idealistische Ästhetik dem Künstler zuzusprechen gewohnt ist. Er ist kein Schöpfer. Nicht äußerlich schränken Epoche und Gesellschaft ihn ein, sondern im strengen Anspruch der Richtigkeit, den sein Gebilde an ihn stellt. (...) Es erfüllt sich in der Vollstreckung dessen, was seine Musik objektiv von ihm verlangt. Aber zu solchem Gehorsam bedarf der Komponist allen Ungehorsams, aller Selbständigkeit und Spontaneität."(PdnM, S.42)

Ein wichtiger Punkt in dieser Dialektik ist, daß die Forderungen des Materials ebenfalls der Dialektik von Objekt und Subjekt entsprungen sind, und zwar in der Vergangenheit. Das musikalische Material hinterläßt seine geschichtlichen Bestimmungen, da das Material selber „sedimentierter

Geist", ein gesellschaftlich, durchs Bewußtsein vom Menschen hindurch „Präformiertes" ist. Es ist nichts anderes als die „vergessene" und „vormalige Subjektivität". „Die Forderungen, die vom Material ans Subjekt ergehen, rühren vielmehr davon her, daß das Material selber sedimentierter Geist, ein gesellschaftlich, durchs Bewußtsein von Menschen hindurch Präformiertes ist. Als ihrer selbst vergessene, vormalige Subjektivität hat solcher objektive Geist des Materials seine eigenen Bewegungsgesetze."(PdnM, S.39)

Das Material, das der Arbeit des ästhetischen Subjekts der Vergangenheit entspricht, tritt dem produzierenden Subjekt als ein Objekt entgegen. Die Unterscheidung von ästhetischem Individuum und ästhetischem Subjekt erlaubt es in bezug auf die Methode, die Entäußerung des Künstlers an die objektiven Forderungen des Materials angemessen zu begreifen: Individuelle Erfahrungen des Künstlers müssen sich durch die Entäußerung ans Medium des Werks objektivieren, damit sie als ästhetische strukturell erfaßbar werden. Nur in dem Maße, in dem das ästhetische Individuum des Künstlers seine Erfahrungen in ästhetischer Logizität zu artikulieren vermag, überschreitet es die individuell-solipsistische Basis der Erfahrung und konstituiert sich die ästhetische Subjektivität: „Aller Musik, und wäre es die dem Stil nach individualistischste, eignet unabdingbar ein kollektiver Gehalt: jeder Klang allein schon sagt Wir."[276] Die Konstitution authentischer Kunstwerke setzt die subjektive Regung voraus, und insofern ist das Kunstwerk subjektiv. Als Moment gesellschaftlicher Arbeit ist Kunst objektiv vermittelt. Zugleich aber sieht das produzierende Subjekt sich genötigt, seine Regungen ästhetisch zu objektivieren, ihnen also eine Werkgestalt zu verleihen. Im Prozeß der Produktion treten dem Subjekt die objektiven Forderungen (der Form bzw. des Materials) entgegen, denen der ästhetische Objektivationsvorgang zu entsprechen hat. Vermittelt über diese Dialektik fließt das Gesellschaftliche, das Vergangene, in die Werke ein:

> (Die prinzipiellen Bedingungen der Musik) sind selbstverständlich nicht ausschließlich musikalischer Art, sondern enthalten notwendig Kategorien der allgemeinen Zeitsituation in sich. Diese allgemeinen, vorwiegend soziologischen Momente aber

---
[276] Adorno(1958), *Ideen zur Musiksoziologie*, S.18.

werden konkret faßlich und meßbar allein im musikalischen Material. Das Material bietet gewissermaßen den Schauplatz, auf dem sich die geistigen Entscheidungen der Musik vollziehen, auch wenn sie ihrem Ursprung nach über den Materialbereich hinausweisen.[277]

Diese Auffassung läßt die geschichtsphilosophische Konzeption des musikalischen Materials deutlich erkennen: „Geschichtlich ist das künstlerische Material für Adorno also nicht nur als Produkt einer langwierigen historischen Entwicklung, sondern auch als Schauplatz einer kunstimmanenten Dialektik, in der gleichwohl die Realdialektik der Geschichte eine wenngleich veränderte Verlängerung findet."[278] Aus dieser Dialektik des musikalischen Materials konstatiert Adorno die Korrespondenz zwischen der musikalischen Bearbeitung des Materials durch den Komponisten und der gesellschaftlichen Bearbeitung der Natur durch den Menschen:

> Desselben Ursprungs wie der gesellschaftliche Prozeß und stets wieder von dessen Spuren durchsetzt, verläuft, was bloße Selbstbewegung des Materials dünkt, im gleichen Sinne wie die reale Gesellschaft, noch wo beide nichts mehr voneinander wissen und sich gegenseitig befehden. Daher ist die Auseinandersetzung des Komponisten mit dem Material die mit der Gesellschaft, gerade soweit diese ins Werk eingewandert ist und nicht als bloß Äußerliches, Heteronomes, als Konsument oder Opponent der Produktion gegenübersteht. (PdnM, S.39-40)

Die Forderungen, die vom Material an den Komponisten ergehen, sind vergleichbar mit dem Zwang der Natur gegenüber den Menschen. Nach Adorno kennt die Musik kein Naturrecht. Das musikalische Material verengt und erweitert sich mit dem Gang der Geschichte: „Alle seine spezifischen Züge sind Male des geschichtlichen Prozesses. Sie führen die historische Notwendigkeit um so vollkommener mit sich, je weniger sie mehr

---

[277] Adorno und Krenek(1930), a.a.O., S. 433.
[278] Kager(1998), Einheit in der Zersplitterung. Überlegungen zu Adornos Begriff des musikalischen Materials, S. 96-97.

unmittelbar als historische Charaktere lesbar sind."(PdnM, 38) Das künstlerische Material ist Resultat eines historischen Prozesses, in ihm ist geschichtliche Erfahrung abgelagert; daher kann die Auseinandersetzung des Künstlers mit der Gesellschaft als Auseinandersetzung mit dem Material erfolgen:

> Denn der Sinn der Wandlung der musikalischen Mittel seit der Auflösung der ritualen Bindungen von Musik sehe ich nun. darin, daß die Mittel sich immer weiter vom Zwang der naturalen Bedingungen emanzipiert haben. (....) Dieser Emanzipationsprozeß steht in engstem Zusammenhang mit dem Emanzipationsprozeß der europäischen ratio insgesamt.[279]

Die Theorie des musikalischen Materials ist für Adorno eine geschichtsphilosophische Theorie. Mit ihr schafft Adorno „die theoretische Voraussetzung für die Methode der technisch–ästhetischen Analyse und für eine geschichtsphilosophisch akzentuierte gesellschaftliche Interpretation der zeitgenössischen Musik."[280] Der Materialbegriff führt zu einer analytischen Ebene des Einzelwerkes und deutet gleichzeitig auf das Äußere des Werkes hin.

Es ist ein Gegenstand der Auseinandersetzung, daß Adorno die Tendenz des musikalischen Materials vom Gesichtspunkt von Fortschritt und Reaktion her auffaßt und behauptet, daß nur eine bestimmte Musik als „fortschrittlich" bezeichnet werden kann.[281] Unter den Bedingungen der Dialektik der Aufklärung, die die objektiven Antinomien der Musik hervorbringen, gibt es bei Adorno zwei Tendenzen in der Musik: Fortschritt und Reaktion stellen die einander entgegengesetzten Extreme in der neuen Musik dar. Die fortschrittliche Musik widerstreitet dem „mythischen Grund" der „entmythologisierten" Gesellschaft: „Der sprachlosen Ewigkeit die musikalischen Urbilder zu entreißen, ist die wahre Intention des Fortschritts von Musik. Wie der gesellschaftliche Prozeß nicht an allen seinen einzelnen Fakten oder im Sinne durchgehender »Entwicklung« als Fort-

---

[279] Adorno und Krenek(1930), a.a.O., S. 435.
[280] Sziborsky(1979), S. 105.
[281] Vgl. Bürger(1980) und Kager(1998)

schritt zu deuten ist, sondern als Fortschritt der Entmythologisierung, so auch die Genesis von Musik in der Zeit. (...) Das Bild einer befreiten Musik, einmal so scharf gesichtet, wie es uns geschah, läßt sich wohl in der gegenwärtigen Gesellschaft verdrängen, deren mythischen Grunde es widerstreitet."[282] Die Musik, welche Adorno als reaktionär bezeichnet, unternimmt es, zu den musikalischen Urbildern zurückzukehren:

> Die polar entgegengesetzte Verfahrungsweise Strawinskys drängt sich der Interpretation auf, nicht bloß ihrer öffentlichen Geltung und ihres kompositorischen Niveaus wegen, sondern vor allem auch um den bequemen Ausweg zu versperren, daß, wenn der konsequente Fortschritt der Musik auf Antinomien führe, von der Restauration des Gewesenen, dem seiner selbst bewußten Widerruf der musikalischen ratio etwas zu erhoffen sei. (PdnM, S.10)

Wenn Adorno den „Fortschritt" in der Musik erwähnt, bedeutet das, daß „das Material auf der fortgeschrittensten Stufe seiner geschichtlichen Dialektik"[283] steht. Eine Musik darf als „fortgeschritten" bezeichnet werden, insofern sie „die Forderung der Zeit" erfüllt und die Antinomien der Gesellschaft in sich vergegenwärtigt, ohne die positive Rückkehr dessen zu sein, was zerfällt. Deswegen antizipieren die Veränderungen, die ein fortschrittlicher Komponist am Material vornimmt, die „fortschrittliche" Veränderung der Gesellschaft. Das ist der Punkt, an dem die geschichtsphilosophischen Aspekte der »*Dialektik der Aufklärung*« und die musikphilosophischen Aspekte der »*Philosophie der neuen Musik*« in einen Kontext zu bringen sind.

---

[282] Adorno(1930), *Reaktion und Fortschritt*, S. 138.
[283] Adorno(1930), ebenda, S. 133.

1.3. DIE BEETHOVEN-REFLEXION ADORNOS UND IHR VERHÄLTNIS ZUR »DIALEKTIK DER AUFKLÄRUNG« UND ZUR »PHILOSOPHIE DER NEUEN MUSIK«

Um die »Dialektik der Aufklärung« und die »Philosophie der neuen Musik« in einem Kontext zu lesen, ist die Deutung des nur als Fragment vorhandenen »Beethoven«-Buchs aufschlußreich. Das Werk »Beethoven«, dem der Herausgeber den Nebentitel »Philosophie der Musik« gibt, enthält wichtige Momente, welche die » Dialektik der Aufklärung« an die »Philosophie der neuen Musik« koppeln.

Nach der Veröffentlichung der ersten Abhandlung Adornos über Beethoven: »Ludwig van Beethoven: Sechs Bagatellen für Klavier, op.126 (1934)« plante er schon 1937 ein philosophisches Buch über Beethoven,[284] aber das Werk konnte er bis zu seinem Tod (1969) nicht fertigstellen. Dazwischen wurden die »Dialektik der Aufklärung« (1948) und die »Philosophie der neuen Musik« (1949, der Schönberg-Teil davon 1940-41) veröffentlicht. In »Beethoven« sind alle Aufzeichnungen, die Adorno über Beethoven geschrieben hat, und zwei weitere seiner Abhandlungen über Beethoven: »Verfremdetes Hauptwerk. Zur Missa Solemnis« (1959)[285] und »Spätstil Beethovens« (1937) gesammelt.

Das Beethoven-Buch bleibt zwar fragmentarisch, aber man kann das Werk aus der Thematik des „Tonfalls von Humanität" und deren „Verhältnis zum Mythischen",[286] welche die »Dialektik der Aufklärung« und die »Philosophie der neuen Musik« umfaßt, deuten. Mythos bedeutet in diesem Kontext der „Schuldzusammenhang des Lebendigen", sein naturbefangenes Schicksal. Das Humane bezeichnet das Entronnensein aus dem Bann, die Besänftigung der Natur. Das wesentliche Anliegen Adornos in dem Werk »Beethoven. Philosophie der Musik« ist es, „den Gedanken der in sich vermittelten Totalität mit der Schicht der Chthonischen"[287] zusammenzu-

---

[284] Über die Chronologie von »Beethoven«. Vgl. Rolf Tiedemann(1994), Vorrede des Herausgebers, S. 16.
[285] Vgl. die folgende Angabe Adornos zum Beethovenbuch: „»Verfremdetes Hauptwerk« schließlich gehört in den Komplex des schon seit 1937 projektierten philosophischen Werkes über Beethoven." Adorno, Vorrede zu Moments musicaux, S.12
[286] Vgl. Rolf Tiedemann(1994), Vorrede des Herausgebers S. 16.
[287] Das Wort »chthonisch« wird hier als Synonym für »mythisch« und »naturverhaftet« benutzt. Vgl. die Anmerkung des Herausgebers in Beethoven. Philosophie der Musik, S. 344.

bringen.[288] Adorno schreibt dazu: „Der »Geist« bei Beethoven, das Hegelsche, die Totalität, ist nichts anderes als die ihrer selbst innewerdende Natur, das Chthonische Element. (...) Das Antimythologische aber liegt im sich dem Mythos gerade als Geist, Totalität, Vorstellung gleichmachen."[289] Adorno übersetzt die Grundzüge der ästhetischen Konstruktion der Musik Beethovens in jene der gesellschaftlichen Konstruktion und konstatiert die Parallelität zwischen dem musikalischen Formcharakter Beethovens und den Entwicklungszügen der bürgerlichen Gesellschaft. Alle Implikate Beethovens, die sich aus der musikalischen Analyse seiner Werke ergeben, bewahrheiten sich als die gleichen wie die der Gesellschaft selbst. Adorno schreibt dazu: „Die ästhetische Integration symphonischen Gebildes ist zugleich Schema einer gesellschaftlichen."[290] Die Musik Beethovens stellt in der Totalität ihrer Form den gesellschaftlichen Rationalisierungsprozeß dar: „Beethovens Macht aber, eine von Humanität und Entmythologisierung, fordert gerade von sich aus die Zerstörung mythischer Tabus."[291] Der Rationalisierungsprozeß der Gesellschaft wird zum Wesen der Musik Beethovens selbst. Beethoven ist einerseits für Adorno ein musikalischer Prototyp des revolutionären Bürgertums:[292] „Die Symphonie feierte die arbeitende und antagonistische bürgerliche Gesellschaft als Einheit der Monaden für diese. Die Schule des Wiener Klassizismus, gleichzeitig fast mit der industriellen Revolution, integrierte im Geist der Epoche die zerstreuten Individuen, aus deren total vergesellschafteten Beziehungen ein harmonisches Ganzes hervorspringen sollte."[293] Andererseits konstatiert Adorno die Verwandtschaft der Musik Beethovens mit der Hegelschen Philosophie. Sie stellt nach der Adornoschen Ansicht „das Bild jenes Prozesses, als den die große Philosophie die Welt begreift"[294], dar. Adorno deckt die Konvergenz der Hegelschen Philosophie mit der Musik Beethovens auf: „Der Wille, die Energie, welche bei Beethoven die Form in Bewegung setzt, das ist immer das Ganze, der Hegelsche Weltgeist."[295]

---

[288] Vgl. Adorno(1993), *Beethoven. Philosophie der Musik*, S. 239.
[289] Adorno(1993), ebenda, S. 239.
[290] Adorno(1963), *Der getreue Korrepetitor*, S. 376.
[291] Adorno(1993), a.a.O., S.146.
[292] Vgl. Adorno(1962), *Einleitung in die Musiksoziologie*, S. 411.
[293] Adorno(1963), a.a.O., S. 377.
[294] Adorno(1993), *Beethoven. Philosophie der Musik*, S. 30.
[295] Adorno(1993), ebenda, S. 31.

Die musikalische Form des klassischen Beethoven basiert auf der akkordharmonisch konstituierten Tonalität und der thematischen Arbeit. Seine Musik ist eine Dialektik des Musikalisch-Allgemeinen (der Tonalität) und des Musikalisch–Besonderen (der Thematik). Die Musik Beethovens zu analysieren ist für Adorno gleichbedeutend mit dem Verständnis seiner Weise, das Allgemeine und das Besondere beim Komponieren zu behandeln. Die Problematik der Tonalität Beethovens versteht Adorno dialektisch, als „Rationalisierung" in einem doppelten Sinne. Sie ermöglicht die Konstruktion der Musik. Sie gibt das Konstruktionsprinzip ab, und gleichzeitig setzt sie der Konstruktion Widerstand, einen gewissen repressiven, zwanghaften Charakter, entgegen. Der »klassische« Beethoven bezieht sich hauptsächlich auf dieses Konstruktionsprinzip der Tonalität, ohne ihren repressiven Charakter zu berücksichtigen: „Durch den Beethovenschen Prozeß ist die Tonalität universal durchgesetzt. Alles wird auf ihre Funktion bezogen: sie braucht sich nicht mehr zu beweisen. Die Voraussetzung ist durch den Prozeß so substantiell geworden, daß sie ihrer Bestätigung als Resultat nicht mehr bedarf."[296] Der klassische Beethoven gilt für Adorno als der Repräsentant einer Musik, „die in virtuoser Dialektik die Erzeugung des Formgesetzes aus Freiheit als deren Notwendigkeit suggeriert, nach Hegels Terminologie also Allgemeines und Besonderes zum Einstand zwingt."[297] Die Tonalität ist bei Beethoven das idealistische System: „Zugleich aber umschreibt die Tonalität und ihre Darstellung den gesellschaftlichen Gehalt Beethovens. Sie ist das bürgerliche Urgestein. Die ganze Arbeit muß eine über die Tonalität werden."[298] Die Formeln der Tonalität haben die Funktion, das Besondere mit dem Allgemeinen identisch zu machen: „die Motivkerne, das Besondere, an das jeder Satz sich bindet, sind selbst identisch mit dem Allgemeinen, sind Formeln der Tonalität, als Eigenes bis zum Nichts herabgesetzt und so sehr präformiert von der Totale wie das Individuum in der individualistischen Gesellschaft."[299] Tonalität

---

[296] Adorno(1993), ebenda, S. 226.
[297] Bauer(1995 a), *Im Angesicht der Sphinx. Subjekt und Objekt in Adornos Musikästhetik*, S. 162.
[298] Adorno(1993), *Beethoven. Philosophie der Musik*, S. 82.
[299] Adorno(1962), *Einleitung in die Musiksoziologie*, S. 412.

subsumiert alles unter sich; „alles fällt unter die Tonalität, sie ist der abstrakte Begriff dieser Musik, alles ist ihr Fall."[300]

Die thematische Arbeit seiner Musik, in der eine erhöhte Subjektivität sich entfaltet, ist das, was bei Hegel die Anstrengung oder die Arbeit des Begriffs heißt: „Die großartige Behandlung der Durchführung (IV. Symphonie), die (im Gedanken an die Eroica?) ein quasi–neues Thema hat, aber nur noch als Kontrapunkt, also in die Immanenz des Satzes ganz hereingezogen. Diese Durchführung erinnert mich immer an die »Phänomenologie« von Hegel."[301] Die Kraft der thematischen Arbeit ist meßbar am Vermögen, heterogene oder auseinanderliegende Gestalten nebeneinander zu stellen und als Einheit zu binden: „Was bei ihm thematische Arbeit heißt, ist das sich Abarbeiten der Gegensätze aneinander, der Einzelinteressen; die Tonalität, das Ganze, das den Chemisimus seines Werks beherrscht, ist kein Oberbegriff, der die Momente schematisch subsumiert, sondern der Inbegriff jener thematischen Arbeit und deren Resultat, das Komponierte, in eins."[302] Der Sinn der klassischen Beethovenschen Form liegt darin, daß „durch die unablässige »Vermittlung« zwischen den einzelnen Momenten und schließlich durch den Vollzug der Form als ganzer die scheinbar einander entgegengesetzten Motive in ihrer Identität begriffen werden."[303] Adorno führt weiter aus: „Die Beethovensche Form ist ein integrales Ganzes, in dem jedes einzelne Moment sich aus seiner Funktion im Ganzen bestimmt nur insoweit, als diese einzelnen Momente sich widersprechen und im Ganzen aufheben."[304] Seine thematische Arbeit konkretisiert sich in der Sonatenform. Die Hegelsche Auflösung der Dialektik zwischen dem Ganzen und dem Einzelnen erscheint bei Beethoven in der Gestalt der Sonatenform[305]. Die Sonatenform besteht in der Regel aus der „Exposition der

---

[300] Adorno(1993), a.a.O., S. 40.
[301] Adorno(1993), a.a.O., S.158.
[302] Adorno(1962), *Einleitung in die Musiksoziologie*, S. 411.
[303] Adorno(1993), *Beethoven. Philosophie der Musik*, S. 35.
[304] Adorno(1993), a.a.O., S. 35.
[305] „Die Sonate ist in ihren Anfängen dem Rondo überaus ähnlich. Auch hier kehrt ein Hauptsatz mehrmals wieder, aber der Seitensatz, tonal und meist auch thematisch, nicht tonal, konstant. Zwischen diesen Sätzen stehen Überleitungsglieder, deren Funktion nur tonal fixiert ist: sie modulieren. Thematisch sind sie unabhängig; es können also unthematische Figuren sein, oder neue musikalische Gedanken, oder Varianten des vorangehenden Satzes. Der Seitensatz ist dem Hauptsatz subordiniert, er ist weniger selbständig, weniger in sich geschlossen, die Überleitungsgruppen sind noch weniger fest gefügt, noch abhängiger (meist vom Hauptsatz).

Themen", ihrer „Durchführung" und der „Reprise (oft auch Coda)". Das Neuartige der Musik Beethovens, das man den Gipfel der Klassik der Musikgeschichte nennen darf, liegt „in dem Dualismus der Themenbildung, dem Widerstreit von Gegensätzen im engsten Abstand, ja innerhalb der einzelnen Themen selbst."[306] Der Widerstreit zwischen dem Haupt- und Seitenthema wird in der Sonatenform entfaltet, aber er wird schließlich durch den Eingriff der Reprise aufgehoben. Die kompositorische Konzeption Beethovens zielt auf den Augenblick der Reprise, die er als „die Crux der Sonatenform"[307] bezeichnet, ab.

Die Reprise stellt in der Sonate den Angriffspunkt des autonomen Subjekts dar. Sie ist die erinnernde Wiederkehr früher exponierter Komplexe. Die Reprise ist für Adorno ein Modell der Regression: der ewigen Wiederkehr des Gleichen, die das Bestehende nicht verwandelt, sondern verherrlicht. Sie erzwingt die Wiederholung: „Beethoven hat aus der Reprise die Identität des Nichtidentischen gemacht. Dabei steckt darin, daß die Reprise an sich das Positive, dinghaft Konventionelle ist, zugleich das Moment der Unwahrheit, der Ideologie."[308] Der affirmative Gestus der Reprise ist das musikalische Urbild des identifizierenden Denkens."[309] Die Reprise rechtfertigt, was einmal war. Sie bewirkt die Affirmation. Wenn die Reprise die „Exposition" wiederholt, wird sie trotz ihrer Entwicklungszüge

---

Durch die Ausbildung des Mittelgliedes der Sonate, der Durchführung – aus einem bloßen Überleitungsteil wird das Zentrum der Form – verändert sich der ganze Aufbau. Daher der Name Durchführung: hier wird etwas durchgeführt, und zwar nicht etwa Themen des vorangehenden Teils, sondern eigens aufgestellte Modelle, die sogenannten Durchführungsmodelle, die nun allerdings aus thematischem Material des vorangehenden Abschnittes gebildet sein können und in der Regel auch sind, aber nicht sein müssen. Indem dieser Teil, die Durchführung, zum wichtigsten Teil der Sonate wird, bekommen alle anderen Teile eine veränderte Funktion. Der Anfangsteil wird bloße Exposition, der Schlußteil bloße Wiederkehr der Exposition, Reprisen. Hat die Reprise ursprünglich nur den tonalen Kontrast innerhalb der Exposition aufgehoben, waren also die harmonischen Verhältnisse die Hauptsache, so ist es jetzt die Wiederkehr der Themen. Ist die Durchführung thematisch, also die thematische Verarbeitung die Hauptsache, so liegt es nahe, auch die übrigen Überleitungsteile zu thematisieren, besonders die Überleitungsgruppe zwischen Haupt- und Seitensatz, die ja, wie die Durchführung, eigentlich nur modulatorische Funktion hat. Wird auch dieser Teil thematisiert, so wird er dichter: das Besondere zehrt das Allgemeine auf. Damit entfällt dann auch natürlich die Wiederholung." Stephan(1985), *Vom musikalischen Denken*, S. 44-45.
[306] Dahlhaus und Eggebrecht(1979), *Musiklexikon*, S. 116.
[307] Adorno(1960), *Mahler. Eine musikalische Physiognomik*, S.241.
[308] Adorno(1993), *Beethoven. Philosophie der Musik*, S.40.
[309] Vgl. Brunkhorst(1990), *Adorno*, S.16.

statisch; „sie zeigt in sich kaum die Spuren der Entwicklung, auf die sie folgt, nicht einmal als deren Sänftigung."[310] Die Reprise manipuliert den „in sich kreisenden Naturzusammenhang."[311]

Neben der Parallelität zwischen der Hegelschen Philosophie und der Beethovenschen Musik gibt das Beethoven-Buch auch einen Hinweis darauf, wie der späte Beethoven die Hegelsche Philosophie überflügelt. Der Übergang des »klassischen« zum »späten« Beethoven wird von Adorno als ein kritischer Akt gegenüber dem Idealismus Hegels konzipiert: „Beethovens Musik ist die Hegelsche Philosophie: sie ist aber zugleich wahrer als diese (...) Logische Identität als produzierte und ästhetische Formimmanenz werden von Beethoven gleichzeitig konstituiert und kritisiert."[312] Adorno versucht, mit dem späten Beethoven sich der Hegelschen Dialektik zu entziehen, so wie Beethoven in Konvergenz mit Hegel die Identität konstituiert und sie doch kritisiert. Adorno charakterisiert alle Kategorien des letzten Beethoven als „Herausforderungen an den Idealismus:[313] „Der Wahrheitsanspruch des letzten Beethovens verwirft den Schein jener Identität des Subjektiven und Objektiven, der fast eins ist mit der klassizistischen Idee."[314] Der Idee der Sonatenform sind Beethovens Spätwerke nicht mehr verpflichtet. Die Spätwerke Beethovens sind als Kritik an seinen klassizistischen Werken aufzufassen. Der entscheidende Punkt beim letzten Beethoven liegt darin, daß die Versöhnung zwischen dem Allgemeinen und dem Besonderen unter dem Primat der Totalität angezweifelt wird:

---

[310] Adorno(1963), *Der getreue Korrepetitor*, S. 198.
[311] Adorno(1960), a.a.O., S. 241.
[312] Adorno(1993), *Beethoven. Philosophie der Musik*, S. 36. Vgl. die Interpretation von Gould der letzten Klaviersonaten; nach ihm „enthüllen die Sonaten op.109, 110 und 111 nichtsdestoweniger, sowohl einzeln als auch als Triologie, eine außerordentliche Vielfalt des formalen Einfallsreichtums. Die Schlußsätze zumal zeigen wenig von jenem Gefühl zum Ende strebender Dringlichkeit und dynamischer Wucht, das mit dem klassischen Finale verbunden wird. Doch jeder scheint angetrieben zu werden von einem instinktiven Begreifen der Bedürfnisse dessen, was vorausgegangen ist, und erfüllt seine Verpflichtung gegenüber der Gesamtkonzeption, während er eine Wirkung vollkommener Spontaneität bewahrt. Doch – und hier liegt das Paradox – selten sind Sätze dichter konstituiert, mit größerer Ökonomie entwickelt oder ist ihnen, innerhalb ihrer selbst, gestattet worden, eine rigorosere Aufnahme der Eigenschaften der klassischen Sonate zu offenbaren." Gould(1992), *Beethovens letzte drei Klaviersonaten*, S. 90-91.
[313] Adorno(1993), *Beethoven. Philosophie der Musik*, S.227.
[314] Adorno(1959), *Verfremdetes Hauptwerk*, S. 159.

Die musikalische Erfahrung des späten Beethovens muß die Einheit von Subjektivität und Objektivität, das Runde des symphonischen Gelingens, die Totalität aus der Bewegung alles Einzelnen, kurz eben das verdächtig geworden sein, was den Werken seiner mittleren Zeit ihr Authentisches verleiht."[315]

Die späten Quartette Beethovens entsprechen der Idee des Klassischen, die er in seiner mittleren Periode errungen hat, nicht mehr. Nun stellt er die sich selbst setzende und aus sich selbst verständliche, quasi voraussetzungslose Sonatenform in Frage. Der Moment der objektiven Wahrheit seiner Spätwerke ist „die Suspension der Formimmanenz": „die Transzendenz zur Form, durch die erst die Form ihren eigentlichen Sinn gewinnt."[316] Während das Subjekt im klassischen Beethoven formerzeugend wirkt, sind seine letzte Werke „Zeugnis der endlichen Ohnmacht des Ichs vorm Seienden"[317]: „In Wahrheit prägen die großen tradierten Formen der Musik diese Dialektik (Subjekt–Objekt–Dialektik) an sich bereits aus und lassen dem Subjekt einen gewissen Hohlraum (das ist geschichtsphilosophisch von größter Relevanz für den letzten Beethoven, der genau diesen Hohlraum nach außen kehrt)."[318] Die Vergeistigung erscheint in den letzten Werken, „als ob das Subjekt von seiner Musik zurückträte, und indem es die Erscheinung überläßt, eigentlich die Erscheinung erst recht zum Sprechen bringt."[319] Die Musik wird subjektiv ausdruckslos, nimmt einen allegorischen Ausdruck an. Die Anstrengungen Beethovens sind aber nicht, wie sonst bei ihm, „an die Durchsetzung der subjektiven Intention gewandt, sondern an deren Aussparung".[320] Anders gesagt: „Aus Freiheit zediert sich das autonome Subjekt, das anders der Objektivität nicht mehr sich mächtig weiß, an die Heteronomie."[321] Es fehlt den späten Werken jene Harmonie, die er durch den subjektiven Eingriff im einzelnen erreicht hat: „Die Harmonie wird vermieden, weil sie den Trug der Einheit der vielen Stimmen

---

[315] Adorno(1959), ebenda, S.158.
[316] Adorno(1993), *Beethoven. Philosophie der Musik*, S. 36.
[317] Adorno(1937), *Spätstil Beethovens*, S. 15.
[318] Adorno(1993), a.a.O., S. 98.
[319] Adorno(1993), a.a.O., S. 268.
[320] Adorno(1959), *Verfremdetes Hauptwerk*, S. 157.
[321] Adorno(1959), ebenda, S. 160.

hervorbringt."[322] Somit entspringt „Beethovens Zurücktreten von der Erscheinung, das Absterben der Harmonie im weitesten Sinn, (...) dem Widerstand gegen das subsumierend immer Gleiche."[323]
In den Spätwerken verzichtet Beethoven auf die Form der Sonate. Damit erinnert er daran, daß er den der Sonatenform zugrundeliegenden Schematismus hinter sich gelassen hat. In den letzten Streichquartetten[324] isoliert Beethoven die Seitensätze: „Alle diese Seitensätze spielen in der Durchführung keine Rolle, sie bleiben Episoden."[325] Im ersten Satz der »Klaviersonate« op.109[326] strukturieren zwar die Umrisse eines Sonatensatzes die Gesamtform; doch für den unmittelbar Hörenden ist es entscheidender, daß der lebhafte Hauptgedanke in der Exposition und der Reprise jäh abgelöst wird von einer befremdlichen, fernen Adagio–Gestalt mit improvisatorischen Zügen. Hier mischen sich Erinnerungen mit den desintegrativen Tendenzen des späten Beethoven: „Der Spätstil enthält beide; er ist durchaus das Ergebnis des Zerfallsprozesses, den der extensiven Stil darstellt, faßt aber die Fragmente, die ihm entspringen, im Sinne des intensiven Prinzips auf."[327]

---

[322] Adorno(1993), *Beethoven. Philosophie der Musik*, S. 227. Die Hauptbeispiele: das B-dur- und das F-dur-Streichquartett op.130 bzw. op.135, die Quartettfuge op. 133 und die späten Bagatellen op.119 und op.126. Beethoven, S. 226.
[323] Adorno(1993), ebenda, S. 227.
[324] Vgl. zum B-dur-Quartett (op.130): „Jeder Satz, jede Periode fast, ist so deutlich von der benachbarten abgegrenzt – das liegt natürlich an dem realisierten Tanzcharakter –, ja selbst die Überleitungen sind als solche derart leicht zu erkennen, daß es zu einer Entwicklung im Sinne der Sonate überhaupt nicht kommt. Nicht der motivisch-thematische Arbeit steht im Vordergrund des Interesses, sondern der Tanzcharakter. Zwischen der Thematik des Satzes und seiner Form besteht das Verhältnis des Widerspruchs." Vgl. Stephan(1985), *Vom musikalischen Denken*, S. 46.
[325] Stephan(1985), ebenda, S.47.
[326] „Der erste Satz von op.109, ein veritabler Précis des Sonatenallegros, läßt die Präsentation von thematischen Seitengruppen aus und setzt dafür eine Arpeggiosequenz von Zwischendominanten ein. Diese Sequenz, wenngleich völlig ohne motivische Verbindung mit dem vorausgehenden Satz, hilft der harmonischen Beängstigung der überstürzten Eröffnungstakte ab, indem sie den Eindruck einer Modulation zur Dominante bekräftigt. Doch wenn der korrespondierende Moment in der Reprise herannaht, ist diese Episode nicht zufrieden mit einer buchstäblichen Transposition ihrer selbst und begnügt sich nicht damit, die Glut des Hauptthemas zu besänftigen, sondern bricht aus, um eine kunstvolle Variation über sich selbst aufzubauen, eine Variation, die, zum ersten und einzigen Male in diesem Satz, über den diatonischen Bezirk von E-Dur hinausstrebt." Gould(1992), *Beethovens letzte Klaviersonaten*, S. 91.
[327] Adorno(1993), *Beethoven. Philosophie der Musik*, S.136.

Es gibt beim letzten Beethoven keine systematische Arbeit im Sinne des klassischen Beethoven: „Anstelle der durchbrochenen Arbeit häufig bloße Melodieteilung, z.B. im ersten Satz von op.135 gerade an der Stelle, an der es einmal dynamische Totalität gab, steht nun das Fragmentarische."[328] Im Fragment offenbart sich jenes innerste Geheimnis des letzten Beethoven. Die spätere Musik Beethovens selber tendiert zur Dissoziation, zum Zerfall, zur Auflösung.[329] Die letzten Werke nehmen trotz ihrer Abgeschlossenheit etwas Fragmentarisches an. Die Tendenz zum Fragment ist die »Spur« der Vergessenheit der Vergangenheit. Beethoven hat in seiner Spätphase dem Fortschritt im Sinne der Aufhebung des Einzelnen im Allgemeinen Einhalt geboten. In den »allegorischen«, »brüchigen« Spätwerken wird auf die Einheit der Erscheinung verzichtet: „Das Brüchige des letzten Beethoven hätte dann den Sinn, auszudrücken, daß solche Substantialität des Allgemeinen Entäußerung, Gewalt, privativ sei d.h. das Individuelle nicht positiv in sich aufhebe."[330] Das Hauptaugenmerk Adornos nun liegt auf der „retrospektiven" Tendenz der Spätphase Beethovens. Anstatt der Einheit der Erscheinung wird die Spätphase Beethovens durch „stufenweises Zurücktreten von der Erscheinung"(PdnM, S.114) des ästhetischen Subjekts charakterisiert. Sein Zurücktreten von der Erscheinung ist eine Erinnerungsarbeit an der „Vergessenheit". Das Thema des Vergessens und der Erinnerung an die Natur ist der Punkt, der die »Dialektik der Aufklärung« und die »Philosophie der neuen Musik« zusammenhält.

---

[328] Adorno(1993), ebenda, S. 199.
[329] Adorno(1934), *Sechs Bagatellen für Klavier op.126*, S. 186.
[330] Adorno(1993), *Beethoven. Philosophie der Musik*, S. 232.

2. »DIALEKTIK DER AUKLÄRUNG« UND »PHILOSOPHIE DER NEUEN MUSIK« IN ZUSAMMENHANG MIT DER NATURGESCHICHTE

2.1 SELBSTERHALTUNG DURCH SELBSTVERLEUGNUNG DES SUBJEKTS; INTROVERSION DES OPFERS. »DIALEKTIK DER AUFKLÄRUNG« ALS EINE ANAMNESTISCHE SELBSTREFLEXION.

Wie im Kapitel 1 erörtert wurde, leistet die Adornosche Konzeption der Naturgeschichte einen Beitrag ebenso zum Verständnis seiner Geschichtsphilosophie wie zu seiner Musikästhetik. Mit dem Begriff der Naturgeschichte kann man die »Dialektik der Aufklärung« und die »Philosophie der neuen Musik« in einem Kontext lesen. Adorno beschreibt in der »Dialektik der Aufklärung« den Krisenzustand der menschlichen Gesellschaft mit der Fragestellung, warum die entzauberte Gesellschaft den Schuldzusammenhang als Gesetz installiert. Die »Dialektik der Aufklärung« versucht, die Verflechtung der Rationalität mit der Naturbeherrschung dem Verständnis näherzubringen. Durch die anamnestische Rekonstruktion des Übergangsprozesses des Mythos in die Aufklärung sucht die »Dialektik der Aufklärung« den Grund, warum die Menschheit, „anstatt in einen wahrhaften menschlichen Zustand einzutreten, in eine neue Art von Barbarei versinkt".(DdA, S.11) Die ganze Weltgeschichte erscheint in der Retrospektive als Frage nach der Genese der neuen Barbarei und nach der „Ursache des Rückfalls von Aufklärung in Mythologie."(DdA, S.14)

Nach der Lesart von Baars sind die Momente der Anamnese in der »Dialektik der Aufklärung« folgende: „Ein expressiver Ausdruck des Leidens; eine Erinnerung der Vorgeschichte, die strukturiert wird von einer traumatisch fixierten Gegenwart her; eine Interpretation der Vorgeschichte als Krankheitsgeschichte und schließlich die Möglichkeit einer Befreiung vom Wiederholungszwang durch Einsicht in der Genese."[331] Entsprechend der Lesart von Baars wird in dieser Arbeit versucht, die »Dialektik der Aufklärung« als eine Anamnese zu rekonstruieren, um ihr Verhältnis zur

---

[331] Baars(1989), *Kritik als Anamnese: Die Komposition der Dialektik der Aufklärung*, S. 210.

»*Philosophie der neuen Musik*« unter dem Gesichtspunkt der Naturgeschichte zu erörtern.

Die »*Dialektik der Aufklärung*« ist mehr als lediglich die Zergliederung des gegenwärtigen Unheils. Sie versucht, die Erfahrung von Auschwitz durch eine Erinnerungsarbeit an der Vorgeschichte der Aufklärung (d.h. der Aufklärung der Aufklärung) theoretisch nachzuholen. Adorno dementiert den Widerspruch zwischen dem Anspruch der Aufklärung und ihrem Resultat. Das Mißliche des Aufklärungsprozesses resultiert aus dem Konstruktionsprinzip der entzauberten Macht, der abendländischen Aufklärung. Das eigentliche Programm der Aufklärung war die Entzauberung der Welt: „Sie wollte die Mythen auflösen und Einbildung durch Wissen stürzen."(DdA, S.19) Aber die Entzauberung der Welt schlägt in Unheil um: „Seit je hat Aufklärung im umfassendsten Sinn fortschreitenden Denkens das Ziel verfolgt, von den Menschen die Furcht zu nehmen und sie als Herren einzusetzen. Aber die vollends aufgeklärte Erde strahlt im Zeichen triumphalen Unheils."(DdA, S.19)

Das Unheil der Gegenwart interpretiert Adorno nicht als falschen Verlauf der Aufklärung. Das in der »*Dialektik der Aufklärung*« diagnostizierte Unheil der Gegenwart ist das endgültige Schicksal der aufgeklärten Gesellschaft. Die Ursache der „Selbstzerstörung" der Aufklärung liegt im Projekt der Aufklärung, in ihrer Unmöglichkeit der „Selbstbesinnung." Die Ursache der „Selbstzerstörung der Aufklärung" findet Adorno somit in der Aufklärung selbst. Die Katastrophe der Gegenwart wird aus der für sie verantwortlichen Vernunft und aus ihrer Unmöglichkeit der Selbstbesinnung erklärt. Folgt man Adornos Rekonstruktion des Übergangs von Mythos in Aufklärung, läßt sich daraus entnehmen, daß die Unausweichlichkeit des Schicksals darin besteht, daß die Aufklärung schon den Herrschaftsanspruch gegenüber der inneren und äußeren Natur und den fixierten universellen Gegensatz von Vernunft und Natur in sich enthält:

> Das Wesen der Aufklärung ist die Alternative, deren Unausweichlichkeit die der Herrschaft ist. Die Menschen hatten immer zu wählen zwischen ihrer Unterwerfung unter Natur oder der Natur unter das Selbst. (DdA, S. 49)

Obwohl Adorno die idealistische Annahme der universalen Geschichte kritisiert, kann die Geschichte der Zivilisation als identisch bezeichnet werden, insofern sie als eine Kontinuität der Naturbeherrschung aufgefaßt wird:

> Universalgeschichte ist zu konstruieren und zu leugnen. Die Behauptung eines in der Geschichte sich manifestierenden und sie zusammenfassenden Weltplans zum Besseren wäre nach den Katastrophen und im Angesicht der künftigen zynisch. Nicht aber ist darum die Einheit zu verleugnen, welche die diskontinuierlichen, chaotisch zersplitterten Momente und Phasen der Geschichte zusammenschweißt, die von Naturbeherrschung, fortschreitend in die Herrschaft über Menschen und schließlich über die inwendige Natur. (ND, S.314)

Durch die Kraft der Aufklärung, also durch den Prozeß der Naturbeherrschung durch den Menschen wird auf der einen Seite die Übermacht der Natur abgebaut und eine Befreiung der Menschheit erreicht, während auf der anderen Seite durch das Prinzip dieser Befreiung zugleich eine neue Herrschaft errichtet und neue Unfreiheit verursacht wird: „Die glückliche Ehe zwischen dem menschlichen Verstand und der Natur der Dinge, die er im Sinne hat, ist patriarchal: der Verstand, der den Aberglauben besiegt, soll über die entzauberte Natur gebieten."(DdA, S.20) Das Identifizieren eines Gegenstandes mit Begriffen macht es Menschen möglich, sich der Angst vor der unbestimmten Natur zu entziehen, um der Selbsterhaltung willen. Angesichts der Übermacht der Natur muß das Subjekt, um das Selbst zu behaupten, die Natur seiner Kontrolle unterwerfen: „An den Wendestellen der westlichen Zivilisation, vom Übergang zur olympischen Religion bis zu Renaissance, Reformation und bürgerlichem Atheismus, wann immer neue Völker und Schichten den Mythos entscheidender verdrängten, wurde die Furcht vor der unerfaßten, drohenden Natur, Konsequenz von deren eigener Verstofflichung und Vergegenständlichung, zum animistischen Aberglauben herabgesetzt und die Beherrschung der Natur drinnen und draußen zum absoluten Lebenszweck gemacht."(DdA, S.49) Um der Naturbeherrschung willen wird die archaische Einheit zwischen

Natur und Menschen verleugnet, und so entsteht endlich eine Distanz zwischen beiden. Die Entwicklungsgeschichte des Menschen ist die der Naturbeherrschung. Die fatale Kehrseite der Entstehungsgeschichte des Subjekts liegt darin, daß diese Befreiung von der Gewalt der äußeren Natur zugleich mit einer Unterdrückung der inneren Natur einhergeht: „Bürgerliche Selbsterhaltung hat den Preis der Selbstentäußerung, und die okzidentale Zivilisation zeigt den Januskopf von Selbsterhaltung und Selbstverleugnung."[332] Das Subjekt modelliert sich nach dem Schema der inneren und äußeren Naturbeherrschung. Das Verhältnis des Subjekts zur Natur entfaltet sich ausschließlich im Horizont der Selbsterhaltung des Subjekts. Die Kategorie der Selbsterhaltung ist die, bei der auf die ursprüngliche und wesentliche Verknüpfung der Aufklärung mit der Herrschaft über die Natur hingedeutet wird. Die „Selbsterhaltung" des Subjekts, vermittelt durch seine „Selbstverstümmelung", exemplifiziert sich an den Episoden des Odysseus, den Adorno als „repräsentatives Zeugnis bürgerlich-abendländischer Zivilisation"(DdA, S.16) bzw. als „Urbild des bürgerlichen Individuums" (DdA, S.61) bezeichnet.

An der Irrfahrt des Odysseus ist abzulesen, wie die Besiegung äußerer Naturmächte und die Unterdrückung der inneren Natur, die Herrschaft über das Andere und die Unterdrückung des Eigenen, miteinander gekoppelt sind. Die homerische Erzählung, die „der Grundtext der europäischen Zivilisation"(DdA, S.63) ist, legt von der Verschlungenheit von Aufklärung und Mythos beredtes Zeugnis ab. Seine Irrfahrt ist die Beschreibung „der Fluchtbahn des Subjekts vor den mythischen Mächten."(DdA, S.64). Die Todesgefahr des Odysseus, mit der er bei der Vorbeifahrt an den Übermächtigen konfrontiert wird, ist gleichbedeutend mit der des aufklärerischen Subjekts. Die homerische Erzählung interpretiert Adorno als die Bildungsgeschichte des modernen Subjekts: „Die Irrfahrt von Troja nach Ithaka ist der Weg des leibhaft gegenüber der Naturgewalt unendlich schwachen und im Selbstbewußtsein erst sich bildenden Selbst durch die Mythen."(DdA, S.64) Die Maßnahmen des Odysseus, die er bei seiner Rückkehr gegen die unfaßliche, drohende Natur ergreift, sind die „ahnungsvolle Allegorie der Dialektik der Aufklärung".(DdA, S.52) Durch die Analyse der Archäologie des aufklärerischen Subjekts zeigt sich in der »*Dialektik*

---

[332] Bolz(1987), *Das Selbst und sein Preis*, S. 111.

der Aufklärung« die Genealogie der Paradoxien der Selbsterhaltung durch die Selbstverleugnung, also die Naturbeherrschung durch die Entfremdung von der Natur. Die Aufklärung befreit das Subjekt vom Zwang der Natur und ermöglicht die Herrschaft über die äußere Natur. Die fatale Kehrseite des Vorgangs besteht darin, daß die Befreiung mit der „Entsagung" des Subjekts, mit anderen Worten mit einer „Introversion des Opfers" einhergeht. Das Selbst ist „ein hartes, steinern festgehaltenes Opferritual, das der Mensch, indem er dem Naturzusammenhang sein Bewußtsein entgegenstellt, sich selber zelebriert."(DdA, S.72) Im Entstehungsprozeß der Herrschaft über die außermenschliche Natur und über andere Menschen ist das Opfer des Selbst eingeschlossen. Das Selbst gewinnt die Herrschaft, indem es sie mit der Verleugnung der Natur in sich bezahlt. Die „Selbstverleugnung" ist die Kehrseite der „Selbsterhaltung". Das Ich opfert die Natur um der Selbsterhaltung willen und wird dabei selbst zum Opfer: „Mit der Verleugnung der Natur im Menschen wird nicht bloß das Telos der auswendigen Naturbeherrschung, sondern das Telos des eigenen Lebens verwirrt und undurchsichtig."(DdA, S.73) Das Opfer wird verinnerlicht. Das Motiv der „Introversion des Opfers" bezeichnet den eigentlichen systematischen Ausgangspunkt der »*Dialektik der Aufklärung*« als Geschichte der „Entsagung". Odysseus ist jemand, der das Selbst um der Selbsterhaltung willen zu einem Opfer zwingt.

Auf der Rückfahrt begegnet Odysseus wiederholt den Ungeheuern, welche die Übermacht der Natur repräsentieren. Bei diesen Begegnungen hat Odysseus die Maßnahmen erkannt, die notwendig sind, um „sein Ich" gegen die Gefahr von seiten der Natur zu schützen. Auf diese Weise entsteht das identisch beharrende Subjekt:

> Der Held (d.h. Odysseus) aber ist im Leiden mündig geworden.
> In der Vielfalt der Todesgefahren, in denen er durchhalten mußte, hat sich ihm die Einheit des eigenen Lebens, die Identität der Person gehärtet. (DdA, S.49)

Die Abenteuer, die Odysseus besteht, sind gefahrvolle Lockungen, die das Selbst aus der Bahn der Eindeutigkeit der Selbsterhaltung herausziehen: „Das Selbst macht nicht den starren Gegensatz zum Abenteuer aus, sondern formt in seiner Starrheit sich erst durch diesen Gegensatz, Einheit bloß in der Mannigfaltigkeit dessen, was jene Einheit verneint."(DdA. S.65) Eine solche Gefahr ist in den Sirenen verkörpert. Bei der Vorbeifahrt an den Sirenen ist Odysseus durch Kirke gewarnt. Die originelle Erzählung Homers berichtet die Sirenen-Episode folgendermaßen: „Und das erzählte ich ihr auch alles gebührlich und richtig. Als ich geredet, begann die erhabene Kirke und sagte: So ist alles dies denn nun vollendet. Bewahre, was ich dir sage! Ein Gott wird dich an alles erinnern: Zu den Sirenen wirst du zuerst gelangen, die alle Menschen bezaubernd umstricken, es möge kommen wer wolle; Wer sich den Sirenen unwissend nahte und jemals ihre Gesänge vernahm, der kehrte nie wieder nach Hause (...) Du aber fahre vorbei, doch erst verklebe der Freunde Ohren mit süßem, gekneteten Wachs, daß keiner von ihnen die Sirenen vernehme. Doch willst du selber sie hören, sollen im gleitenden Schiff die Leute an Händen und Füßen aufrecht dich binden am Mast, mit festen Tauen umschlungen, bis dein bezaubertes Ohr den Gesang der Sirenen getrunken (...)Will ich dich nicht mehr mit langen Reden bestimmen, welcher von beiden Wegen dir besser zu raten. Du magst dann selber suchen und wählen, ich will sie dir beide beschreiben."[333] Diese Episode gilt als repräsentativ für den Entstehungsprozeß der sich selbst erhaltenden Vernunft, in dem sich das naturbeherrschende Subjekt auf seine „Verstümmelung" hinentwickelt. Die Sirenen sind allesamt gefahrvolle Lockungen, die ständig drohen, das Selbst von Odysseus aufzulösen und preiszugeben. Folgt Odysseus dem Glücksversprechen der Sirenen, wird er sein Leben dafür preisgeben. Mit einer derartigen Gefahr wird Odysseus wiederholt konfrontiert.[334] Die Versuchung der Sirenen ist

---

[333] Homer(1938), *Odysseus*, S. 200-201.
[334] Vgl. auch die Episode der Lotophagen: „Weiter jagten mich nun neun Tage widrige Winde über das fischreiche Meer, und erst am zehnten betrat ich das Land der Lotophagen, die Blumenspeise genießen, und dort stiegen wir aus am Ufer und schöpften uns Wasser. (...) Was für Leute wohl in diesem Land sich nährten. Und sie enteilten und trafen sofort lotophagische Männer; Aber die sannen nicht an unserer Leute Verderben, sondern sie gaben ihnen von ihrem Lotos zu kosten. Doch wer je von der leiblichen Frucht des Lotos genossen, brauchte nie mehr Botschaft und dachte nimmer an Heimkehr. Nein, sie wollten inmitten der lotophagischen Männer bleiben und Lotos essen und ganz der Heimkehr vergessen. Doch so sehr sie weinten, ich brachte sie wieder gewaltsam an die Schiffe und band sie unter die Bänke der Rudrer. Dann aber hieß ich schnell die andern lieben Gefährten ohne Zögern aufs neu die hurtigen Schiffe besteigen, auf daß niemand aus Liebe zum Lotos der Heimkehr vergäße. Eilig stiegen sie ein und setzten sich wieder in Reihen an die Ruder und schlugen mit ihnen das graue Gewässer." Homer, ebenda, S. 139-140. Diese Episode interpretiert Adorno wie

keine andere als die der „Regression". Der Gesang der Sirenen deutet auf die Verlockung des Vergessens und des Aufgebens des Willens hin, während Odysseus als Prototyp des modernen Menschen sich doch fest auf die Zukunft zu konzentrieren hat: „Wer ihrem Gaukelspiel folgt, verdirbt, wo einzig immerwährende Geistesgegenwart der Natur die Existenz abtrotzt. Wenn die Sirenen von allem wissen, was geschah, so fordern sie die Zukunft als Preis dafür, und die Verheißung der frohen Rückkehr ist der Trug, mit dem das Vergangene den Sehnsüchtigen einfängt."(DdA, S.50)

Es ist für Odysseus unmöglich, die Sirenen zu hören und ihnen nicht zu verfallen. Wenn Odysseus sich der Lockung der Sirenen hingibt, zahlt er dafür mit der Zukunft. Hier mobilisiert Odysseus die List, die das Organ des Selbst ist, um sich zu erhalten. Odysseus kann nicht den physischen Kampf mit den Sirenen aufnehmen: „Er muß die Opferzeremonie, in die er immer wieder gerät, als gegeben anerkennen: zu brechen vermag er sie nicht. Statt dessen macht er sich formal zur Voraussetzung der eigenen vernünftigen Entscheidung."(DdA, S.75) Damit gilt für ihn: „Selbsterhaltung und Körperstärke sind auseinander getreten."(DdA, S.75) Nur die „bewußt gehandhabte Anpassung an die Natur" schützt Odysseus vor den Sirenen. Die List des Odysseus entdeckt eine Lücke im Vertrag:

> Im urzeitlichen Vertrag ist nicht vorgesehen, ob der Vorbeifahrende gefesselt oder nicht gefesselt dem Lied lauscht. Fesselung gehört erst einer Stufe an, wo man den Gefangenen nicht sogleich mehr totschlägt. Odysseus erkennt die archaische Übermacht des Liedes an, indem er, technisch aufgeklärt, sich fesseln läßt. Er neigt sich dem Liede der Lust und vereitelt sie wie den Tod. Der gefesselte Hörende will zu den Sirenen wie irgendein anderer. Nur eben hat er die Veranstaltung getroffen, daß er als Verfallener ihnen nicht verfällt. Er kann mit aller Gewalt seines Wunsches, die die Gewalt der Halbgöttinnen selbst reflektiert,

---

folgt: „Vielleicht ist die Versuchung, die ihm (d.h. dem Lotos) zugeschrieben wird, keine andere als die der Regression auf die Phase des Sammelns von Früchten der Erde..." Adorno, DdA, S. 82. Vgl. auch die Kirke-Episode: „Gegenüber den Erzählungen von Entrinnen aus dem Mythos als der Barbarei des Menschenfressers weist die Zaubergeschichte von der Kirke wieder auf die eigentlich magische Stufe. (...) Die Gewalt seiner Auflösung ist abermals eine des Vergessens. (...) Kirke verführt die Männer, dem Trieb sich zu überlassen." Adorno, DdA, S.88.

nicht zu ihnen, denn die rudernden Gefährten mit Wachs in den Ohren sind taub nicht bloß gegen die Halbgöttinnen, sondern auch gegen den verzweifelten Schrei des Befehlshabers. Die Sirenen haben das Ihre, aber es ist in der bürgerlichen Urgeschichte schon neutralisiert zur Sehnsucht dessen, der vorüberfährt. (DdA, S.78)

Gegen die Lockung der Sirenen muß Odysseus sich „Furchtbares" antun, „bis das Selbst, der identische, zweckgerichtete, männliche Charakter des Menschen geschaffen war."(DdA, S.50) Angesichts der Wahl zwischen Selbsterhaltung und -vernichtung, zwischen dem eigenen Tod und dem eigenen Glück, kennt Odysseus zwei Möglichkeiten des Entrinnens: Um das Ich zusammenzuhalten und nicht den Sirenen zu verfallen, läßt Odysseus die Ohren der rudernden Gefährten mit Wachs verstopfen und sich an den Mast binden: „Die andere Möglichkeit wählt Odysseus selber, der Grundherr, der die anderen für sich arbeiten läßt. Er hört, aber ohnmächtig an den Mast gebunden, und je größer die Lockung wird, um so stärker läßt er sich fesseln, so wie nachmals die Bürger auch sich selbst das Glück um so hartnäckiger verweigerten, je näher es ihnen mit dem Anwachsen der eigenen Macht rückte."(DdA, S.51) So wird er beides erreichen: sowohl den Gesang der Sirenen zu hören als auch am Leben zu bleiben.

Die Ketten, die Odysseus an den Mast binden, deuten zugleich auf die Bande, mit denen er sich unwiderruflich an die für die Selbsterhaltung unverzichtbare Praxis gefesselt hat, hin.[335] Durch die Gewalt hält Odysseus als Gefesselter der Verlockung stand. Er hört den Gesang der Sirenen und hört ihn zugleich nicht: „Der Gesang ist zwar noch bewegend wie eh und eh, aber er wird seiner eigentlichen Bewegungskraft, seiner praxisliegenden Macht beraubt, er wird durch gezielte Maßnahmen von möglichen Handlungsfolgen abschnitten."[336] Odysseus rettet sein Leben, indem er resigniert der Natur sich anschmiegt. Er überwindet die Lockung der Sirenen, aber er zahlt den Preis der Unterdrückung der inneren Natur. Durch einen herrschaftlichen Akt der Vernunft über sich selbst und das Andere bringt er

---

[335] Vgl. Becker(1989), *Ästhetik als Korrektiv der Vernunft*, S. 38.
[336] Welsch(1996 a), *Vernunft*, S. 88.

Natur und Menschen allseitig unter seine Verfügung. Nach der Lesart von van Reijen hat Odysseus um der Selbsterhaltung willen auf die Mimesis verzichtet: „Das Mittel dominiert inhaltlich und formal den Zweck, richtet sich geradezu gegen das Selbst, das erhalten werden sollte. Selbstbehauptung ist nicht nur Selbstverleugnung, sondern Selbstzerstörung. Das Selbst, das sich zugleich mit dieser Selbstzerstörung konstituiert, ist als jenes antithetische Moment zu verstehen, für das die Allegorie steht. Das Selbst stand zur Natur, zu Gott und seinen Mitmenschen in einer mimetischen Beziehung, gerät jetzt aber in eine distanzierte, ja, sich aktiv distanzierende."[337] Die Folge dieser List ist katastrophal. Nachdem Odysseus die magische Kraft der Sirenen durch List ausgeschaltet hat, ist er nicht mehr Individuum, sondern Prototyp der rationalisierten Gesellschaft. Er kann nicht mehr die Kunst genießen, nicht einmal um deren Schönheit wissen.[338]

Der Verzicht von Odysseus auf das Vermögen der Mimesis erreicht die höchste Stufe in der Formalisierung des Verhältnisses zwischen dem Zeichen und der Wirklichkeit. Der Verlust des Vermögens der Mimesis kulminiert in der aufgeklärten List der Sprache des Odysseus. Die archaische Identität zwischen dem Zeichen und der gezeichneten Sache wird zerstört, nachdem die Intention der Selbsterhaltung des Subjekts in der Sprache involviert ist. Statt des mimetischen Verhältnisses zwischen der Sprache und der Sache steht die Intention des Subjekts im Vordergrund.

Das zeigt sich vor allem an der Polyphem-Episode. Der Held Odysseus begegnet im Lauf seiner Irrfahrt Polyphem. Das Land der Kyklopen befindet sich in einem weniger entwickelten Zivilisationsstadium.[339] Der

---

[337] van Reijen(1987), *Die Dialektik der Aufklärung gelesen als Allegorie*, S. 194-195.
[338] Vgl. van Reijen(1989), *Der Flaneur und Odysseus*, S. 108.
[339] Homer beschreibt das Land der Kyklopen folgendermaßen: „Weiter führen wir so von dort bekümmerten Herzens, Und wir erreichten das Land der ruchlos wilden Kyklopen, Die, voll Übermut und auf die Götter vertrauend, Nie die Hände rührten zum Pflanzen oder zum Pflügen, Alles gedeiht bei ihnen auch ohne Pflügen und Säen, Weizen und Gerste und Reben, der Wein in üppigen Trauben, Den Kyklopen tragen, vom Regen Kronions befruchtet. Ratsversammlung kennen sie nicht und keine Gesetze, Nein, sie hausen gesondert hoch auf den Gipfeln der Berge, In gewölbten Höhlen, und jeder gebietet und richtet, Über Weib und Kind, und keiner achtet des anderen. (...) Und auch niemals betritt ein Jäger die Insel im Bergwald, Mühsam zu ertragen beim Schweifen über die Gipfel. Keine Herden bedecken das Land und keinerlei Äcker, Saatlos, ungepflügt liegt immerwährend die Insel, Leer von Menschen, jedoch von meckernden Ziegen bevölkert. Bei den Kyklopen gibt es nicht rotwangige Schiffe, Keine Zimmerleute sind dort im Lande, die fleißig, Tüchtige Schiffe baun, die zu den Stätten der Mensch, Eilen und alles besorgen, wie ja die Menschen so häufig, Miteinander verkehren

Kyklop Polyphem repräsentiert das eigentlich barbarische Weltalter. Odysseus dagegen vertritt ein fortschrittlicheres Zivilisationsstadium.

Der Gefahr, vom Menschenfresser Polyphem, der „gesetzlos, unsystematisch und rhapsodisch" denkt, gefressen zu werden, versucht sich Odysseus mit der List der bürgerlichen Denkweise zu entziehen. Odysseus entdeckt an den Worten, was in der entfalteten bürgerlichen Gesellschaft »Formalismus der Sprache« heißt. Odysseus stellt sich dem Polyphem „Udeis" als »Niemand« vor: „O Kyklope, du frägst nach meinem gepriesenen Namen. Nun, so höre und gib mir die versprochene Gabe: Niemand ist mein Name. Fürwahr, es rufen mich Niemand Vater und Mutter und sonst auch alle anderen Gefährten."[340] Im bürgerlichen Denken treten der Name (Odysseus) und die Intention des Subjekts (Udeis) um der Selbsterhaltung willen auseinander. Der nicht bürgerlich denkende Polyphem versteht nicht den „sophistischen Doppelsinn" des falschen Namens des Odysseus. Die auf Selbsterhaltung zielende List lebt von jenem zwischen Wort und Sache waltenden Prozeß: „Modernen Ohren noch klingt Odysseus und Udeis ähnlich, und man mag sich wohl vorstellen, daß in einem der Dialekte, in denen die Geschichte von der Heimkehr nach Ithaka überliefert war, der Name des Inselkönigs in der Tat dem des Niemand gleichlautete. Die Berechnung, daß nach geschehener Tat Polyphem auf die Frage seiner Sippe nach dem Schuldigen mit Niemand antwortete und so die Tat verborgen und den Schuldigen der Verfolgung entziehen helfe, wirkt als dünne rationalistische Hülle."(DdA, S.86) Die archaische Einheit zwischen dem Namen und der Sache wird gelöst. Das Zeichen und die Wirklichkeit werden durch eine unüberbrückbare Kluft voneinander getrennt. Odysseus nutzt das Auseinandertreten der Sache, des Ausdrucks und der Intention aus. Die Verwirrung von Name und Sache entzieht Odysseus den betrogenen Barbaren. Die Vorstellung des Odysseus als »Niemand« (Udeis) bringt Poly-

---

auf feuchten Pfaden des Meers. Solche Leute hätten die Insel fleißig verwaltet; Ist sie doch nicht schlecht und brächte jederlei Ernte. Denn an des grauen Meers Gestaden dehnen sich Wiesen, Feucht und locker, auch würden die Reben immer dort tragen, Ebene Scholle ist dort, stets könnten sie üppige Saaten, Ernten zwar zur rechten Zeit, denn fett ist unten der Boden, Auch ein sicherer Hafen ist da, wo keinerlei Taue, Keine Ankersteine und kein Befestigen nötig, Sondern der Schiffer mag laden und ruhig die Stunde erwarten, Wann ihm zu fahren beliebt und glückliche Winde sich heben." Homer(1938), a.a.O., S. 140-141.
[340] Homer(1938), a.a.O., S. 149.

phem, den Menschenfresser, auf den Gedanken, Odysseus als letzten zu fressen. So rettet der aufgeklärte Odysseus sein Leben.

Ein entscheidender Punkt bei diesem Wortspiel ist, daß Odysseus sein Leben durch die Mimikry ans Amorphe gerettet hat, aber das Subjekt Odysseus dafür in Wahrheit die eigene Identität verleugnet. Odysseus hält an der Selbsterhaltung fest gegen die äußere Natur (Polyphem), indem er die innere Natur verleugnet (d.i. die Selbstverleugnung im Namen). Er bekennt sich zu sich selbst, indem er sich als »Niemand« verleugnet; er rettet sein Leben, indem er sich verschwinden läßt: „Denn indem Odysseus dem Namen die Intention einlegt, hat er ihn dem magischen Bereich entzogen. Seine Selbstbehauptung aber ist wie in der ganzen Epopöe, wie in aller Zivilisation, Selbstverleugnung. Damit gerät das Selbst in eben den zwangshaften Zirkel des Naturzusammenhanges, dem es durch Angleichung zu entrinnen trachtet. Der um seiner selbst willen Niemand sich nennt und die Annäherung an den Naturstand als Mittel zur Naturbeherrschung manipuliert, verfällt der Hybris."(DdA, S.87) Um das Leben zu erhalten, entsagt Odysseus sich selbst und dem Vermögen der Mimesis. Folgerichtig wird das Ästhetische wiederholt verdrängt. Das ist die Entstehungsgeschichte des modernen Subjekts.

2.2 EINGEDENKEN DER NATUR IM SUBJEKT: DIE »PHI-LOSOPHIE DER NEUEN MUSIK« ALS EIN EXKURS ZUR »DIALEKTIK DER AUFKLÄRUNG«

Der Mensch macht sich zum Anderen der Natur, steht der Natur als verfügendes Subjekt gegenüber und glaubt als das Vernunftwesen dem natürlichen Vergehen entzogen zu sein. Das Souverän-Werden des Menschen gegenüber der Natur macht den Menschen nicht glücklich. Gegen die positiven Zukunftsperspektiven der Aufklärung zeigt Adorno eine andere Perspektive. Die Moderne, die auf der Logik der Aufklärung basiert, wird nach Adorno notwendig katastrophal. Das Subjekt, das sich zum identischen Selbst gegenüber der Natur konstituiert hat, muß dafür den Preis zahlen: „Im Prozeß ihrer fortschreitenden Entfaltung vergißt die Vernunft, daß sie Natur ist, und auch, daß sie der naturhaften mythischen Angst entsprang."³⁴¹ Das Vergessen der Naturverbundenheit des Menschen hat zwar seine Herrschaft gegenüber der Natur ermöglicht, doch wird sein unaufhaltsamer Fortschritt von der unaufhaltsamen „Regression" begleitet. Der Fortschritt schlägt in die Regression um. Die Regression ist nach Adorno „das Schicksal des Subjekts", das sich souverän gesetzt hat: „Die Menschen bezahlen die Vermehrung ihrer Macht mit der Entfremdung von dem, worüber sie die Macht ausüben."(DdA, S.25) Die Versöhnung mit der Natur bleibt der Aufklärung fremd. Der Mensch wird verblendet. Die Allmacht des Menschen verwandelt sich in seine Ohnmacht, sich selbst zu besinnen.

Die finstere Grundhaltung der »*Dialektik der Aufklärung*« wird wegen ihrer scheinbaren Aussichtslosigkeit von manchen Autoren kritisiert. Eine bekannte Kritik ist die von Jürgen Habermas. Habermas kritisiert die Modernediagnose der »*Dialektik der Aufklärung*« und deren Vernunftskepsis, weil er findet, daß sie die instrumentelle bzw. die uniformierend-herrschaftliche Vernunft mit der abendländischen Vernunft als solcher gleichsetzt. Habermas wendet sich gegen die Haltung der »*Dialektik der Aufklärung*«, weil „ihre Kritik (d.h. von Adorno und Horkheimer) der Aufklärung so tief ansetzt, daß das Projekt der Aufklärung selber in Gefahr gerät; für ein Entrinnen aus dem zur sachlichen Gewalt geronnenen Mythos der Zweckrationalität läßt ja die »*Dialektik der Aufklärung*« kaum noch eine Aussicht".³⁴² Die übliche Kritik an der »*Dialektik der Aufklärung*«, die von Habermas beeinflußt ist, vertritt die Auffassung, daß die »*Dialektik der Aufklärung*« uns keine Überwindungsperspektive der Aufklärung liefert und notwendig in Skepsismus verfällt.

Die Kritiker an der »*Dialektik der Aufklärung*« haben darin eine Gemeinsamkeit, daß sie die »*Dialektik der Aufklärung*« isoliert lesen, ohne ihr Verhältnis zu ästhetischen Fragen zu berücksichtigen. Die »*Dialektik der Aufklärung*« ist nicht so nihilistisch zu charakterisieren, wie die Kritiker glauben. Adorno schreibt über die Ohnmacht des Menschen folgendes: „Die konkreten Arbeitsbedingungen in der Gesellschaft erzwingen den

---

³⁴¹ Sziborsky(1979), *Adornos Musikphilosophie. Genese-Konstitution-Pädagogische Perspektiven*, S. 165.
³⁴² Habermas(1988), *Der philosophische Diskurs der Moderne. Zwölf Vorlesungen*, S. 138. Vgl. auch Habermas(1995), *Die Theorie des kommunikativen Handelns*, S. 489ff.

Konformismus und nicht die bewußten Beeinflussungen, welche zusätzlich die unterdrückten Menschen dumm machten und von der Wahrheit abzögen. Die Ohnmacht der Arbeiter ist nicht bloß eine Finte der Herrschenden, sondern die logische Konsequenz der Industriegesellschaft, in die das antike Fatum unter der Anstrengung, ihm zu entgehen, sich schließlich gewandelt hat."(DdA, S.54) An dieser Stelle kommt die Dialektik wieder ins Spiel. Anschließend an die oben zitierten Sätze bemerkt Adorno eindeutig: „Diese logische Notwendigkeit ist keine endgültige."(DdA, S.54)

Nun lautet die Fragestellung Adornos: „Wie ist das Moment der Erinnerung der Naturverfallenheit des Subjekts vor dem Vergessen möglich?" Die Adornosche Perspektive, die Grenzen der allmächtigen Verdinglichung zu überschreiten, läßt sich in das Moment des „Eingedenkens der Natur im Subjekt"(DdA, S.58), das der Naturbeherrschung der Aufklärung entgegengesetzt ist, zusammenfassen: „Vernunft soll zur Einsicht gelangen, nicht das absolut Andere der Natur zu sein, sie muß sich selber als Teil der Naturgeschichte, als Naturanstalt erkennen."[343] Der Umschlag der Aufklärung in Mythologie entspricht dem „Vergessen" aus der Unfähigkeit, sich an den Vorgang der Entmythologisierung zu erinnern.

Es geht bei der Selbst-Besinnung der Aufklärung nicht um „die Konservierung der Vergangenheit, sondern um die Einlösung der vergangenen Hoffnung".(DdA, S.15) Das „Eingedenken der Natur im Subjekt" bedeutet beides: „die Kritik der instrumentellen Vernunft als der Funktionsträger der Selbsterhaltung und die Spurensuche nach dem durch sie Zugerichteten und Verdrängten, nach den Ansprüchen der lebendigen Natur im Subjekt, den archaischen Impulsen des Leibes, die unter repressiven Bedingungen nur in verzerrter Gestalt, symptomatisch, wiederkehren":[344]

> Der Raum, der uns von anderen trennt, bedeutet für die Erkenntnis dasselbe wie die Zeit zwischen uns und dem Leiden unserer eigenen Vergangenheit; die unüberwindbare Schranke. Die perennierende Herrschaft über die Natur aber, die medizinische und außermedizinische Technik schöpft ihre Kraft aus sol-

---

[343] Baumeister und Kulenkampff(1973), *Geschichtsphilosophie und philosophische Ästhetik*, S. 81
[344] Noerr(1990), *Eingedenken der Natur im Subjekt*, S. 26.

cher Verblendung, sie wäre durch Vergessen erst möglich gemacht. Verlust der Erinnerung als transzendentale Bedingung der Wissenschaft. Alle Verdinglichung ist ein Vergessen. (DdA, S.263)

Wenn alle Verdinglichung ein Vergessen ist, ist die Erinnerung an die Natur ein Versuch, die Verdinglichungstendenz zum Stillstand zu bringen. Auf der einen Seite steht in der »*Dialektik der Aufklärung*« die totalisierende Diagnose der Selbstzerstörung der Vernunft. Auf der anderen Seite hält Adorno unverkennbar an dem Versuch fest, das Projekt der Aufklärung aufzuklären. Das Eingedenken der Natur ist die Aufklärung der Aufklärung, um dem von ihr diagnostizierten Umschlag des aufklärerischen, entzauberten Denkens in bloße Affirmation zu entgehen. Aber in der »*Dialektik der Aufklärung*« ist kaum die unmittelbare Perspektive der Überwindung der Aufklärung zu finden. Adorno äußert sich in der »*Dialektik der Aufklärung*« nicht direkt über das Eingedenken der Natur. Die Habermassche Interpretation der »*Dialektik der Aufklärung*« findet in diesem Schweigen Adornos die Aporie der Adornoschen Vernunftskepsis. Er behauptet, daß die »*Dialektik der Aufklärung*« wegen ihrer aussichtslosen, pauschalen Skepsis in bezug auf das Vermögen der Vernunft in eine Aporie gerät. Der wahre Grund des Adornoschen Schweigens liegt m.E. eher darin, daß Adorno glaubt, die Kritik an der Aufklärung werde nicht auf die aufklärerische Weise geleistet. In der Situation der Dialektik der Aufklärung enthält die aufgeklärte Wissenschaft kein Kritikpotential mehr:

> Bei der Selbstbesinnung über seine eigene Schuld sieht sich Denken daher nicht bloß des zustimmenden Gebrauchs der wissenschaftlichen und alltäglichen, sondern ebenso jener oppositionellen Begriffssprache beraubt. (DdA, S.12)

In der Vorrede der »*Dialektik der Aufklärung*« sprechen die Autoren davon, daß „in dem gegenwärtigen Zusammenbruch der bürgerlichen Zivilisation nicht bloß der Betrieb, sondern der Sinn der Wissenschaft fraglich geworden ist."(DdA, S.11) Die Selbstbesinnung der Aufklärung ist daher auf eine andere Weise durchzuführen. Die Aufklärung ist unfähig, sich selbst aufzuklären. Wenn die Aufklärung ihre einseitige Entwicklung, die sich mit der wachsenden Wertorientierung vollzogen hat, kritisiert, ist es immer noch die Aufklärung, die Motiv und Methode der Selbstkritik aus sich selbst heraus entfaltet.[345] Die Adornosche Skepsis in Hinblick auf die Möglichkeit der Aufklärung der Aufklärung durch die Wissenschaft geht zusammen mit der Weigerung, die Kritik an der Aufklärung diskursiv zu begründen. Für Adorno ist die Aufklärung der Aufklärung durch die aufgeklärten Methoden nicht mehr ohne weiteres möglich. Die diskursive Kritik an der Aufklärung wiederholt nur die Logik der Aufklärung. Adorno wendet sich der Musik zu, die innerhalb und gleichzeitig außerhalb der diskursiven Tradition steht, um die Aufklärung ästhetisch zu kritisieren. Aus diesem Grund kann man die »*Philosophie der Musik*« als einen Exkurs zur »*Dialektik der Aufklärung*« verstehen.

Wenn die »*Philosophie der neuen Musik*« ein Exkurs zur »*Dialektik der Aufklärung*« ist, wie Adorno schreibt, heißt das nicht, daß sie eine bloße Anwendung der »*Dialektik der Aufklärung*« darstellt. Die »*Philosophie der neuen Musik*« ist ein Exkurs im doppelten Sinne. Einerseits reflektiert sie die Dialektik der Aufklärung in der Musikgeschichte: Repräsentation der Dialektik der Aufklärung. Andererseits enthält sie die kritischen Momente der Dialektik der Aufklärung: Negation der Dialektik der Aufklärung. Die »*Philosophie der Neuen Musik*« (bzw. die musikalischen Schriften Adornos) enthält die Momente, mit denen man dem Eingedenken der Natur im Subjekt im Bereich der Musik nachspüren kann:

> Was Odysseus hinter sich ließ, tritt in die Schattenwelt: so nahe noch ist das Selbst dem vorzeitlichen Mythos, dessen Schoß es sich entrang, daß ihm die eigene erlebte Vergangenheit zur mythischen Vorzeit wird. Durch feste Ordnung der Zeit sucht es, dem zu begegnen. Das dreigeteilte Schema soll den gegenwärtigen Augenblick von der Macht der Vergangenheit befreien, indem es diese hinter die absolute Grenze des Unwiederbringlichen verweist und als praktikables Wissen dem Jetzt zur Verfügung stellt. Der Drang, Vergangenes als Lebendiges zu erretten, anstatt als Stoff des Fortschritts zu benützen, stillte sich allein in

---

[345] Van Reijen(1987), a.a.O., S. 195.

der Kunst, der selbst Geschichte als Darstellung vergangenen
Lebens zugehört. (DdA, S.49-50)

Das gesuchte Eingedenken der Natur im Subjekt findet sich in der ästhetischen Erfahrung: „Die Lossage von den Zwecken der Selbsterhaltung, emphatisch in der Kunst, ist gleichermaßen in der ästhetischen Erfahrung vollzogen."(ÄT, S.103) Das ist die Erfahrung, welche die Dialektik der Aufklärung zum Stehen bringt und darin auf die Möglichkeit des Eingedenkens der Natur verweist: „Adorno had emphasized the need to rescue aesthetic experience from those who would render it inferior to science, religion or Philosophy. Its importance lay in its implicitly materialist acknowledgment of the priority of the object to the subject. In art, unlike more theoretical activities, conceptual domination of the natural world was checked by sensuous activities."[346] Das Eingedenken der Natur im Subjekt gelangt zur Gesellschaftskritik, da Vernunft zugleich auch die sozialen Gebilde darstellt, in denen die Beherrschung der äußeren Natur organisiert ist.

Die Adornosche Philosophie begegnet dem Grauen, der neuen Barbarei der Zivilisation, nicht mit Resignation: „Auf der Suche nach dem, was anders wäre, muß er aus den musikalischen Regungen einiger Komponisten und ihrer Bewältigung durch Konstruktion Ansätze herauslesen und herausgehört haben."[347] Nach Adorno blitzt ein verändertes Verhältnis der Menschheit zur Natur in den großen Kunstwerken auf.[348] Die ästhetische Erfahrung ist ein blitzartig aufscheinendes, bewußtes Heraustreten aus dem Bann der Dialektik der Aufklärung. Insofern kann die »*Philosophie der neuen Musik*« als Versuch der Philosophie angesehen werden, die Dinge vom Standpunkt der Erlösung her darzustellen. In der »*Philosophie der neuen Musik*« läßt sich eine andere Dialektik der Naturbeherrschung finden, die darauf zielt, das Eingedenken der Natur im Subjekt zu ermöglichen.

Die »*Philosophie der neuen Musik*« läuft auf zwei der »*Dialektik der Aufklärung*« näher stehende Thesen hinaus: zum einen auf die Behauptung, daß die Musikgeschichte mit der Naturgeschichte konvergiert. Die Musik-

---

[346] Jay(1984), *Adorno*, S. 76.
[347] Metzger(1984), *Mit dem Ohren Denken*, S. 80.
[348] Vgl. Adorno(1961), *Über Statik und Dynamik als soziologische Kategorien*, S. 236.

geschichte ist eine „bewußtlose Geschichtsschreibung".(ÄT, S.272) Zum anderen versteht Adorno die neue Musik als Verweisung auf das Andere, das Nichtidentische. Adorno verknüpft beide Behauptungen, das heißt, es geht ihm um die Dementierung der neuen Barbarei in der Musik und um die Antizipation des Gegenkurses der Aufklärung und des Utopischen in der Musik. Seine musikalische Analyse von Schönberg ist die „Anamnesis der Unterlagen, des Verdrängten, vielleicht Möglichen."(ÄT, S.384) Deshalb benutzt Adorno Abschnittstitel der »*Philosophie der neuen Musik*« provokativ: zum einen »*Schönberg und der Fortschritt*« und zum anderen »*Strawinsky und die Reaktion*«. Die objektive Antinomie der Naturgeschichte, die die »*Dialektik der Aufklärung*« reflektiert, wird auch in der Musikgeschichte ausgetragen. Die Naturgeschichte als Herrschafts- und Unterdrückungsgeschichte der inneren wie der äußeren Natur greift auch in die Musikgeschichte ein. „Die Liquidierung des Individuums", die Adorno in der Abhandlung »*Über den Fetischcharakter in der Musik und die Regression des Hörens*« konzipierte, läßt sich auch im Bereich der Musik finden:

> Ihre Invarianz (d.h. der Musik) hat sich gleich wie eine zweite Natur sedimentiert. Sie macht dem Bewußtsein den Abschied von der Totalität so schwer. Auch die neue Musik lehnt sich auf gegen den Schein an solcher zweiten Natur.[349]

Adorno hält immer an der Forderung nach künstlerischer Wahrhaftigkeit, die mit der sozialen Kritik eng verbunden ist, fest. Nur bestimmte musikalische Werke sind Adorno zufolge wahrhaftig; die authentischen Werke sind diejenigen, denen es gelungen ist, einerseits an die Geschichtsschreibung der Aufklärungsgeschichte und andererseits an das Verdrängte zu erinnern und auf das Andere jenseits der Immergleichheit zu verweisen. Die Entfaltung der Wahrheit in der Kunst kann nicht mehr durch eine Musik bezeugt werden, die dem Betrieb der Kulturindustrie ausgeliefert ist und den Warencharakter affirmiert. Adorno begreift die Wahrheit der Musik prozeßhaft, nicht statisch. Er hält an dem methodischen Prinzip fest, daß die musikalischen Werke im Kontext ihres geschichtlichen Werdens begrif-

---

[349] Adorno(1956), *Musik, Sprache und ihr Verhältnis im gegenwärtigen Komponieren*, S. 650.

fen werden müssen. Adorno betont: „Methodisches Prinzip ist, daß von den jüngsten Phänomenen her Licht fallen soll auf alle Kunst anstatt umgekehrt, nach dem Usus von Historismus und Philologie."(ÄT, S.533) Wenn die Philosophie der Musik keine bloß musikalische Analyse bleiben will, sondern beansprucht, die Wahrheit der Musik wahrzunehmen und Kritik zu leisten, ist sie heute „nur als Philosophie der neuen Musik"(PdnM, S.19) möglich, die er für „authentisch" hält. Das Maß des Gelingens eines Kunstwerkes ist nicht die buchstäbliche Repräsentation der realen Antinomie, sondern das Kunstwerk wird authentisch, wenn es ihm gelingt, den Widerspruch im doppelten Sinne zu gestalten: Das Werk muß den Widerspruch in sich selbst sichtbar machen, und seine Ge-staltung selber muß eine radikale Antithese werden, indem es auf das Andere verweist. Das Bedingungsverhältnis von Erkenntnis, bestimmter Negation und Transzendenz wird konstitutiv auch für die „Konstruktion des Ästhetischen". Dadurch werden die »*Philosophie der neuen Musik*« und die »*Dialektik der Aufklärung*« überschritten.[350] Adorno spricht der Musik nicht nur die Erkenntnis der Realität zu, sondern er setzt darüber hinaus die Transzendenz der Realität.

Die radikale Musik ist die Antithese zur Ausbreitung der Kulturindustrie in ihrem Bereich. Die authentische Musik stellt im Gefüge der Musik an sich deren Standhalten gegen die Ratio der Verkäuflichkeit dar. Authentische Musik bleibt nicht bloße Exponentin der Gesellschaft, sondern will Ferment ihrer Veränderung sein. Die Wahrheit der authentischen Musik scheint darin aufgehoben, daß „sie durch organisierte Sinnleere den Sinn der organisierten Gesellschaft, von der sie nichts wissen will, dementiert, als daß sie von sich aus positiven Sinnes mächtig wäre."(PdnM, S.28) Die authentische Musik ist die bestimmte Negation der Gesellschaft:

> Die Isolierung der radikalen modernen Musik rührt nicht von ihrem asozialen, sondern ihrem sozialen Gehalt her, indem sie durch ihre reine Qualität und um so nachdrücklicher, je reiner sie diese hervortreten läßt, aufs gesellschaftliche Unwesen deutet, anstatt es in den Trug der Humanität als einer bereits schon

---

[350] Vgl. Sziborsky(1994), *Die Rettung des Hoffnungslosen. Untersuchungen zur Ästhetik und Musikphilosophie Theodor W. Adornos*, S. 109.

gegenwärtigen zu verflüchtigen. Sie ist keine Ideologie mehr. Darin kommt sie, *in ihrer Abseitigkeit*, mit einer großen gesellschaftlichen Veränderung überein. (PdnM, S.124 Hervorhebung von mir)

Das antizipierende, utopische Moment der neuen Musik scheint nicht nur im Denken der neuen Musik auf, sondern auch in ihrer immanenten Form, die der Auseinandersetzung des Komponisten mit dem musikalischen Material entspricht. Das Eingedenken der Natur ist vermittelt durch die Problematik des musikalischen Materials und der Auseinandersetzung damit durch den Komponisten. Das Nichtseiende, das Andere erscheint in den konkreten Gestalten der Musik: „Die Bahn dorthin ist die reflektierte Immanenz der Werke"(ÄT, S.507) Die Musik Schönbergs liefert für Adorno ein Modell des überlebenden Kritikpotentials an der Moderne.

Kapitel IV
Die Erinnerung und das Vergessen bei Schönberg

> Ob rechts, ob links, vorwärts oder rückwärts,
> bergauf oder bergab
> man hat weiterzugehen, ohne zu fragen,
> was vor oder hinter einem liegt.
> Es soll verborgen sein:
> Ihr durftet, mußtet es vergessen,
> um die Aufgabe zu erfüllen
> (Schönberg, Gabriel aus der »*Jakobsleiter*«)

> Der unerträgliche Druck. !
> Die schwere Last... !
> Welche schrecklichen Schmerzen....!
> Brennende Sehnsucht...!
> Heiße Begierden...!
> Schein der Erfüllung...!
> Trostlose Einsamkeit...!
> Zwang der Formeln...!
> Vernichtung des Willens...!
> (Schönberg, Chor aus der »*Jakobsleiter*«)

1. SCHÖNBERG: DER MUSIKALISCHE ODYSSEUS

1.1 ADORNO UND SCHÖNBERG

Adorno hält Schönberg immerhin für „die wahre musikalische Kraft" seiner Zeit. Deswegen könnte man vermuten, daß die Beziehung zwischen Adorno und Schönberg sehr harmonisch verlief. Adorno fand Schönberg zwar von Anfang an sehr sympathisch,[351] aber das Verhältnis zwischen

---

[351] Vgl. dazu: „Schönberg selbst hat Adorno sich sehr vorsichtig genähert. Am 26.3.1926 berichtete er Kracauer, er habe Schönberg schon viel gesehen und aus nächster Nähe studiert, sich aber bisher nicht vorstellen lassen. Am 10.4.1925 dann gibt er Kracauer eine ausführliche und farbige Schilderung des ersten Kontakts, bei dem über Adornos Kompositionen und das

beiden war nicht so gut wie das Verhältnis Adornos zu Walter Benjamin. Anders als zu Alban Berg hatte Adorno zu Schönberg keine gute, direkte Beziehung. Trotz der lebenslangen theoretischen Affinität Adornos zu Schönberg war das Verhältnis Schönbergs zu Adorno nie eng und freundlich, sondern man kann eher eine weitgehende Abneigung Schönbergs gegen Adorno feststellen. Die Einstellung Schönbergs zu Adorno war von Anfang an eine negative. In der Wiener Zeit kritisierte Schönberg schroff die Artikel Adornos im »*Anbruch*«, weil er fand, daß z.b. der Artikel »*Alban Berg. Zur Uraufführung des Wozzeck*« unverständlich sei.[352]

Seine Abneigung gegen Adorno wurde in der Zeit des Amerika-Exils nicht abgemildert. Als Thomas Manns Roman »*Doktor Faustus*« veröffentlicht wurde, befürchtete Schönberg, daß die Romanfigur des Adrian Leverkühn als sein Porträt mißverstanden werden könne. Schönberg war sehr empfindlich gegenüber der Figur des Adrian Leverkühn. Die Kontroverse Schönbergs mit Thomas Mann war eine indirekte Debatte mit Adorno. Thomas Mann ließ dem 1947 erschienenen »*Doktor Faustus*« zwei Jahre später »*Die Entstehung des Doktor Faustus*« folgen. Dort hat Mann nicht geleugnet, daß die Figur des Adrian Leverkühn aus seinem sorgfältigen Lesen der Adornoschen Musikschriften entstand. Schönberg sah in Adorno den Informanten Manns und hat im Verlauf des in offenen Briefen ausgetragenen Streits Adorno „als »informer« (Spitzel)" angeklagt und „sich über Leverkühns 12-Ton Gulasch mokiert."[353] In engem Zusammenhang mit dieser Kontroverse urteilte Schönberg im weiteren absolute negativ über Adorno und sein Buch »*Philosophie der neuen Musik*«. Die negative Einstellung zu Adorno wollte Schönberg nicht verleugnen, sondern er äußerte sie offen. Im folgenden Brief läßt sich seine negative Haltung gegenüber Adorno erkennen:

> Die neue Musik hat also eine Philosophie – es würde genügen, wenn sie einen Philosophen hätte. Er (d.h. Adorno) attackiert

---

Frankfurter Musikleben gesprochen wurde. Schönberg wird mit Worten aus dem Umfeld von besessen und unheimlich beschrieben, zugleich konstatiert Adorno am Beispiel der Handschrift das zugleich Gejagte und Gesammelte als Ähnlichkeit zwischen Schönberg und sich selbst. Schönberg wird ein Verfolgungswahn nachgesagt, der nicht unbegründet sei, denn erst vor kurzem sei er z.B. im Café angespuckt worden." Steinert(1993), *Adorno in Wien*, S. 141.
[352] Vgl. Steinert(1993), ebenda, S. 238 und S. 155.
[353] Freitag(1973), *Schönberg*, S. 151.

mich darin ganz vehement. Wieder ein Abtrünniger. (...) Aber ich habe den Menschen nie leiden mögen (...) und jetzt weiß ich es ja auch, daß ihm meine Musik offenbar niemals gefallen hat. (...) ekelhaft, nebenbei, ist wie er Strawinsky behandelt. Ich bin gewiß kein Strawinsky-Anhänger, obwohl mir hier und da ein Stück von ihm ganz gut gefällt – aber so muß man nicht schreiben.[354]

Schönberg fand, daß die musikalische Analyse Adornos in der »*Philosophie der neuen Musik*« zu philosophisch ist. Vielleicht hatte Schönberg als Künstler das Gefühl, daß seine Musik vom Philosophen mißverstanden wird. Adorno wollte die Musik Schönbergs in die Philosophie übersetzen, aber ein solches Unternehmen erschien dem Komponisten Schönberg überflüssig:

Das Buch (d.h. die »*Philosophie der neuen Musik*«) ist sehr schwer zu lesen, denn es verwendet diesen quasi-philosophischen Jargon, in dem die heutigen Philosophie-Professoren die Abwesenheit eines Gedankens verbergen. Sie glauben, es ist tief, wenn sie mit undefinierten neuen Ausdrücken Unklarheit hervorbringen. (...) Er weiß natürlich alles über Zwölf-Ton-Musik, hat aber keine Ahnung von dem schöpferischen Vorgang. Er, der wie man mir sagt, eine Ewigkeit braucht, um ein Lied zu komponieren, ahnt natürlich nicht, wie schnell ein wirklicher Komponist abschreibt, was er in seiner Fantasie hört. (...) Er scheint zu glauben, daß die Zwölfton- Reihe, wenn nicht am Denken, so doch am Erfinden hindert – der Arme. (...) Das Buch wird vielen meiner Gegner eine Handhabe sein. Insbesondere weil es so wissenschaftlich tut.[355]

Der paradoxe Sachverhalt – das Gefühl des Mißverstandenwerdens bei Schönberg und die Schönberg-Zentrierung Adornos – läßt sich aus

---

[354] Arnold Schönberg an Hans Heinz Stuckenschmidt 5. Dezember 1949, zitiert nach Metzger(1979), *Adorno und die Geschichte der musikalischen Avantgarde*, S. 9.
[355] Arnold Schönberg an Rufer am 5. Dezember 1949, zitiert nach Metzger(1979), ebenda, S.9.

dem Gesichtspunkt der Stärke und der Schwäche der Musikinterpretation Adornos erklären. Wie Dahlhaus bemerkt, sind die musiktheoretischen Fundamente, auf die Adornos Musikinterpretation sich bezieht, musikwissenschaftlich gesehen, einfach.[356] Vom Gesichtspunkt der Musikwissenschaft her ist die Musikinterpretation Adornos zu schwach, weil er die Musik auf einige grundlegende musikalische und begriffliche Kategorien reduziert. Wenn man diese Schwäche berücksichtigt, wird die Kritik Schönbergs an Adorno verständlich. Aber die Musikinterpretation Adornos ist – trotz ihrer einfachen musiktheoretischen Fundamente – sehr stark in der philosophischen Reflexion. Sie ist außerordentlich differenziert.

Dabei sind die philosophische Interpretation der Musik Schönbergs und die Musik Schönbergs als solche zu unterscheiden. Ob Adorno die Musik Schönbergs richtig verstanden hat – vom Gesichtspunkt des Komponisten Schönberg aus –, das zu prüfen ist nicht die Intention dieser Arbeit. Die Diskrepanz zwischen Adornos Schönberg-Interpretation und den Gedanken Schönbergs über seine Musik zu erhellen ist auch nicht die Absicht dieser Arbeit. In dieser Arbeit geht es hauptsächlich um die Schönberg-Deutung Adornos, die den Sinn des geschichtlichen Fortgangs der Oeuvres Schönbergs dechiffriert. Wie Adorno intendiert, geht es hier um eine „philosophisch gemeinte Betrachtung der neuen Musik."(PdnM, S.13)

Trotz der negativen Meinung Schönbergs über den Versuch Adornos der Interpretation seiner Musik stellt die kompositorische Erneuerung durch Schönberg für Adorno ein Modell der ästhetischen Erfahrung im Gegensatz zur Weltaneignung des rationalisierten Odysseus dar. Die Figur Schönbergs ist für ihn ein Gegenbild des Odysseus, den er für ein Modell der rationalisierten Menschheit hält. Schönberg ist diejenige Figur für Adorno, die das Jenseits der „Maja" der von der verwalteten Gesellschaft bestimmten Welt zu erreichen versucht:

> Die integrale Technik der Komposition ist weder im Gedanken an den integralen Staat noch in dem an seine Aufhebung entstanden. Aber sie ist ein Versuch, der Wirklichkeit standzuhalten und jene panische Angst zu absorbieren, welcher der integrale Staat entsprach. Die Unmenschlichkeit der Kunst muß die

---

[356] Vgl. Dahlhaus(1991), *Aufklärung in Musik*, S. 124.

der Welt überbieten um des Menschlichen willen. Die Kunstwerke versuchen sich an den Rätseln, welche die Welt aufgibt, um die Menschen zu verschlingen. Die Welt ist die Sphinx, der Künstler ihr verblendeter Ödipus und die Kunstwerke von der Art seiner weisen Antwort, welche die Sphinx in den Abgrund stürzt. (PdnM, S.125)

Schönberg scheint für Adorno das Rätsel der Sphinx entziffert zu haben. Nun ist die Frage, wie seine Lösung des Rätsels in philosophische Begriffe übersetzt werden kann. Das mimetische Verhalten in bezug auf die Natur, das Adorno mit der Thematik des Naturschönen verknüpft, zeigt sich vor allem exemplarisch an den ästhetischen Erfahrungen Schönbergs, die er in seinem kompositorischen Veränderungsprozeß sammelte. Wie Schönberg bei der Komposition Mimesis an das Naturschöne leistet, läßt sich an seiner Auseinandersetzung mit dem musikalischen Material erkennen. Schönberg ist mit den musikalischen Konventionen konfrontiert, welche die Kontinuität der entmythologisierten Gesellschaft repräsentieren. Die kompositorische Erneuerung durch Schönberg deutet auf die Auflösung der Tradition hin, also auf die Loslösung von der Herrschaft der Immergleichheit, auf die Freiheit der Menschheit und ihre Versöhnung mit der Natur.

Die Tonalität ist ohne Zweifel die Grundlage der Konvention der abendländischen Musik. Die Größe Schönbergs besteht vor allem in seiner Auseinandersetzung mit der Tonalität. Aus der Empfindlichkeit gegen die konventionellen Formen der Wiederholung leitet Adorno die wesentliche technische Innovation Schönbergs ab.[357] Aus diesem Grund bezeichnet Adorno die Musik Schönbergs in der »*Philosophie der neuen Musik*« als „fortgeschritten" und rechtfertigt damit seine Schönberg-Zentrierung.

Um die Implikationen der Schönberg-Deutung Adornos verständlich zu machen, ist das »*Exposé Adornos zu einer Monographie über Arnold Schönberg*« sehr aufschlußreich. Dieses kleine Exposé, das eine Vorstudie zur »*Philosophie der neuen Musik*« darstellt, enthält wichtige Momente, mit denen Adorno die Musik Schönbergs analysiert hat. Hier stellt sich

---

[357] Vgl. de la Fontaine(1980), *Künstlerische Erfahrung bei Arnold Schönberg. Zur Dialektik des musikalischen Materials*, S. 473.

Adorno eindeutig der Intention entgegen, die versucht, die Musik Schönbergs mit einem Stil zu identifizieren. Adorno verwirft den Begriff des Stils. Die Produkte des Künstlers mit einem Stil zu identifizieren ist für Adorno gleichbedeutend mit dem identifizierenden Denken. Der große Künstler ist niemals derjenige, der den Stil in sein Werk aufnimmt, um ihn als Ausdruck der Härte dem des Leidens entgegenzusetzen. Das Mißtrauen gegen den Stil bewahrt auch Schönberg. Schönberg vertritt eine objektive Tendenz, die etwas anderes will als der Stil, den er inkarniert. Schönberg hat um der Idee, „also der reinen Ausprägung musikalischer Gedanken willen, den Begriff des Stils, als eine der Sache vorgeordnete und am äußerlichen Consensus orientierte Kategorie, in seiner Praxis stets so verworfen wie dann auch in der Theorie. Auf allen Stufen kam es ihm auf das Was an, nicht auf das Wie."[358] Stil ist ein Schleier, der die innerliche Spannung des Kunstwerkes unsichtbar macht:

> Die Versöhnung von Allgemeinem und Besonderem, von Regel und spezifischem Anspruch des Gegenstands, in deren Vollzug Stil allein Gehalt gewinnt, ist nichtig, weil es zur Spannung zwischen den Polen gar nicht mehr kommt: die Extreme, die sich berühren, sind in trübe Identität übergegangen, das Allgemeine kann das Besondere ersetzen und umgekehrt. (DdA, S. 151)

Statt die Musik Schönbergs unter einem Stilbegriff zu subsumieren – das ist sicher eine Gestalt des identifizierenden Denkens – behält Adorno den Schönbergschen musikalischen Veränderungsprozeß im Auge, der aus der Auseinandersetzung Schönbergs mit der Tradition der Musik, aus seinem Ansatz des Neuen entspringt. Das Anliegen Adornos liegt eher darin, „den spezifischen Sinn der Schönbergischen Neuerungen verständlich zu machen."[359] Adorno schreibt dazu: „Ein zweiter theoretischer Teil wird dann die entscheidenden Kategorien der Schönbergischen Musik darstellen, seine Haltung, die durch ihn bewirkte Veränderung des musikalischen Materials, seine Bedeutung für die musikalische Praxis, insbesondere die Reproduktion, und endlich versuchen, das Phänomen durch ästhetische und

---

[358] Adorno(1952), *Arnold Schönberg. 1874-1951*, S. 157.
[359] Adorno(1937), *Exposé*, S. 609.

gesellschaftliche Begriffe zu bestimmen, die ihrerseits aus den ausgeführten Analysen einsichtig werden, also nicht etwa als abstrakte philosophische eingeführt, wie denn überhaupt auch dieser zweite Teil in engster Fühlung mit dem künstlerischen Material verbleiben muß."[360]

Diese Ansicht Adornos entspricht dem Gedanken Schönbergs. Mit großem Widerwillen hat Schönberg zeitlebens vom Begriff des Stils gesprochen. Er betont stets die ausschließliche Bedeutung der Idee, welche unter dem Aspekt künstlerischer Wahrheit allein Überzeugungskraft besitzen könne. Schönberg schreibt dazu: „Stil ist die Eigenschaft eines Werkes und beruht auf natürlichen Bedingungen, die den ausdrücken, der ihn hervorbrachte. In der Tat mag einer, der seine Fähigkeiten kennt, imstande sein genau vorauszusagen, wie das fertige Werk, das er vorerst noch nur in seiner Phantasie wahrnimmt, aussehen wird. Aber er wird nie von einem vorgefaßten Bild eines Stils ausgehen; er wird unaufhörlich damit beschäftigt sein, dem Gedanken gerecht zu werden. Er ist sicher, daß, nachdem alles, war der Gedanke fordert, getan ist, die äußere Erscheinungsform angemessen sein wird."[361]

Es gibt eine erstaunliche Parallelität zwischen der Monadologie Adornos und den Gedanken Schönbergs über die Musik. Die Bestimmung Adornos in der »*Ästhetischen Theorie*«: Kunstwerke stellen als fensterlose Monade das vor, was sie nicht selbst sind, aber sie repräsentieren die Außenwelt, ohne sie zu imitieren, gilt auch für die Gedanken Schönbergs. Schönberg beschreibt seinen musikalischen Gedanken folgendermaßen: „often close their eyes, in order to perceive things incommunicable by the senses, to envision within themselves the process that only seems to be in the world inside. The world revolves with – inside them: what bursts out is merely the echo – the work of art."[362] Als fensterlose Monade repräsentiert die Musik Schönbergs den „Weltlauf".[363] Aber sie wiederholt nicht den „Weltlauf", sondern sie konfrontiert die Außenwelt mit dem Anspruch der Wahrheit, der Antizipation des Utopischen. Das ist der Moment, den Adorno als „Durchbruch" bezeichnet. Die Musik Schönbergs zu verstehen bedeutet, den „Weltlauf" und die ästhetische Figur des „Durchbruchs" in ihrer

---

[360] Adorno(1937), ebenda, S. 612.
[361] Schönberg(1992), *Stil und Gedanke*, S. 49-50.
[362] Zitiert nach Brinkmann(1997), *Schönberg the Contemporary. A View from Behind*, S. 197.
[363] Vgl. Adorno(1960), *Mahler. Eine musikalische Physiognomik*, S. 155.

Formimmanenz zu deuten. Diese Implikationen seiner Schönberg-Deutung beschreibt Adorno kurz und bündig in einem Brief an Krenek:

> Ich glaube allerdings, daß Schönberg sich von der anderen Musik dadurch unterscheidet, daß er durch die Konzeption und Lösung ihrer Antinomien soweit über die Struktur der gegenwärtigen Gesellschaft hinausgeht wie die fortgeschrittenste Gesellschaftstheorie.[364]

Das gesamte Leben Schönbergs wird durch die Dynamik der Suche nach dem Neuen charakterisiert. Die Musik Schönbergs lehnt sich gegen „die Herstellung von Zusammenhängen durch sture Wiederholung und gegen die arme Freude, die der Wiederholungszwang gewährt"[365], auf. Das stellt die reale Dialektik Schönbergs dar. Sein Name war ein Synonym für die Revolution auf dem musikalischen Gebiet. Das Gedicht von Stefan George, das Schönberg im »*II. Streichquartett*« in fis-moll op.10 vertonte, suggeriert das kompositorische Ideal Schönbergs.

Das Gedicht lautet: „Ich fühle mich luft von anderen planeten. Mir blassen durch das dunkel die gesichter, Die freundlich eben noch sich zu mir drehten....Ich löse mich in tönen, kreisend, webend, Ungründigen danks und unbenamten Lobes. Dem großen atem wunschlos mich ergebend." Die Figur des Auserwählten in seinem Oratorium »*Jakobsleiter*« trägt die eigenen Züge Schönbergs. Der Auserwählte singt im Oratorium:

> Ich sollte nicht näher, denn ich verliere dabei. Aber ich muß, so scheint es mir, mitten hinein, obgleich mein Wort dann unverstanden bleibt. Ob sie es wollen, ob es mich dazu treibt, weil sie mir ähneln, mit ihnen verbunden zu sein! Bin ich es, der ihre Stunde und den Ablauf zeigt, der Peitsche und Spiegel, Leier und Schwert vereint, der ihr Herr ist und Diener, ihr Weiser und Narr zugleich? Glänzt auch im Umkreis Erhabenheit, so reibt sich doch Schmach an mir; ich versuche, dem Stoff zu entfliehen: der Ekel macht es mir leicht, der Hunger zwingt mich zu-

---

[364] Adorno(1974), Brief an Krenek, 7. Oktober 1934, S.46
[365] Adorno(1951), *Arnold Schönberg. Worte des Gedenkens zum 13. September 1951*, S. 624.

rück; wenn ich noch so hoch mich erhebe, verlier ich sie nie aus dem Aug, ihr Bestes ist mein, wie ihr Ärgstes, ich raub es, stehle, entwind es, verachte Erworbnes, Ererbtes, raffe zusammen, reiße an mich es neu zu fassen: Ein Neues gewiß, ein Höheres vielleicht vorzubilden. Sie sind Themen, Variation bin ich. Doch mich treibt ein andres Motiv. Treibt einem Ziele mich zu. Welchem? Ich muß es wissen! Hinüber! Mein Wort lass' ich hier, müht euch damit! Meine Form nehm ich mit, sie steht euch indes voran, bis sie wieder mit neuen Worten – wieder den alten – zu neuem Mißverständnis in eurer Mitte erscheint.[366]

Das Sendungsbewußtsein des Komponisten, der immer wieder seine Mission betont hat, die darin besteht, die Wahrheit zu verkünden, auch wenn sie von den Zeitgenossen nicht verstanden werde, verleiht dem »Auserwählten« seinen Charakter.[367] Schönbergs Leben ist von seinem Pathos, die verlogene Wiederholung von längst Dagewesenem abzuwerfen, geprägt. Er war ein Revolutionär, der versuchte, die harmonische und thematische Grundlage der abendländischen Musik zu sprengen. Die Konzerte Schönbergs lösten immer wieder Skandale aus. Die Uraufführung seiner Werke wurde oftmals von dem reaktionären, konservativ-bürgerlichen Publikum verhindert.[368] Gegen den Ausschluß des Neuen muß die Musik für Schönberg erneuert, verändert werden. Trotz der Ablehnung des Publikums wie der Kritiker, die aus der offensichtlichen Diskrepanz zwischen dem auf Tonalität eingeschliffenen Verhalten des Hörens und dem Verzicht Schönbergs auf die Tonalität entstand, war die fortwährende Veränderung der Musik und die Schaffung einer avantgardistischen und vorwärtstreibenden Ästhetik das musikalische Ziel Schönbergs. Die letzten Worte der Frau im Monodrama »*Erwartung*« sind: „Ich suchte..., ich suchte...". Das wäre die beste Formulierung des gesamten Lebens Schönbergs als Komponist.[369]

---

[366] Zitiert nach dem CD-Beiheft Schönberg, »*Die Jakobsleiter*«, dirigiert von Pierre Boulez, Sony music, 1993.
[367] Sinkovicz(1998), *Arnold Schönberg. Mehr als zwölf Töne*, S.156.
[368] Zur Skandalserie der Konzerte mit Werken Schönbergs vgl. Steinert(1993), *Adorno in Wien. Über die (Un)Möglichkeit von Kunst, Kultur und Befreiung*, S.69ff.
[369] Vgl. Brinkmann(1997), a.a.O., S. 202 und 206.

1.2 DER MUSIKALISCHE VERÄNDERUNGSPROZESS SCHÖNBERGS: EIN ÜBERBLICK

Die Problematik der Zwölftontechnik steht im allgemeinen im Mittelpunkt des Verständnisses der Neuerung Schönbergs. Kaum einen Begriff assoziiert man mit dem Namen Schönbergs mehr als den der Zwölftontechnik, und man setzt unbedenklich die Zwölftonmusik mit einer radikalen Musik schlechterdings gleich. Es ist die übliche Weise der Schönberg-Interpretation, seine musikalische Entwicklung unter dem Gesichtspunkt des Fortschreitens zur Zwölftontechnik zu deuten. Adornos Betrachtungsweise ist noch komplexer. Neben dem Weg zur Zwölftontechnik ist für Adorno die Annahme einer Tendenz in die umgekehrte Richtung sinnvoll, um den Veränderungsprozeß Schönbergs zu deuten: „Zugleich soll eine Tendenz der umgekehrten Richtung genutzt werden. Schönberg hat eine Kraft, die ihn von allen anderen Meistern der Musik unterscheidet: die des Vergessens. Er hat auf den entscheidenden Stufen seiner Entwicklung in einem den tiefsten Impulsen des Expressionismus verwandten Sinn immer wieder von vorn angefangen und all das preisgegeben, was er vorher gekonnt hat."[370]

Aber wenn die Zwölftontechnik als sein ästhetischer Endpunkt behandelt wird, ohne ihre Entstehungsgeschichte und die Kritik an der Zwölftontechnik in der späten Phase Schönbergs zu berücksichtigen, wird sie fetischisiert. Für Adorno ist die Zwölftontechnik nichts weiter als „der universale Ausdruck der technischen Erfahrungen."[371] Die Werke Schönbergs sind nicht, wie er gelegentlich betonte, *Zwölfton*-Kompositionen, sondern Zwölfton-*Kompositionen*. Deswegen steht für Adorno statt der Erörterung der Zwölftontechnik als solcher die technische Erfahrung Schönbergs im Vordergrund. Adorno strebt darum an, „den Gehalt der Schönbergischen Musik in einer Weise zu bestimmen, die ihn im Zusammenhang mit den technischen Problemen exakt entwickelt und zugleich den Sinn der technischen Evolution aus dem Gehalt verständlich macht."[372] Adorno versteht das gesamte Oeuvre Schönbergs „von Umschlag zu Umschlag und von

---

[370] Adorno(1937), *Exposé*, S. 610.
[371] Adorno(1955), *Neue Musik heute*, S. 128.
[372] Adorno(1937), a.a.O., S.611.

Extrem zu Extrem als dialektischer Prozeß zwischen Ausdrucksmoment und Konstruktion."(PdnM, S. 95)

Schönberg steht „wie ein Ursprungsloser, vom Himmel Gefallener, ein musikalischer Kasper Hauser"[373] in der Musikgeschichte. Er war ein ästhetischer Avantgardist, der von der Naturwüchsigkeit der musikalischen Tradition entfernt war. Am 13. September 1874 wurde Arnold Schönberg in Wien als ältester Sohn einer Familie, die keine musikalische Tradition hat, geboren. Schönberg erzählt über seine Familie: „Aber keinesfalls kann ich sagen, daß das irgendwie über das hinausreichte, was jeder nicht gerade musikfeindliche Österreicher an Musikalität besitzt. Denn in bezug auf Musik gab es keinen Enthusiasmus in meiner Familie, so wie in den anderen, in denen Wunderkinder gezüchtet wurden."[374] Gertrud Schönberg, seine zweite Frau, schreibt: „Seine musikalischen Anlagen haben in seinem Elternhaus ungewöhnlich wenig Förderung gefunden, obwohl er schon mit acht Jahren zu komponieren anfing."[375] Er hat lebenslang keinen systematischen Musikunterricht empfangen. Nach dem Tod seines Vaters arbeitete Schönberg als Angestellter in einer Wiener Privatbank. Als diese Bank in Konkurs geriet, hat Arnold Schönberg sich entschieden, sich der Musik zuzuwenden. 1895 wurde die Musik zu seinem Beruf. Er wurde als Cellist Mitglied des kleinen Orchesters »Polyhymnia«, dessen Dirigent Zemlinsky war. Zemlinsky entdeckte im Cellisten Arnold Schönberg einen begabten Komponisten–Kollegen. Zemlinsky war sein erster und einziger Musiklehrer. Nun begann der Lebensweg Schönbergs, geprägt vom Streben nach dem Neuen in der Musik.[376]

Seine musikalische Erziehung blieb unsystematisch, begrenzt auf Anregungen und Hinweise von Zemlinsky, den man den einzigen Lehrer von Schönberg nennen darf. Das Auslassen akademisch geregelter, schrittweise aufbauender Aneignung musikalischer Fähigkeiten hat seine Auseinandersetzung mit der Tradition der Musik sehr stark beeinflußt:[377] „Ist Tradition

---

[373] Adorno(1952), *Arnold Schönberg. 1874-1951*, S. 154.
[374] Freitag(1973), a.a.O.,S. 7.
[375] Zitiert nach Adorno(1957), *Arnold Schönberg(I)*, S. 304.
[376] Sinkovicz(1998), a.a.O., S.34.
[377] Hansen(1993), *Arnold Schönberg. Ein Konzept der Moderne*, S.50.

die Voraussetzung, über Tradition hinauszugehen, so setzt der Durchbruch ebenso voraus, daß man der Tradition nicht ganz zugehört."[378]

Die musikalische Wirkungsgeschichte Schönbergs gliedert sich in vier Phasen.[379] Die erste Phase ist die tonale Phase (1898-1907), die offenkundig vom Geist der späten Romantik geprägt ist. Zu den wichtigen Werken dieser Phase gehören das Streichsextett »Verklärte Nacht« op.4 (1897), die symphonische Dichtung »Pelléas und Melisande«[380] op.5 (1903), das »I. Streichquartett« op.7 (1905) und die »I. Kammersymphonie« (1906). Der Partitur von »Verklärte Nacht« ist Richard Dehmels gleichnamige Dichtung aus dem Zyklus »Weib und Welt« vorangestellt, in der ein namenloses Weib ihrem Geliebten während eines nächtlichen Spaziergangs die Enthüllung macht, daß sie ein Kind von einem anderen erwartet. Das Thema dieses Stückes, das von einer sich um Konventionen nicht kümmernden Geschlechtsmoral handelt, hängt mit dem musikalischen Ansatz Schönbergs eng zusammen. Wie Steinert bemerkt, kann man vermuten, daß Schönberg mit Hilfe der Dehmel-Vertonungen eine Verachtung erstarrter Konventionen zugunsten eines unmittelbaren Verhältnisses der Geschlechter darstellen wollte.[381]

Die Werke dieser Phase waren vom Einfluß von Wagner und Brahms geprägt: „In Wahrheit ist seine Musik bereits in ihren neudeutschen Anfängen dialektisch. Sie denkt, mit der rohesten Formel gesagt, Wagner und Brahms zusammen, nicht im Sinne einer Synthese, deren Hohlheit der junge Schönberg bereits völlig durchschaute, sondern im Sinne wechselfältiger, echt dialektischer Korrektur."[382] Adorno analysiert den Einfluß von

---

[378] Adorno(1960), *Wien*, S. 439.
[379] Vgl. Adorno(1957), *Arnold Schönberg(I), Arnold Schönberg(II)* und vgl. auch Neighbour / Griffiths /Perle(1992), *Schönberg, Webern, Berg. Die zweite Wiener Schule*, S. 37-78.
[380] „Das Drama Maurice Maeterlincks berichtet, wie Golo der älteste Sohn des burgundischen Königs Arkel, im Wald die blonde Melisande findet, die er auf sein Schloß mitnimmt, um sie zu heiraten. Indessen bahnt sich eine Liebesverbindung seines jüngeren Bruders Pelléas zu dem Mädchen an, die Golo nicht verborgen bleibt. Während die beiden Brüder in die Kellergewölbe des Schlosses hinabsteigen, kämpft Golo mit dem Gedanken, den Jüngeren umzubringen. Noch hemmen ihn Zweifel, aber nach einer belauschten Liebesszene begeht er die Bluttat. Absolute Hoffnungslosigkeit herrscht in der Atmosphäre des Schlußaktes; die schwangere Melisande stirbt, während Golo, von Zweifeln und Reue gepeinigt, dem Wahnsinn verfällt." Freitag(1973), a.a.O., S. 19-21.
[381] Vgl. Steinert(1993), a.a.O., S. 133.
[382] Adorno(1930), *Stilgeschichte in Schönbergs Werk*, S. 387. Vgl. auch Sinkovicz(1998), a.a.O., S. 41-42.

Wagner und Brahms auf die frühe Musik Schönbergs am Beispiel des Werkes op.1 folgendermaßen: „Die beiden als op.1 gedruckten, kaum bekannten Gesänge aber zeigen bereits das Kraftfeld der Schönbergischen Entwicklung. Umfangreich angelegt, pathetischen Tones, mit orchestralem Klaviersatz, verbinden sie Züge der Brahmsischen und Wagnerischen Musiksprache, zwischen denen sonst die Komponisten der Epoche zu wählen pflegten. Brahmsisch ist die Vollgriffigkeit, der lastend schwere, dunkle Ton. (...) Wagnerisch dagegen eine gewisse Heftigkeit und Hitze der musikalischen Gestik, die Freude an großer Explosion."[383]

Obwohl man den starken Einfluß von Brahms und Wagner auf die Musik Schönbergs dieser Zeit feststellen kann, enthält die Musik dieser Phase schon die kompromißlose Suche Schönbergs nach dem Neuen. Seine Werke galten den Zeitgenossen als unverständlich. Die Uraufführung des Streichsextetts »*Verklärte Nacht*« wurde aus dem Grund abgelehnt, daß Schönberg darin einen Akkord verwendet hat, der nach den Gesetzen der klassischen Harmonielehre verboten war.

Mit dem »*II. Streichquartett*« op.10 (1908) beginnt eine entscheidende Wendung in seiner Musik, die üblicherweise als Beginn seiner expressionistischen bzw. atonalen Phase bezeichnet wird. Von vielen Autoren wurde bemerkt, daß der Begriff »atonal« problematischer ist, als die häufige Verwendung des Wortes annehmen läßt. Der Begriff »atonal« wurde eigentlich verwendet, um die Befreiung Schönbergs von der Tonalität zu kritisieren. Das Ende der Herrschaft eines Grundtons über einen musikalischen Satzverlauf, die Möglichkeit, funktional beziehungslose Akkorde aufeinander folgen zu lassen, umschreibt man freilich besser mit dem Ausdruck »freie Tonalität«.[384] 1908 gab Schönberg die Tonalität ganz auf. Aus den Werken dieser zweiten Phase entwickelte er das Prinzip der seriellen Kompositionsweise, das er erstmals 1920 konsequent anwandte. Die neue Tendenz zur Aufhebung der Tonalität zeigt sich vor allem an den »*Drei Klavierstükken*« (op.11), den »*Zwei Klavierliedern*« (op.14) und den »*Fünfzehn Gedichten aus dem Buch der hängenden Gärten von Stefan George*« (op.15).

Der dritte Teil der »*Drei Klavierstücke*« zeigt sich völlig frei von tonalen und motivischen Bezugsmomenten; „die Tendenz zur Komprimie-

---

[383] Adorno(1957), Arnold Schönberg (I), S. 306.
[384] Vgl. Freitag(1973), a.a.O., S. 51f und Sinkovicz(1998), a.a.O., S. 93.

rung eliminiert Paraphrasen und Variationen, im Moment seines Erklingens muß das Thema alles ausdrücken, was es zu sagen hat. Der somit aufgehobene Unterschied zwischen Essentiellem und Akzidentellem erschließt dem ganzen Satz ein Höchstmaß gleichmäßiger Dichte und Intensität, worin Schönberg das Ideal des Kunstwerks als eines vollkommenen Organismus gesehen hat."[385] Der Liederzyklus »Das Buch der hängenden Gärten« kann auch als ein gutes Beispiel dafür herangezogen werden, wie Schönberg sich von der Herrschaft der Tonalität emanzipiert hat. Dieser Liederzyklus ist vom Nebeneinander tonaler Bezüge und von der Tonalität freier Passagen geprägt. Zu diesen Phasen gehören auch die Werke Schönbergs, die als expressionistisch bezeichnet werden: das Monodrama »Erwartung (op.17)«[386], das Drama mit Dichtung »Die glückliche Hand« (op.18)[387] und »Pierrot Lunaire« (op.21).

Atonalität ist für Schönberg kein Stil. Obwohl Schönberg versucht, die Tonalität aufzulösen und in freier Tonalität zu komponieren, sind die gesamten Werke dieser Zeit nicht atonal. Statt die Atonalität in einem Stil zu systematisieren, besteht das Hauptanliegen Schönbergs in der Auseinandersetzung mit der musikalischen Vergangenheit, der musikalischen Tradition des Abendlandes. Insofern ist die Aussage: „Die Musik Schönbergs dieser Zeit ist atonal", nicht zutreffend. Neben dem Ansatz zur Auflösung der Tonalität gibt es auch eine Tendenz zur Tonalität. Ein Beispiel dafür ist »Pierrot Lunaire« (op.21). Im dritten Abschnitt beschreibt Schönberg einen resignativen Bogen von der Heimkehr zum nostalgischen „alten Duft aus Märchenzeit", der als symbolischer Gruß des Komponisten an vergangene Epochen seines künstlerischen Schaffens gedeutet werden kann.[388]

---

[385] Freitag(1973), a.a.O., S. 54.
[386] Die einzige Darstellerin in diesem Stück ist eine namenlose Frau. Sie irrt in der Nacht voll Angst und Besorgnis auf der Suche nach ihrem Geliebten durch einen Wald. Das einzige dramatische Ereignis in diesem Stück, ihre Entdeckung seiner Leiche, findet zu einem sehr frühen Zeitpunkt statt. Danach schweift ihr Monolog von der Erinnerung an ihre gegenseitige Liebe über die Eifersucht zu einem aus der Erschöpfung geborenen Zustand der Versöhnung. Neighbour(1992), a.a.O., S. 52.
[387] Der Mann liebt eine Frau, die ihn wegen eines anderen Mannes verläßt, aber zu ihm zurückzukehren scheint. Aus dem trügerischen Glauben, sie wiedergewonnen zu haben, schöpft er Kraft, um seinen Feinde standzuhalten, und Anregung für sein künstlerisches Werk. Das Ergebnis seiner Arbeit wird durch ein Schmuckstück symbolisiert, das Neid erregt. Er aber läßt sich nicht vom Glanz blenden. Die Frau betrügt ihn und der Kreis schließt sich. Neighbour(1992), a.a.O., S. 53-54.
[388] Vgl. Sinkovicz(1998), a.a.O., S. 149.

Der Titel ist symbolisch zu verstehen: „Immer intensiver nähern sich die Klänge vertrauten tonalen Bezugsmustern an. Terzengänge setzen sich durch, die zuletzt, in den Schlußtakten des letzten Melodramas, sogar in eine ungeschminkte E-Dur Passage der beiden Streichinstrumente münden dürfen, abgerundet von einigen Dreiklängen im Klavier „O alter Duft aus Märchenzeit."[389]

Der Verzicht Schönbergs auf das Gravitätszentrum der Tonalität tritt in eine entscheidende Phase ein mit der neuen Technik, die Schönberg zunächst „Komposition mit Tönen" nennt, dann präzisiert in dem Begriff „Komposition mit zwölf nur aufeinander bezogenen Tönen." Mit dieser Methode war Schönberg zutiefst überzeugt, jegliche tonale Spur in seiner Musik radikal vermeiden zu können. »*Die Fünf Klavierstücke*« (op.23) enthalten das erste nach der neuen Methode entworfene Werk. Im fünften der Klavierstücke wird die neue Methode angewandt.[390] In den zwischen 1921 und 1924 entstandenen Werken, der »*Suite für Klavier*« (op.25) und dem »*Bläserquintett*« (op.26) konkretisiert sich das neue Verfahren. Im Februar 1923 hielt Schönberg einen Vortrag, um die Zwölftontechnik anhand von Beispielen zu erläutern.[391] »*Das dritte Streichquartett*« (op.30) ist eine der konsequentesten und dichtesten Zwölftonkompositionen Schönbergs. Mit diesem Quartett läßt Schönberg erstmals die Zwänge klassizistischer Formmodelle hinter sich. In den »*Variationen für Orchester*« (op.31) wandte Schönberg seine Zwölftontechnik zum ersten Mal in einem Orchesterwerk an.

Schönberg war angewidert von den neoklassischen Tendenzen, die von Strawinsky vertreten wurden. Wie intensiv Schönberg in dieser Phase die polemische Auseinandersetzung mit anderen gleichzeitigen musikalischen Stilformen führte, zeigt sich an den »*Drei Satiren* (op.28)«. Dieses Chorwerk, das Schönberg in strengem Zwölftonsatz komponierte und dessen Text er selber geschrieben hat, vergegenwärtigt die Intention der Zwölftontechnik Schönbergs, eine neue Form gegen die Hüter der Tradition durchzusetzen. Das erste Stück hat den Titel: »*Tonal oder Atonal?*« Das zweite Stück heißt: »*Vielseitig – Ja wer trommelt denn da?*«: „Ja, wer

---

[389] Sinkovicz(1998), ebenda, S. 149.
[390] Vgl. Sinkovicz(1998), ebenda, S. 170.
[391] Vgl. Freitag(1973), a.a.O., S. 102.

trommelt denn da? Das ist ja der kleine Modernsky! Hat sich einen Bubikopf schneiden lassen; sieht ganz gut aus! Wie echt falsches Haar! Wie eine Perücke! Ganz (wie sich ihn der kleine Modernsky vorstellt), ganz der Papa Bach!" Das letzte Stück: »*Der neue Klassizismus*«, parodiert unmittelbar den Neoklassizismus.

Tabelle 1 Kompositionen Schönbergs

Kompositionsjahr	Kompositionen Schönbergs mit der op. Zahl	Kompositionen Schönbergs ohne op. Zahl
1898	Op.1 Zwei Lieder (1. Dank, 2. Abschied/Text: K. von Levetzow)	
1899	Op.2 Vier Lieder(1. Schenk mir deinen goldenen Kamm, 2. Erhebung, 3. Waldsonne, 4. Dunkelnd über den See/Text: Dehmel)	
1899	Op.3 Sechs Lieder(1. Wie Georg von Frundsberg von sich selber sang/Text: aus »des Knaben Wunderhorn«, 2. Die Aufgeregten/Text: G. Keller, 3. Warnung/Text: Dehmel, 4. Hochzeitslied/Text: Jacibsen, 5. Geübtes Herz/Text: Keller, 6. Freihold/Text:	
1899	Lingg.)	**Gurrelieder** 1900-01
1903	Op.4 Verklärte Nacht, bearb. Für Streichorch. , zweite Version 1943	
1903/5	Op.5 Pelléas und Mélisande. Dichtung nach Maeterlinck	
1905 1904	Op.6 Acht Lieder(1.Traumleben/Text: J. Hart, 2. Alles/Text: Dehmel, 3. Mädchenlied/Text: P. Remer, 4. Verlassen/Text: H. Conradi, 5. Ghasel/Text: Keller , 6. Am Wegrand/Text: J. H. Mackay, 7. Lockung/Text: K. Aram, 8. Der Wanderer/Text: Nietzsche)	
1906 1907/8	Op.7 Streichquartett Nr. 1 Op.8 Sechs Ochesterlieder(1.Natur/Text: H. Hart, 2.Das Wappenschild/Text: aus »des Knaben Wunderhorn«, 3. Sehnsucht/Text: aus »des Knaben Wunderhorn«, 4. Nie ward ich Herrin müd'/Text: Petrarca, 5. Voll jener Süße/Text: Petraca, 6. Wenn Vögel klagen/Text: Petrarca)	
1909	Op.9 Kammersymphonie Nr.1	

1907	Op.10 Streichquartett Nr. 2	
	Op.11 Drei Klavierstücke	
1907	Op.12 Zwei Balladen (1.Jane Grey/Text: H. Amman 2.Der verlorene Haufen/Text: V. Klemperer)	
1907/8	Op.13 Friede auf Erden(Text: C.F. Meyer)	
1908/9	Op.14 Zwei Lieder(1. Ich darf nicht dankend 2. In diesem Wintertagen)	
	Op.15 Das Buch der hängenden Gärten/Text: George(1.Unterm Schutz von dichten Blättergründen 2.Hain in diesen Paradiesen 3.Als Neuling trat ich ein in dein Gehege 4.Da meine Lippen reglos sind und brennen 5.Saget mir, auf welchem Pfade 6.Jedem Werke bin ich fürder tot 7.Angst und Hoffen wechselnd mich beklemmen 8.Wenn ich heut nicht deinen Leib berühre 9.Streng ist uns das Glück und spröde 10.Das schöne Beet beträcht ich mir im Harren 11.Als wir hinter dem berühmten Tore 12.Wenn sich bei heiliger Ruh in tiefen Matten 13.Du lehnest wider eine Silberweide	
1909	14.Sprich nicht immer von dem Laub 15.Wir bevölkerten die	
1909	abend-düstern Lauben)	
1908/13	Op.16 Fünft Orchesterstücke Nr.1	
1911	Op.17 Erwartung(Text: M. Pappenheim)	
1911	Op.18 Die Glückliche Hand(Text: Schönberg)	
1912	Op.19 Sechs kleine Klavierstücke	
	Op.20 Herzgewächse(Text: Macetelinck)	
	Op.21 Dreimal sieben Gedichte aus Albert Girauds »Pierrot Lunaire« (Part 1 1.Mondstrunken 2.Colombine 3.Der Dandy 4.Eine blasse Wäscherin 5.Valse de Chopin 6.Madonna 7.Der kranke Mond Part 2 1.Nacht 2.Gebet an Pierrot 3.Raub 4.Rote Messe 5.Galgenlied 6.Enthauptung 7.Die Kreuze Part 3	Die Jakobsleiter
1913/16	1.Heimweh 2.Gemeinheit 3.Parodie 4.Der Mondfleck 5.Serenade 6.Heimfahrt 7.O alter Duft)	1917-22(Text: Schönberg)
	Op.22 Vier Orchester Lieder(1.Seraphita/Text: Dowson 2.Alle	
1920/23	welche dich suchen/Text: Rilke 3.Mach mich zum Wächter deiner	
1920/23	Weiten/Text: Rilke 4.Vorgefühl/Text: Rilke)	
1921	Op.23 Fünf Klavierstücke	
1923	Op.24 Serenade(Text: Petraca)	

1925	Op.25 Klavier Suite	
	Op.26 Bläserquartett	
1925	Op.27 Vier Stücke(1.Unentrinnbar/Text: Schönberg 2.Du sollst nicht, du mußt/Text: Schönberg 3.Mond und Menschen/Text: Tschan-Jo-Su 4.Der Wunsch des Liebhabers/Text: Hung-So-Fan)	
1924/26 1927	Op.28 Drei Satiren(1.Am Scheideweg 2.Vielseitigkeit 3.Der neue Klassizismus/Text: Schönberg)	
1926/28	Op.29 Suite	**Moses und Aron**
1928/29	Op.30 Streichquartett Nr.3	1930-32(Text:
1928	Op.31 Variationen für Orchester	Schönberg)
1931	Op.32 Von heute auf morgen(Text: M. Blonda)	
1929/30	Op.33a Klavierstück	
1929/30	Op.33b Klavierstück	
	Op.34 Begleitermusik zu einer Lichtspielszene	
1934/36 1936	Op.35 Sechs Stücke(1.Hemmung 2.Gesetz 3.Ausdrucksweise 4.Glück 5.Landsknechte 6.Verbundenheit/Text: Schönberg)	
1939	Op.36 Violinkonzert	
1942	Op.37 Streichquartett Nr. 3	
1938	Op.38 Kammersinfonie Nr.2	
1941	Op.38b Kammersinfonie Nr.2, Bearbeitung für 2 Klavier	
1942	Op.39 Kol nidre	
1942	Op.40 Variationen über ein Rezitativ für Orgel	
1942	Op.41 Ode to Napoleon(Text: Schönberg)	
1942	Op.42 Klavierkonzert	
1945	Op.43a Thema und Variationen	
1946	Op.43b Bearbeitung für große Orchester	
1947	Op.44 Prelude für Orchester und gemischten Chor	
1949	Op.45 Streichtrio	
1933	Op.46 A Survivor from Warsaw(Text: Schönberg)	
	Op.47 Fantasie für Violine mit Klavierbegleitung	
1948	Op.48 Drei Lieder für Gesang und Klavier(1.Sommermüd 2.Tot 3.Mädchenlied/Text: J. Haringer)	
1949 1950	Op.49 Drei Volkslieder für gemischten Chor a capella(1.Es gingen zwei Gespielen gut 2.Der Mai tritt ein mit Freuden 3.Mein Herz in steten Treuen)	

1950	Op.50a Dreimal tausend Jahre(Text:D.D. Runes)	
	Op.50b De profundis	
	Op.50c Modern Psalm(Text: Schönberg)	

Die immer drohendere antisemitische Stimmung in Deutschland zwang Schönberg 1933, nach den USA überzusiedeln. In der Amerika-Zeit beginnt die späte Phase Schönbergs. Die späte Phase war eine entscheidende Wendung in der Kompositionsweise Schönbergs. Diese Phase ist durch eine größere stilistische Vielfalt geprägt, die eine gelegentliche Rückkehr zu tonal gebundenen Kompositionen einschließt. In dieser Zeit komponierte Schönberg nebeneinander zwölftönige und tonale Musik. 1936 beendete Schönberg das »*Violinkonzert*« (op.36), als Komposition die beispielhafte Entfaltung der Zwölftontechnik. Aber in diesem Violinkonzert wurde die Reihenkomposition undogmatisch. Dieses Violinkonzert enthält nach dem Kriterium der Zwölftonreihen einige Fehler. Nach der Beendung der »*II. Kammersymphonie*« (op.38) kam seine musikalische Produktion zu einem aufschlußreichen Stillstand, bis 1941/42 die bedeutenden Werke, die als Werkgruppe mit „Spätstil" bezeichnet werden können, entstanden. Das sind die »*Orgelvariationen*« (op.40), die »*Ode an Napoleon*« (op.41) und das »*Klavierkonzert*« (op.42).

Die Spätwerke haben eine retrospektive Attitüde. Was er in Amerika schrieb, überträgt viel Wesentliches aus der zweiten und dritten Periode auf das Zwölftonverfahren. „»*Das Vierte Quartett*« op.37 und das »*Violinkonzert*« op. 36 sind verwandt, im Ton, in der Themenbildung, im Schwung der Form ans Erste Quartett und die Erste Kammersymphonie."[392] Diese Werke sind vom Nebeneinander der alten und der neuen Formen, der tonalen und der seriellen Modi geprägt. Mit dieser progressiven Wiederbelebung früherer musikalischer Prinzipien erreichte Schönbergs Musik einen Wendepunkt. Im Klavierkonzert orientiert sich Schönberg in der Reihenkonzeption an der Idee einer Synthese traditioneller Prinzipien. Damit greift er auf frühere eigene Werke zurück, hier auf die »*I. Kammersymphonie*« (op.9). Das »*Streichtrio*« (op.45) und die »*Fantasie für Violine mit Klavierbegleitung*« (op.47) knüpfen an Schönbergs expressionistische Pha-

---

[392] Adorno(1957), *Arnold Schönberg(I)*, S. 321.

se an. Daneben wird der religiöse Charakter seiner Werke immer deutlicher: »*A Survivor from Warsaw*« (op.46), »*Dreimal tausend Jahre*« (op.50a), »*De profundis*« (op.50b) und »*Modern Psalm*« (op.50c). Die religiösen Werke geben dem Spätwerk eine besondere Physiognomie.

2. DIE SUCHE NACH DER VERGESSENEN NATUR: DIE FREIE ATONALITÄT SCHÖNBERGS

Die musikalische Revolution Schönbergs vollzog sich nicht in der Vollendung irgend eines Stilprinzips, sondern in der Durchbrechung aller vergangener Ästhetik und aller Voraussetzungen der Konventionen der abendländischen Musik. Das kompositorische Hauptanliegen Schönbergs war, wie er selbst äußert, »das Unerhörte« in die Musik einzuführen. Schönberg beschreibt die neue Musik wie folgt: „Offensichtlich muß das Musik sein, die, obwohl sie immer noch Musik ist, sich in allem Wesentlichen von früher komponierter Musik unterscheidet. Offensichtlich muß sie etwas ausdrücken, was bisher noch nicht in der Musik ausgedrückt worden ist."[393]

Die Suche Schönbergs nach dem Unerhörten beginnt bei seiner Auseinandersetzung mit dem musikalischen Material, das ihm als Vorgegebenes gegenübersteht. In dieser Auseinandersetzung konfrontiert Schönberg den Ausdruckswillen des Komponisten als Subjekts und das Material. Die Geschichte seines kompositorischen Schaffens ist die der Auseinandersetzung mit diesem Bruch. Die großen Komponisten haben immer ein Ungenügen gefühlt im Hinblick auf das ihnen äußerliche, zwanghafte Moment der Musik. So begegnet Schönberg der folgenden Schwierigkeit beim Komponieren: „Auf der einen Seite ist sie (d.h. die Musik) in ein System, das der Dreiklänge, der Tonarten und ihrer Verhältnisse, eingespannt. Auf der anderen Seite sucht das Subjekt in ihr sich auszudrücken, will anstelle jeder ihm bloß äußerlich gesetzten Norm die Gesetzlichkeit aus sich selbst heraus zeitigen."[394] Die etablierte Allgemeinheit der Tonalität und die Su-

---

[393] Schönberg(1995), *Stil und Gedanke*, S. 41-42.
[394] Adorno(1967), *Zum Verständnis Schönbergs*, S. 435.

che nach den neuen Klängen des kompositorischen Subjekts treten in Widerspruch zueinander. Diesen Widerspruch hat Schönberg ernstgenommen und ihn als Impuls der kompositorischen Phantasie eingesetzt:

> Ob man sich als konservativ oder revolutionär bezeichnet, ob man in konventioneller oder fortschrittlicher Weise komponiert, ob man versucht, alte Stile nachzuahmen oder ob man vom Schicksal dazu bestimmt ist, neue Gedanken auszudrücken – ob man ein guter Komponist ist oder nicht –, man muß von der Unfehlbarkeit der eigenen Phantasie überzeugt sein und an die eigene Inspiration glauben. Trotzdem wird der Wunsch nach einer bewußten Beherrschung der neuen Mittel und Formen in jedem Künstler aufsteigen; und er wird die Gesetze und Regeln, die die Formen, die er wie »im Traum« empfangen hat, beherrschen, bewußt kennen wollen. Wie sehr überzeugend der Traum auch gewesen sein mag, die Überzeugung, daß diese neuen Klänge den Gesetzen der Natur und den Gesetzen unserer Denkweise gehorchen – die Überzeugung, daß Ordnung, Logik, Faßlichkeit und Form ohne Befolgung dieser Gesetze nicht vorhanden sein können – treibt den Komponisten auf Entdeckungsreise.[395]

Schönberg macht seine Entdeckungsreise in das Unerhörte, indem er die Anweisungen, die die geschichtliche Tendenz des Materials an ihn ergehen läßt, befolgt und sie gleichzeitig verändert. Es gibt kein ewiges, unveränderliches musikalisches Material. Die sprengende Phantasiekraft Schönbergs unternimmt es, alle vorgegebenen musikalischen Seinsbestände zu destruieren. Was einmal schön klingt, kann nicht ewig schön sein. Die traditionellen Klänge, die als Verkörperung der ewigen Schönheit in der Musik postuliert werden, werden von Schönberg in Frage gestellt. Er sucht mehr das Neue als das Vorhandene:

> Die Schäbigkeit und Vernutzbarkeit des verminderten Septimakkords oder gewisser chromatischer Durchgangsnoten in der Salonmusik des neunzehnten Jahrhunderts gewahrt selbst das

---
[395] Schönberg(1995), a.a.O., S. 109.

stumpfere Ohr. Für das technisch erfahrene setzt solches vage Unbehagen in einen Kanon des Verbotenen sich um. Wenn nicht alles trügt, schließt er heute bereits die Mittel der Tonalität, also die der gesamten traditionellen Musik, aus. Nicht bloß, daß jene Klänge veraltet und unzeitgemäß wären. Sie sind falsch. Sie erfüllen ihre Funktion nicht mehr. Der fortgeschrittenste Stand der technischen Verfahrungsweise zeichnet Aufgaben vor, denen gegenüber die traditionellen Klänge als ohnmächtige Clichés sich erweisen. (PdnM, S.40)

Um den entscheidenden Unterschied zwischen den kompositionstechnischen Erneuerungen vor Schönberg und denen Schönbergs deutlich zu machen, verweist Adorno auf eine merkwürdige Doppelheit der Struktur der Musik. Während in der traditionellen Musik „ein Ausgleich zwischen dem Schema und dem je Einmaligen der durchkomponierten Musik"[396] angestrebt wurde, befreit Schönberg die zweite, latente Struktur der Musik:

Unter der Fassade lag eine zweite, latente Struktur. Sie war vielfältig von der Fassade determiniert, hat aber zugleich auch jene, als ein dauernd Problematisches, stets aufs neue aus sich hervorgebracht und gerechtfertigt. Traditionelle Musik verstehen hieß immer auch: sich der Fassadenstruktur jener zweiten innewerden und das Verhältnis der beiden realisieren. Dies Verhältnis war, kraft der gesellschaftlichen Emanzipation der Subjektivität, so prekär geworden, daß am Ende beide Strukturen auseinanderklafften. Schönbergs spontane Produktivkraft vollstreckte einen objektiven historischen Richterspruch: *er hat die latente Struktur freigesetzt, die manifeste beseitigt.*[397]

Schönberg vollbringt demnach nichts anderes, als daß er die latente Struktur der Musik, die von den meisten Hörern der traditionellen Musik kaum wahrgenommen wird, nach außen stülpt. Die Freilassung der latenten Struktur der Musik, d.h. die Komposition mit Hilfe der freien Tonalität, er-

---

[396] Adorno(1967), *Zum Verständnis Schönbergs*, S. 436.
[397] Adorno(1952), *Arnold Schönberg. 1874-1951*, S. 160. (Hervorhebung von mir)

schüttert die gesamte Tradition der abendländischen Musik, wie es die Entdeckung des Unbewußten durch Freud getan hat.[398] Die freie Atonalität Schönbergs ist die „Explosion des Unbewußten":

> Das eigentlich umstürzende Moment an ihm ist der Funktionswechsel des musikalischen Ausdrucks. Es sind nicht Leidenschaften mehr fingiert, sondern im Medium der Musik unverstellt leibhafte Regungen des Unbewußten, Schocks, Traumata registriert. Sie greifen die Tabus der Form an, weil diese solche Regungen ihrer Zensur unterwerfen, sie rationalisieren und sie in Bilder transponieren. Schönbergs formale Innovationen waren der Änderung des Ausdrucksgehalts verschwistert. Sie dienen dem Durchbruch von dessen Wirklichkeit. (PdnM, S.44)

Das Bedrohende der Dissonanz Schönbergs drückt nach Adorno die reale Angst des Menschen in der verwalteten Gesellschaft aus. Der Ausdruck nimmt bei Schönberg einen „Protokollcharakter" an. Der Durchbruch der Realität konkretisiert sich bei Schönberg in der Dialektik der Einsamkeit. Der Protokollcharakter des Unbewußten, des Schocks und des Traumas zeigt sich exemplarisch am Monodrama »*Erwartung*«. Die Frau, die nachts ihren Geliebten sucht und ihn schließlich ermordet findet, drückt unmittelbar das Gefühl der Angst, der Einsamkeit aus. Die »*Erwartung*« wird von Adorno als die „seismographische Aufzeichnung traumatischer Schocks" konzipiert: „Das Gedächtnis von Haß und Begierde, Eifersucht und Verzeihung und darüber hinaus die ganze Symbolik des Unbewußten wird ihr abgerungen; und die Musik erinnert sich ihres tröstenden Einspruchsrechts erst mit dem Wahnsinn der Heldin."(PdnM, S.47)

Die Freisetzung der latenten Struktur bedarf der Kritik an dem Gedanken, der „dem Tonmaterial an sich oder selbst dem durch das System der Temperatur filtrierten" ein ontologisches Eigenrecht zuschreibt. (PdnM, S.39) Diese Ontologisierung des Tonmaterials basiert auf der Vorstellung, daß „ein Grundton, die Tonika, den Aufbau der Akkorde beherrscht und ihre Aufeinanderfolge regelt."[399] In der europäischen Musik wird die Tonali-

---
[398] Vgl. Brinkmann(1997), a.a.O., S. 196-197.
[399] Schönberg(1995), a.a.O., S. 106.

tät als „Natur" angesehen, aber sie stellt für Adorno nur die „rationalisierte Natur" dar. Adorno betrachtet, anschließend an die These Max Webers von der Rationalisierung der Musik, Tonalität nicht als den Ursinn der Musik, sondern als ein Produkt des Rationalisierungsprozesses. In der Kategorie der Tonalität versteckt sich die ganze Problematik der Rationalisierungstendenz. Die Tonalität läuft geschichtlich parallel zur Naturbeherrschung des Menschen, insofern sie ein gesellschaftlich produziertes System als »Natur« substituiert. Tonalität ist ein Produkt der Gewalteinwirkung des Menschen auf die Natur der Klänge.

Was von der Musik im Namen der Natur behauptet wird, enthält in Wahrheit in sich bereits das Moment der Rationalisierung. Die musikalische Natur ist immer schon die zweite Natur. Die Tonalität ist in der Musik eine behauptete Existenzbedingung für die Natur geworden und das macht dem Bewußtsein des Menschen den Abschied von ihr so schwer. Aber die Musik Schönbergs lehnt sich auf gegen den Schein einer solchen zweiten Natur. Adorno deutet die Atonalität nicht nur vom Gesichtspunkt der musikalischen Rationalisierung, sondern auch von der Naturgeschichte im allgemeinen aus:

> Atonalität ist nicht Sache einer luftdicht gegen die Außenwelt abgeschlossenen Musikgeschichte, sondern die Durchbrechung der tonalen Grenzen hat reale Bedeutung: es verzichtet ein Bewußtsein auf Tonalität, das sich nicht mehr bei der naturhaften Statik seiner Existenzbedingungen zu bescheiden gedenkt, sondern dessen aufrührerische Produktivkraft selber evident wird. Sie will nicht nur die naturalen Voraussetzungen verändern mehr, sondern trachtet das Naturmaterial in die Gewalt zu nehmen und in engster Fühlung mit dessen Art, aber frei von seinem dämonischen Zwang, es international zu durchdringen. Solcher Wille ist aber nicht isoliert musikalisch, sondern zugleich, ob auch uneingestandenermaßen politisch.[400]

Die Musik kennt kein Naturrecht. Es gibt keinen Ursinn in der Musik. Die tonalen Mittel, die als natürliche Urgegebenheit betrachtet und als eine

---

[400] Adorno(1929), *Atonales Intermezzo*, S. 96.

Selbstverständlichkeit in der Musik hochgeschätzt werden, sind keine Urgegebenheit der Musik, sondern „selber ein geschichtlich Entsprungenes, Entstandenes, Gewordenes, und damit auch Vergängliches."[401] Das ihr Natürliche wird als zweite Natur evident. Dem Schein der Musik, der die konventionelle Allgemeingesetzlichkeit rechtfertigt, tritt Schönberg entgegen. Schönberg entlarvt den dämonischen Aufruhr, der sich heute als musikalisches Naturrecht proklamiert, als Ideologie. Er betrachtet die Tonalität nicht als das Allgemeine der Musik, aus der das Besondere der Musik gezogen werden kann. Sie stellt vielmehr nur den Schein dar. Das einmal als Objekt gesetzte Material verliert im Lauf der Geschichte seinen ursprünglichen Sinn als Träger der subjektiven Ausdrucksimmanenz und wird zur bloßen zweiten Natur. Die Versöhnung zwischen dem Allgemeinen und dem Besonderen in der Tonalität erweist sich als Schein. Das Postulat der tonalen Harmonie bedeutet nichts anderes, als daß das Besondere dem Allgemeinen unterworfen werden soll; der einzelne Ton soll immer Repräsentant des ganzen Schemas sein:

> Wenn Musik vor anderen Künsten durch die Absenz des Scheins, dadurch, daß sie kein Bild macht, privilegiert ist, dann hat sie doch durch die unermüdliche Aussöhnung ihrer spezifischen Anliegen mit der Herrschaft der Konventionen am Scheincharakter des bürgerlichen Kunstwerks nach Kräften partizipiert. Ihm hat Schönberg die Gefolgschaft gekündigt, indem er eben jenen Ausdruck ernst nahm, dessen Subsumtion unters versöhnlich Allgemeine das innerste Prinzip des musikalischen Scheins ausmacht. Seine Musik dementiert den Anspruch, Allgemeines und Besonderes seien versöhnt. (PdnM, S.45)

Das Spezifische der Musik ist begrenzt durch ein ihr Äußerliches, Konventionelles. Um das Besondere von der Herrschaft des Allgemeinen zu befreien, verabschiedet sich Schönberg von der Vorstellung, daß der Fortschritt der künstlerischen Mittel sich in stetigem, gleichsam organischen Fortschritt vollzieht. Dagegen vertritt Schönberg die Diskontinuität der dialektischen Bewegung des Materials. Sie verbietet Kontinuität und

---

[401] Adorno(1965), *Schwierigkeiten*, S. 257.

Entwicklung: „Aber in die Kunstwerke, auch die musikalischen, gehen Bewußtsein und Spontaneität von Menschen ein, und stets wieder machen sie den Schein kontinuierlichen Wachstums zunichte. Einzig der Aberglaube, der das Verdinglichte und Verfestigte, wenn man will, gerade das der Natur Entfremdete, fetischistisch mit Natur verwechselt, wacht darüber, daß in Kunst nicht versucht werden darf."[402] Die Konventionen der Musik sind für Adorno als Inbegriff des verdinglichten Materials aufzufassen. Das musikalische Material wird verdinglicht, wenn dessen eigentlicher Sinn vergessen wird, wonach es aus der Dialektik von Objekt und Subjekt in der Vergangenheit entstanden ist. Das Besondere kann von der Verdinglichung befreit werden, wenn das „Vergessenwerden" bewußt wird.

Schönberg fordert den Schein der Musik heraus, der darin besteht, daß „in aller herkömmlichen Musik vorgegebene und formhaft sedimentierte Elemente so eingesetzt werden, als ob sie unverbrüchliche Notwendigkeit dieses einen Falles wären."(PdnM, S.45) Schönberg empfindet die musikalische Außenstruktur als falsche Fassade. Die musikalische Außenstruktur muß fallen, und die latente Struktur muß sich manifestieren, damit das funktionell Notwendige hörbar wird.[403] In der musikalischen Entwicklung wurde fraglich, „ob eine Tonika das Zentrum bleibt, auf das jede Harmonie und Harmoniefolge bezogen sein mußte."[404] Der Glaube, daß Konsonanz Wohlklang und Dissonanz Mißklang ist, wird nun einer skeptischen Überprüfung unterzogen. Die Entgegensetzung der Begriffe wie Konsonanz und Dissonanz ist für Schönberg nicht mehr glaubwürdig. Schönberg führt hier die Emanzipation der Dissonanz ein, die Komposition in der freien Tonalität. Er faßt den Unterschied zwischen Konsonanz und Dissonanz nicht als einen ontologischen Tatbestand, sondern als Produkt der Gewohnheit auf: „Das Ohr hatte nach und nach eine Vielzahl von Dissonanzen kennengelernt und so die Furcht vor ihrer sinnstörenden Wirkung verloren."[405]

Atonalität ist kein Zufallsprodukt eines experimentierenden Willens, sondern gefordert von der aktuellen Erkenntnis des geschichtlichen Standorts der Musik und des Musikmaterials.[406] Dieser Standort verweist auf das

---

[402] Adorno(1952), *Arnold Schönberg. 1874-1951*, S. 159.
[403] Adorno(1967), *Zum Verständnis Schönbergs*, S. 437.
[404] Schönberg(1995), a.a.O., S. 106.
[405] Schönberg(1995), a.a.O., S. 107.
[406] Vgl. Adorno(1929), *Atonales Intermezzo*, S. 95.

Komponieren in der freien Tonalität, auf einen freien Gebrauch der Dissonanzen. Mit der Komposition der freien Tonalität führt Schönberg »das Unerhörte« in die Musikgeschichte ein. Nachdem Schönberg die Fassade der Tonalität beseitigt hat, öffnet sich ein musikalischer Raum der Freiheit. Der Vorwurf, daß die Musik Schönbergs unverständlich und unzugänglich sei, entsteht nicht, weil die Musik Schönbergs chaotisch und zufällig wäre, sondern weil die traditionelle Musik durch und durch vom Schema der Tonalität geprägt ist. Die Schwerverständlichkeit Schönbergs hängt mit seinem Anspruch, daß Musik wahr sein soll, zusammen. Die Musik Schönbergs verlangt Konzentration beim Hören; dies ist das Gegenteil der von der Kulturindustrie verstärkten Hörgewohnheit, die „Musik mehr oder minder dekonzentriert, als Folge isolierter sinnlicher Reiz wahrzunehmen."[407]

Der Komponist komponiert in der freien Tonalität, »als ob« es überhaupt keine Dissonanz gäbe. Nun behandelt der Komponist die Dissonanz wie die Konsonanz und verzichtet auf ein tonales Zentrum. Den entscheidenden Schritt in die freie Tonalität tut Schönberg im »zweiten Streichquartett« (op.10). Adorno schätzt das »Streichquartett« (op.10) hoch ein, weil er findet, daß in diesem Stück sich eine entscheidende Wendung Schönbergs weg von der traditionellen Musik zeigt. Adorno schreibt dazu: "Wenn ich sage, daß Schönberg eine neue Sprache der Musik aus der traditionellen entwickelt hat, so ist dieser Prozeß in keinem seiner Werke deutlicher sichtbar als im fis-moll-Quartett, das in sich selber den Weg von der Tonalität bis zur vollkommenen harmonischen Freizügigkeit beschreibt."[408]

Im dritten Satz verwandte Schönberg das Gedicht »Litanei« von George. Es ist das ek-statische Gebet eines Pilgers, der am Ziel seiner Reise Gott um Linderung seiner Qualen, um das Licht der Erkenntnis und um Abschied von der sinnlichen Liebe bittet. Das Gedicht »Entrückung«, das Schönberg im Schlußsatz vertonte, suggeriert die Erfüllung des Gebets aus der »Litanei«. Der Befreiung der Seele vom Irdischen entspricht in der Musik die Loslösung von den Fesseln der Tonalität. Der letzte Satz dieses Streichquartetts, in dem die Dichtung »Entrückung« aus der »Litanei« von

---

[407] Adorno(1967), *Zum Verständnis Schönbergs*, S. 434.
[408] Adorno(1940), *Zum Rundfunkkonzert vom 22. Februar 1940*, S. 577.

Stefan George vertont wird, kündigt alle Zusammenhänge mit überlieferten Instrumentalformen auf. Der Satz: »ich fühle luft von anderen planeten«, mit dem der letzten Satz des Quartetts beginnt, steht für die Auflösung der Herrschaft der Tonalität und für den Aufbruch in eine neue Welt der Musik. Der Finalsatz des Quartetts ist ein Abgesang auf die drei vorangehenden Sätze. Im Kopfsatz kommt es zwar zum sonatentypischen Themenkontrast, doch setzt das zweite Thema ohne Überleitung bereits nach 12 Takten ein. Im Scherzo läßt Schönberg in unheimlicher Geschwindigkeit einen Wirbel grell aufzuckender Gestalten vorüberziehen. An einer Stelle wird das Lied »*Oh Du lieber Augustin. (...) Alles ist hin*« zitiert, eine Anspielung auf den Zusammenbruch aller musikalischen Überlieferungen:[409] „Weiten Teilen dieser Musik fehlt der Bezug auf einen Grundton, so daß die pointiert-melodische Kadenz nach Fis-Dur am Ende als ein absichtsvolles Signal für den sich vollziehenden Zusammenbruch der Tonalität entstehen kann."[410]

Die Formgestalt der in der freien Tonalität komponierten Stücke wird durch „ihre äußerste Ausdrucksstärke und ihre außerordentliche Kürze"[411] charakterisiert: „Was in diesem Quartett vorgeht, ist eine Reduktion der musikalischen Sprache auf das ihr absolut Wesentliche, vergleichbar etwa dem Kampf, den die moderne Architektur seit 30 Jahren gegen das Ornament führt. Die Themen sind ganz knapp gefaßt, kein schmückendes Beiwerk, keine undeutlichen Fortsetzungen kommen vor, sondern es wird alles ganz präzis aufgestellt und dann ebenso präzis verarbeitet, ohne daß noch eine zufällige Note übrigbleibe. Der Form nach ist der Satz ein Sonatensatz, aber auch die Form ist aufs äußerste zusammengedrängt und alles Überflüssige vermieden."[412]

Mit der größeren Dichte und Konsistenz der Werke wird die Musik Schönbergs empfindlich gegenüber allem Schmückenden, Ornamentalen. Ihre Kürze rührt vom Anspruch der Wahrheit her, der das Überflüssige verbietet. Schönberg hat einmal formuliert, Kunst solle nicht schmücken,

---

[409] Vgl. Hans-Ulrich Fuss, zitiert nach dem CD-Beiheft, Schönberg, The Expressionist Years 1908-1920, Sony Music, S. 9.
[410] Freitag(1973), a.a.O., S. 42.
[411] Schönberg(1995), a.a.O., S. 108.
[412] Adorno(1940), *Zum Rundfunkkonzert vom 22. Februar 1940*, S. 577.

sondern wahr sein:[413] „Musik, zum Augenblick geschrumpft, ist wahr als Ausschlag negativer Erfahrung. Sie gilt dem realen Leiden. In solchem Geist demoliert die neue Musik die Ornamente und damit systematisch-extensiven Werke."(PdnM, S.43) Die Integrationstendenz der Musik Schönbergs, die in der lückenlosen Ausrichtung des Materials und seiner Durchbildung zum Werk auf der Vergegenständlichung eines aus innerer Notwendigkeit geborenen Selbstausdrucks besteht, wird zum Moment von dessen Wahrheit. Der Wahrheitsanspruch zwingt dazu, ein Höchstmaß an Darstellungskonzentration anzustreben. Alles, was das Werk konstituiert, muß der Tendenz nach wesentlich sein. Schönberg fordert eine Unbedingtheit des Ausdrucks ohne Schmücken – die Abwesenheit sämtlicher Elemente außerhalb der unmittelbaren Wechselwirkung zwischen Ausdruck und Material. Für Schönberg entfaltet sich die Dialektik zwischen dem Komponisten und dem musikalischen Material in der technischen Stimmigkeit:

> Die höchste Strenge, nämlich die lückenlose der Technik, enthüllt sich in letzter Instanz tatsächlich als höchste Freiheit, nämlich als die zur Verfügung des Menschen über seine Musik, die einmal mythisch begann, zur Versöhnung sich sänftigte, als Gestalt ihm sich gegenübersetzte und endlich ihm zugehört kraft einer Verhaltensweise, die sie in Besitz nimmt, indem sie völlig ihr zugehört.[414]

Die Musik der thematischen Arbeit, welche die subkutane Struktur ausmacht, tritt zunächst bei Schönberg zurück. Als Kritik an der Sonate wird die Musik Schönbergs zur Rekonstruktion des reinen musikalischen Gefüges, das keine Floskel duldet. Seine Werke haben den Grundzug der Konzentration, der Ökonomie der motivischen Arbeit, ohne den Trug der falschen Positivität. In den sich entwickelnden Variationen löst sich die Musik vom thematischen Bezug. Als ein Beispiel dafür wird von Adorno die »*I. Kammersymphonie*« genommen: „Jeder Einfall vom ersten Takt an

---

[413] Die aggressive Forderung Schönbergs nach Ausgrenzung von Ornament und Dekor aus der Kunst beeinflußt bekanntlich Adolf Loos. Vgl. dazu Hansen(1993), *Arnold Schönberg. Ein Konzept der Moderne*, S. 26ff.
[414] Adorno(1934), *Der Dialektische Komponist*, S. 203.

ist kontrapunktisch und birgt die Möglichkeit seiner Durchführung in sich; jede Durchführung bewahrt sich die Spontaneität des ersten Einfalls. (...) Schönberg hat in seinem letzten Buch beschrieben und belegt, wie er in der Exposition der Kammersymphonie. (...), die übliche Vorstellung von der Konsequenz offenbarer thematischer Bezüge opferte und statt dessen die Konsequenz aus dem inneren Gefüge des Themas zog."[415] Mit dieser Loslösung vom thematischen Bezug wird die Musik Schönbergs zum Ausdruck des Ausdruckslosen. Somit entwirft Schönberg eine Sprache, die der menschlichen Sprache nicht gleicht: „Musik, die sich treiben läßt von der reinen und unverstellten Expression, wird gereizt empfindlich gegen alles, was diese Reinheit antasten könnte, gegen jegliche Anbiederung an den Hörer wie jegliche des Hörers an sie, gegen Identifikation und Einfühlung"[416]

3. DIE DIALEKTIK DER ZWÖLFTONTECHNIK

3.1 ZWÖLFTONTECHNIK UND FREIHEIT DES KOMPONISTEN

Die Auflösung der tonalen Strukturen hatte die Verkürzung der kompositorischen Strukturen nach sich gezogen. Es mußte, wollte die Musik nicht zum Verstummen kommen, eine neue Grundlage geschaffen werden, auf der auf längeren Strecken sinnvolle musikalische Entwicklungen möglich waren. Die Zwölftontechnik entstand aus dieser Notwendigkeit, die befreiten Töne unter einem gewissen Gesetz stehen zu lassen. Mit der Entfesselung der Tonalität ist die Möglichkeit gewachsen, das Material technisch zu beherrschen: „Es ist, als hätte die Musik dem letzten vermeintlichen Naturzwang sich entwunden, den ihr Stoff ausübt, und vermöchte frei, be-

---

[415] Siehe Adorno(1952), *Arnold Schönberg. 1874-1951*, S.163: „Im ersten Quartett wird bedingungslose Ökonomie der motivischen Arbeit, weit noch über Brahms hinaus, realisiert, bis zur vollkommenen Einheit von Thematik und Durchführung; zugleich das viersätzige Sonatenschema einsätzig verklammert." Adorno(1934), *Arnold Schönberg (II)*, S. 395.
[416] Adorno(1952), *Arnold Schönberg. 1874-1951*, S. 164.

wußt und durchsichtig über diesem zu schalten."(PdnM, S.55) Aus dieser Idee einer rationalen Durchorganisation des gesamten musikalischen Materials entwickelt Schönberg die Zwölftontechnik, die er selber als eine „Methode zur Komposition mit zwölf nur aufeinander bezogenen Tönen"[417] bezeichnet hat. Seit 1923 komponiert Schönberg mit dieser Technik. Das Ziel dieser Technik ist die Schaffung einer neuen „Ordnung und Gesetzmäßigkeit", um den Mythos der ewigen Tonalität zu zerstören. Die Entstehung dieser Technik bezeichnet Schönberg als geschichtlich „notwendig": „Die Vorstellung, daß ein Grundton, die Tonika, den Aufbau der Akkorde beherrsche und ihre Aufeinanderfolge regelt – der Begriff der Tonalität –, mußte sich zuerst zum Begriff der erweiterten Tonalität entwickeln. Sehr bald wurde fraglich, ob solch eine Tonika noch das Zentrum blieb, auf das jede Harmonie und Harmoniefolge bezogen sein mußte. Weiter wurde sehr bald fraglich, ob eine Tonika, die am Anfang, am Schluß oder an irgendeiner anderen Stelle auftrat, wirklich eine konstruktive Bedeutung hatte."[418] Diese Technik gewährleistet die vollkommene Verfügbarkeit des Komponisten über sein Material: „Schönberg der Konstrukteur, ordnet das Material; Schönberg, der Komponist stellt es ganz in den Dienst der jeweiligen Kompositionsintention."[419]

Diese Methode besteht in erster Linie aus der ständigen und ausschließlichen Verwendung einer Reihe von zwölf verschiedenen Tönen. Jede zwölftontechnische Komposition beruht auf einer bestimmten Anordnung aller zwölf Töne. Kein Ton innerhalb der Reihe wird wiederholt. Die Reihe der zwölf verschiedenen und auf keinen Fall wiederholten Töne steht der Herrschaft der Tonalität entgegen. Die Vermeidung der Wiederholung eines einmal in einer Reihe verwandten Tones legitimiert sich durch den Vollzug der Auflösung der Tonalität. Die Vermeidung der Tonwiederholung bei der Zwölftontechnik ist sinnvoll, weil sonst die Gefahr entstünde, den wiederholten Ton als Tonika zu deuten. Wie Schönberg bemerkt, entsteht das zwölftontechnische Wiederholungsverbot der einmal verwendeten Töne, um die allumfassende Herrschaft der Tonalität zu dekonstruieren und dem Komponisten Freiheit zu lassen:

---

[417] Schönberg(1995), a.a.O., S. 110.
[418] Schönberg(1995), a.a.O., S. 106-107.
[419] Adorno(1967), *Zum Verständnis Schönbergs*, S. 442.

Verdoppeln heißt Betonen, und ein betonter Ton könnte als Grundton oder sogar als Tonika gedeutet werden; die Folgen einer solchen Deutung müssen vermieden werden. Selbst eine entfernte Erinnerung an die frühere tonale Harmonik wäre störend, weil sie falsche Erwartungen hinsichtlich der Konsequenzen und Fortführungen wecken würde.[420]

Diesen Aspekt der Zwölftontechnik faßt Adorno als eine „negative" Zwölftontechnik – die Zwölftontechnik als Regulativ zur Fernhaltung tonal kadenzierender Residuen: „Es gibt nur eine negative Zwölftontechnik, als äußersten rationalen Grenzfall der Loslösung von der Tonalität."[421] Jeder Komposition liegt eine einzige Reihe zugrunde. Der gesamte Verlauf der Komposition nach dem Prinzip der Zwölftontechnik ist aus der jeweiligen Grundreihe abgeleitet.

Notenbeispiel I: Grundstruktur der Zwölftontechnik

(Quelle: Schönberg, Komposition mit zwölf Tönen, S.110)

---

[420] Schönberg(1995), a.a.O., S. 111.
[421] Vgl. Adorno(1997), Brief an Alban Berg, 19. August 1926, S. 104.

Notenbeispiel II: Grundstruktur der Zwölftontechnik

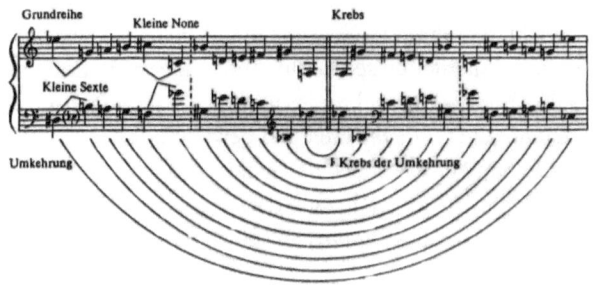

(Quelle: Schönberg, Komposition mit zwölf Tönen, S. 117)

Um Eintönigkeit zu vermeiden, wird die Grundreihe in gewissen Abwandlungen verwendet: erstens der Umkehrung, zweitens dem Krebs und drittens dem Krebs der Umkehrung.[422] Damit entstehen 48 verschiedene Gestalten. Auswahl und Anordnung der Reihengestalten stehen dem Komponisten frei und können als Mittel der Formenbildung dienen. Die Reihe selbst soll als einheitsstiftendes Element wirken und darf darum weder verändert und noch unvollständig gemacht werden:

> Das Komponieren beginnt in Wahrheit erst, wenn die Zwölftondisposition fertig ist. Daher hat denn auch diese das Komponieren nicht leichter sondern schwerer gemacht. Sie verlangt, daß jedes Stück, sei es der einzelne Satz, sei es auch ein ganzes mehrsätziges Werk, aus einer »Grundgestalt« oder »Reihe« abgeleitet werde. Darunter wird eine jeweils bestimmte Anordnung der zwölf im temperierten Halbtonsystem verfügbaren Töne verstanden, wie etwa cis-a-h-g-as-fis-d-e-es-c-f in der ersten von Schönberg publizierten Zwölftonkomposition. Jeder Ton der gesamten Komposition ist durch diese Reihe determiniert: es gibt keine »freie« Note mehr. (PdnM, S.63)

---

[422] Adorno(1957), *Arnold Schönberg (I)*, S. 318.

Das Verhältnis von Material und Geist, von Vorgegebenem und subjektivem Eingriff, von dem zu Formenden und der Form stellt sich in der zwölftontechnischen Komposition erneut her. Die Beziehung, die sich in der klassischen Sonatenform etablierte, verändert sich zwischen dem Thema und seiner Durchführung. Die Sonate hat ihr Kernstück in der Durchführung. Technisch beruht diese Durchführung auf der Verfahrensweise der Variation. Die Variation ist mehr oder minder die Paraphrasierung eines in sich als unveränderlich vorgestellten und bewahrten Themas. Für die Form eines musikalischen Kunstwerkes als Ganzes bedeutet dies, daß es aus einem einzigen zentralen Motiv heraus entwickelt werden muß, wie umgekehrt alle Teilereignisse des Werkes auf ein zentrales Motiv zurückführbar sein müssen.

Die Zwölftontechnik ist dagegen ein Verfahren totaler Variation: „Indem aber die Zwölftontechnik das Prinzip der Variation, das, was man in der traditionellen Musik thematische Arbeit nannte, absolut setzt; indem alles, was überhaupt geschieht, thematische Arbeit wird, hört die thematische auf, selber den Inhalt des Komponierens zu bilden."[423] Die Unsichtbarkeit des Einheitsmoments gegenüber der thematischen Arbeit ist zentral für das Reihenprinzip. Es werden keine Variationen über Themen mehr komponiert. Je unauffälliger eine Gestalt erscheint, um so mehr taugt sie dazu, zur Reihe zu werden. Buchstäblich jede Gestalt ist thematisch, also entweder unmittelbar Bestandteil einer der Teilgestalten des Themas oder einsichtig daraus gewonnen worden. Die Reihe tritt keineswegs bloß melodisch, sondern ebenso harmonisch auf, und jeder Ton der Komposition, ohne jede Ausnahme, hat seinen Stellenwert in der Reihe oder einem ihrer Derivate: "Jetzt wahrhaft wird gleichsam jede Note thematisch. Wo aber alles thematisch ist, verliert der Begriff des Thematischen, gegenüber dem bloßen Übergang oder der unverbindlichen Episode, seinen Sinn; nichts mehr ist thematisch, nämlich mehr thematisch als anderes. Diesem Sachverhalt wird die Zwölftontechnik gerecht."[424] In der Zwölftontechnik werden Harmonik und Melodik tendenziell einander gleichgesetzt. Die Reihe soll sowohl die Melodik als auch die Harmonik (die Zusammenklänge) konstituieren. Die Divergenz von Vertikaler und Horizontaler wird in der

---

[423] Adorno(1955), *Neue Musik heute*, S. 129.
[424] Adorno(1967), *Zum Verständnis Schönbergs*, S. 443.

Reihe beseitigt. Die Zwölftontechnik ist nichts anderes als „die Synthese eines völlig freigesetzten, von tonalen Rudimenten gereinigten Materials mit dem ebenso konsequent gehandhabten Prinzip der thematischen Arbeit, oder, wenn man will, dem Primat der Variation."[425]

3.2 ANTINOMIE DER ZWÖLFTONTECHNIK

Adornos kompositorische und theoretische Auseinandersetzung mit der Zwölftontechnik ist vor allem in historischer Hinsicht differenziert.[426] In den 20er und 30er Jahren bewertet Adorno die Zwölftontechnik im allgemeinen positiv. Adorno konzentriert sich auf die Verteidigung der Zwölftontechnik gegen den Einwand, daß sie eine willkürlich ausgedachte Regel sei. Gegen die Kritik an der Zwölftontechnik betont Adorno ihre historische Notwendigkeit angesichts des historischen Standorts des musikalischen Materials. Das zeigt sich vor allem in dem 1929 veröffentlichten Text »Zur Zwölftontechnik«.

Dort wird das Eingreifen der Zwölftontechnik in das Naturmaterial als eine geschichtliche Stufe legitimiert, die von der Notwendigkeit bestimmt ist, den dem Menschen auferlegten, natürlichen Zwang zu beseitigen. Adorno konzentriert sich musiktheoretisch auf das Bemühen, die Zwölftontechnik als konsequentes Resultat des Geschichtsprozesses erscheinen zu lassen. In »Zur Zwölftontechnik« heißt es dazu: „Sondern sie (d.h. die Zwölftontechnik) ist der rationale Vollzug eines geschichtlichen Zwanges, den fortgeschrittenstes Bewußtsein unternimmt, seinen Stoff zu reinigen von der Verwesung des zerfallenen Organischen."[427] Und weiter: „Zwölftontechnik ist allein die bündige Formel technisch-immanenter Erfahrungen, die die Evolution des Materials durch Bewußtsein mit sich brachte, das sich dem naturalen Zwang der Kadenz entwand."[428] Adornos weitere Argumentationsstrategie: Nachdem sich der Zerfall der Tonalität als Bezugssystem der Musik vollzogen hat, bleibt dem musikalischen Material

---

[425] Adorno(1967), ebenda.
[426] Vgl. Hufner(1996), *Adorno und die Zwölftontechnik*, S. 11.
[427] Adorno(1929), *Zur Zwölftontechnik*, S. 364.
[428] Adorno(1929), ebenda, S. 366.

nur die „pure Zwölfzahl der Töne". Das Problem, musikalische Formen zu gestalten, ohne auf konventionelle, d.h. traditionelle Formtypen zurückzugreifen, ist unausweichlich, weil die pure Zwölfzahl der Töne keine bestimmten Formen zu produzieren vermag. Adorno versteht die Zwölftontechnik als eine historisch notwendige Lösung dieses Problems.[429]

Gegen die Meinung, daß die Zwölftontechnik Musik mathematisiere, beharrt Adorno auf der Argumentation, daß sie es dem Komponisten ermöglicht, seine Phantasie einzusetzen. Adorno sieht in der zwölftontechnischen Rationalität eher eine Möglichkeit, die kompositorische Freiheit des Komponisten zu gewährleisten. Die Strenge der Zwölftontechnik verhindert nicht die Freiheit des Komponisten. An der folgenden Stelle des »Dialektischen Komponisten« kann man erkennen, wie Adorno in dieser Zeit versucht, die Strenge der Zwölftontechnik mit der Freiheit des Komponisten harmonisch zu verbinden: „Die höchste Strenge, nämlich die lückenlose der Technik, enthüllt sich in letzter Instanz tatsächlich als höchste Freiheit, nämlich als die zur Verfügung des Menschen über seine Musik, die einmal mythisch begann, zur Versöhnung sich sänftigte, als Gestalt ihm sich gegenübersetzte und endlich ihm zugehört kraft einer Verhaltensweise, die sie in Besitz nimmt, indem sie völlig ihr zuhört."[430] Und in einem Brief an Alban Berg 1926 schreibt er: „Ich halte nach wie vor daran fest, daß die Freiheit der Phantasiekonstruktion, wie sie zu poetischem Zwecke in der »Erwartung« errichtet wurde, für die absolute Musik entscheidend fruchtbar sein wird, fruchtbarer als jede Rekonstruktion dagewesener Formen; und ich sehe in der Zwölftontechnik je länger je mehr das Mittel, die Organisation des Materials hinter die Fassade, also hinter die erscheinende, erklingende Musik zu verlegen und jene der Phantasie frei zu überlassen."[431] Adorno meint, daß die Rationalität der Zwölftontechnik die „gute" Rationalität verkörpert. Sie steht auf keinen Fall im Gegensatz zur kompositori-

---

[429] Vgl. Adorno(1934), *Der dialektische Komponist*, S. 201.
[430] Adorno(1934), *Der dialektische Komponist*, S. 203.
[431] Adorno(1997), Brief an Alban Berg, 19. August 1926, S. 171. Vgl. auch die folgende Passage: „In den Orchestervariationen stellt sich rein und materialgerecht als Idee der Zwölftontechnik dar die Konstruktion aus Phantasie. Konstruktiver Plan und Einschlag von Phantasie treten darin nicht mehr auseinander; die Konstruktion schafft Raum für die Freiheit einer Inspiration, die gebunden bliebe, solange nicht aus dem Material die letzten Schlacken des funktionell-kadenzierenden Wesens getilgt waren." Adorno(1930), Schönberg: *Variationen für Orchester, op.31*, S. 370.

schen Phantasie. Die „gute" Rationalität der Zwölftontechnik zwingt die Freiheit der freien Atonalität und das konstruktive Denken zusammen. Die Rationalitätsform der Zwölftontechnik wurde von Adorno in dieser Zeit als „fortgeschritten" in bezug auf die freie Atonalität wahrgenommen:

> Die Zwölftontechnik ist (...) nicht mathematischen, sondern dialektischen Wesens: in ihr hat Geschichte, allein Geschichte sich niedergeschlagen als bewegender Grund, dem kompositorische Freiheit entwächst. Schließlich: die Rationalität der Zwölftontechnik ist nicht die schlechte und leere des praktischen Systems. Sondern sie bezeichnet eine geschichtliche Stufe, auf der das Bewußtsein das Naturmaterial in die Gewalt nimmt, seinen dumpfen Zwang tilgt, ordnend benennt und erhellt ganz und gar. Am klaren, transparenten Lichte ihrer Rationalität soll sich von neuem die Phantasie entzünden, die nun in den Höhlen der Vorzeit vollends erlosch.[432]

Dieser von Adorno durchaus als Vorteil der Zwölftontechnik empfundene Sachverhalt wird später in ganz anderen Bedeutungen reflektiert. Die antinomischen Züge der Zwölftontechnik stehen nun bei der Interpretation der Zwölftontechnik im Vordergrund. In der »*Philosophie der Neuen Musik*« wird der Vorbehalt Adornos gegenüber der Zwölftontechnik deutlich. Ein verändertes Bild Adornos von der Zwölftontechnik zeigt sich vor allem in der Gliederung des Schönberg-Kapitels der »*Philosophie der neuen Musik*«. Wie Hufner analysiert, besteht das Schönberg-Kapitel der »*Philosophie der neuen Musik*« aus vier Teilen: Im ersten Teil (S. 36-55) untersucht Adorno die Vorgeschichte der Zwölftontechnik und führt in zentrale Kategorien der Musikinterpretation ein. Der zweite Teil (S. 55-71) behandelt die Idee der Zwölftontechnik und ihre musikalischen und philosophischen Implikationen. Der dritte Teil (S. 71-101) ist als Kritik der Zwölftontechnik aufzufassen. Im vierten Teil (S. 101-126) werden Vorstellungen entworfen, wie die Probleme der Zwölftontechnik gelöst werden könnten.[433]

---

[432] Adorno(1929), *Zur Zwölftontechnik*, S. 369.
[433] Hufner(1996), a.a.O., S. 111.

Der Kern der Adornoschen Kritik an der Zwölftontechnik ist ihr antinomischer Charakter. Die immanenten Widersprüche der Zwölftontechnik werden nun im Zusammenhang mit der Thematik der Dialektik der Naturbeherrschung berücksichtigt. Die Zwölftontechnik faßt Adorno als eine Gestalt der Naturbeherrschung in der Musik auf, welche in Analogie zur menschlichen Naturbeherrschung steht. Die Zwölftontechnik entspreche „einer Sehnsucht aus der bürgerlichen Urzeit: was immer klingt, ordnend zu erfassen, und das magische Wesen der Musik in menschliche Vernunft aufzulösen."(PdnM, S.65-66) An anderer Stelle heißt es: „Zwölftontechnik ist die unerbittliche Klammer, die zusammenhält, was nicht minder stark auseinander möchte. Wird sie verwandt, ohne an solchen Gegenkräften sich zu erproben, wird organisiert, wo es nichts Widerstrebendes, zu Organisierendes gibt, so verschwendet sie die Mühe.'"[434]

Tabelle II Adornos Schriften über Schönberg und Neue Musik

1920er	Schönberg: Serenade, op.24(I) 1925
	Schönberg: Serenade, op.24(II) ca. 1927
	Schönberg: Fünft Orchesterstücke, op. 16 1927
	Zur Vorgeschichte der Reihenkomposition 1927
	Schönberg: Chöre, op. 27 und op.28 1928
	Schönberg: Suite für Klavier, drei Bläser und drei Streicher 1928
	Zur Zwölftontechnik 1929
1930er	Schönberg: Variationen für Orchester, op. 31 1930
	Schönberg: Von heute auf morgen, op. 32(I) 1930
	Schönberg: Von heute auf morgen, op. 32(II) 1930
	Reaktion und Fortschritt 1930
	Stilgeschichte im Schönbergs Werk 1930
	Warum Zwölftontechnik 1933
	Arnold Schönberg(II) 1934
	Der dialektische Komponist 1934

---

[434] Adorno(1954), *Das Altern der Neuen Musik*, S. 149.

	Schönberg: Lieder und Klavierstücke 1934 Exposé zu einer Monographie über Arnold Schönberg 1937
1940er	Schönberg Teil von »Philosophie der neuen Musik« 1940/41 Neunzehn Beiträge über neue Musik 1942
1950er	Entwicklung und Formen der neuen Musik 1952 Arnold Schönberg(1874-1951) 1952 Über das gegenwärtige Verhältnis von Philosophie und Musik 1953 Das Altern der neuen Musik 1954 Einführungen in die zweite Kammersymphonie von Schönberg 1954 Die Musik zur Glücklichen Hand 1955 Der Funktion des Kontrapunkts in der neuen Musik 1957 Kriterien der neuen Musik 1957 Arnold Schönberg (I) 1957 Musik und Technik 1958 Klassik, Romantik, Neue Musik 1959 Zu den Georgeliedern 1959
1960er	Musik und neue Musik 1960 Vers une musique unformelle 1961 Schönbergs Klavierwerk 1961 Sakrales Fragment. Über Schönbergs Moses und Aron 1963 Über einige Arbeiten Arnold Schönbergs 1963 Der getreue Korrepetitor. Interpretationsanalyse neuer Musik. Arnold Schönberg: . Phantasie für Geige mit Klavierbegleitung op. 47 in »Der getreue Korrepetitor« 1964 Anweisungen zum Hören neuer Musik 1964 in »Der getreue Korrepetitor« Form in der neuen Musik 1966 Zum Verständnis Schönbergs 1967

Was zwölftontechnische Integrationsleistung historisch vollführt, entspricht der in der »*Dialektik der Aufklärung*« entwickelten These der universalen Herrschaft instrumenteller Vernunft: „Die bewußte Verfügung über Naturmaterial ist beides: die Emanzipation des Menschen vom musikalischen Naturzwang und die Unterwerfung der Natur unter menschliche Zwecke. (...) Kein Heteronomes bleibt, das nicht in ihrem Kontinuum aufginge. Die Unendlichkeit ist die reine Identität. Es ist aber das unterdrückende Moment der Naturbeherrschung, das umschlagend gegen die subjektive Autonomie und Freiheit selber sich wendet, in deren Namen die Naturbeherrschung vollzogen ward."(PdnM, S.66)

Die Zwölftontechnik produziert ein technisches Kunstwerk. Von dem Augenblick an, an dem Zwölftontechnik zu einem gesetzten Prinzip wird, das man als ein Mittel benutzt, wird es zu bloßer Konvention und beeinflußt die intendierten Zwecke. Die Zwölftontechnik leidet an der Irrationalität der rationalen Technik: „Die Rekonstruktion der großen Form durch die Zwölftontechnik ist nicht bloß fragwürdig als Ideal. Fragwürdig ist ihr eigenes Gelingen."(PdnM, S.93) Hier findet sich die Parallelität zwischen der »*Dialektik der Aufklärung*« und der »*Philosophie der neuen Musik*«. Die Diagnose der »*Dialektik der Aufklärung*«, daß Aufklärung in Mythologie umschlägt, und die Themenkomplexe wie „die Selbstzerstörung der Aufklärung", „der Umschlag des Fortschritts in den Rückschritt" und „das Eintreten der neuen Art Barbarei" finden ihren Niederschlag in der »*Philosophie der neuen Musik*« in der Problematik der Aporie der Zwölftontechnik.[435] Das musikalische Unheil geschieht, sobald die Zwölftontechnik zur Norm erhoben wird. Anstelle der Bewahrung der Freiheit des Komponisten tritt eine Schattenwelt der Unfreiheit zutage. Damit wird die historische Legitimität des ästhetischen Totalitätsanspruchs der zwölftontechnischen Durchorganisation fragwürdig:

> Kein Zweifel, daß jener Kodifizierung und Rationalisierung, die man dann Zwölftontechnik nannte, vieles von dem zum Opfer fiel, was zuvor an Formprinzipien in der Sache selbst herangereift war. Die endgültige, systematische Gestalt jener Technik ging auf Kosten der Flexibilität der kompositionstechnischen

---

[435] Vgl. Mahnkopf(1998), *Adornos Kritik der Neueren Musik*, S. 257f.

Elemente, denen sie sich verdankte; die lückenlose Stimmigkeit des Zwölftonkomponierens war begleitet vom Schatten einer Verdinglichung, die ihre Vorformen noch nicht ebenso bedroht.[436]

Adorno sieht in der Zwölftontechnik nicht mehr die Formulierung eines Musikstils der Freiheit. Vielmehr betrachtet er sie nun als einen Fortschritt, der um die Früchte der Emanzipation des Materials betrügt: die Freiheit flieht „nach vorwärts in die Ordnung". Adorno setzt Zweifel in die Legitimität der Rationalität der Zwölftontechnik, die früher als eine gute Rationalität wahrgenommen wurde. Die gute Rationalität der Zwölftontechnik wird nun aufgefaßt als eine Gewalttat, die keine Ungleichheit in einem System duldet und sie stattdessen unterdrückt: „Zu spekulieren wäre darüber, ob die integrale Rationalität, auf welche Musik hindrängt, mit der Zeitdimension überhaupt vereinbar ist; ob Rationalität nicht eigentlich, als Macht des Gleichen und des Quantitativen, das Ungleiche und Qualitative negiert, von dem die Zeitdimension nicht losgerissen werden kann."[437]

Die Zwölftonrationalität nähert sich als ein geschlossenes und zugleich sich selbst undurchsichtiges System, in welchem die Konstellation der Mittel unmittelbar als Zweck und Gesetz hypostasiert wird, dem Aberglauben an. Das System selber wird zur „fixen Idee" und zum „Universalrezept". Die Verwandlung der ausdruckstragenden Elemente von Musik in Material, welche Schönberg zufolge die ganze Geschichte der Musik hindurch unablässig stattfindet, ist in der Zwölftontechnik so radikal geworden, daß die Ausdrucksmöglichkeit selbst in Frage gestellt wird. Die Zwölftontechnik bringt das „Schicksal des Unheils" hervor:

> Naturbeherrschung aber und Schicksal sind nicht zu trennen. Dessen Begriff mag nach der Erfahrung der Herrschaft modelliert sein, hervorgegangen aus der Übermacht der Natur über den Menschen. Was da ist, ist stärker. Daran haben die Menschen gelernt, selber stärker zu sein und Natur zu beherrschen, und in solchem Prozeß hat das Schicksal sich reproduziert. Es

---
[436] Adorno(1958), *Zur Vorgeschichte der Reihenkomposition*, S. 84.
[437] Adorno(1950), *Musik und neue Musik*, S. 485.

entfaltet sich zwangsläufig Zug um Zug; zwangsläufig, weil ihm weder jeder Schritt von der alten Übermacht der Natur vorgeschrieben wird. Schicksal ist Herrschaft auf ihre reine Abstraktion gebracht, und das Maß an Vernichtung ist dem an Herrschaft gleich, Schicksal des Unheils. (PdnM, S.68)

Die Zwölftontechnik fesselt die Musik, indem sie sie befreit: „Das Subjekt gebietet über die Musik durchs rationale System, um selber dem rationalen System zu erliegen."(PdnM, S.68) Die These der Selbstentsagung um der Herrschaft willen in der »*Dialektik der Aufklärung*« artikuliert sich in der »*Philosophie der neuen Musik*« als die Verleugnung der eigenen Spontaneität des Komponisten:

Hat die Phantasie des Komponisten das Material dem konstruktiven Willen ganz gefügig gemacht, so lähmt das konstruktive Material die Phantasie. Vom expressionistischen Subjekt bleibt die neusachliche Unterwürfigkeit unter die Technik. Es verleugnet die eigene Spontaneität, indem es die rationalen Erfahrungen, die es an der Auseinandersetzung mit dem historischen Stoff machte, auf diesen projiziert. (PdnM, S.68)

Mit der Naturbeherrschung durch die Zwölftontechnik wird buchstäblich die Natur der Musik vergessen. Das Regelsystem der Zwölftontechnik, also die zweite, blinde Natur, verstellt sich als die musikalische Natur. Die Technik, die den Zwecken dienen soll, wird zum Selbstzweck. Während Adorno die freie Atonalität als eine souveräne Emanzipation des Ausdrucks gegen die Allgemeinheit des tonalen Idioms reflektiert, versteht sich seine Ansicht über die Aporie der Zwölftontechnik als Kritik an der Unterwerfung der Kraft des Subjekts unter die zwölftontechnische Allgemeinheit.[438] Die Zwölftontechnik ist aus dem Prinzip der Variation hervorgegangen. Aber als sie das Variationsprinzip zur Totalität erhob, wurde der Begriff der Variation abgeschafft. Damit widerspricht die Zwölftontechnik der Dynamik der Musik. Der thematische Einfall wird bei Schönberg immer we-

---

[438] Vgl. Bauer(1995 a), Im Angesicht der Sphinx. Subjekt und System in Adornos Musikästhetik, S. 175.

niger frei. Die Emanzipation vom Zwang der Tonwiederholung verwandelt sich in die kompositorische Unfreiheit:[439] "The total domination of material is at the same time the self-domination of the expressive Subject. The total objectification of the Subject results in the Subject's loss of freedom. The truth of Schönbergs serial Music, the total consistency of its structure in its search for an all-encompassing unity, also results in the alienation of the Subject within the objectivity of the structure."[440] Ähnlich formuliert Adorno:

> Aber man muß etwas wie ein Schwellenphänomen, einen Umschlag von Quantität in Qualität annehmen: daß die Notwendigkeit solcher Rationalisierung sich plötzlich entfremdet, daß sie dem Komponisten und seinem Gehör äußerlich gegenübersteht. Dann wird der Musik mit Gewalt Ordnung auferlegt, die Ordnung folgt nicht mehr rein aus den musikalischen Ereignissen. Indem sie diese rationalisiert, in denen sie doch zugleich entspringt, wird sie zugleich auch ihnen angetan.[441]

Das Projekt der Durchorganisierung des Materials erweist sich als abstrakte Versöhnung, die schließlich dem Subjekt das selbstgemachte Regelsystem im unterworfenen Material als entfremdende und beherrschende Macht entgegensetzt: „Sie degradiert das Subjekt zum Sklaven des »Materials«, als des leeren Inbegriffs der Regeln, in dem Augenblick, in dem das Subjekt das Material sich, nämlich seiner mathematischen Vernunft, vollends unterwarf."(PdnM, S. 112) Der Ausdruck des Subjekts tritt zurück, um der Herstellung der Durchkonstruktion willen: „Je reiner ihre (d.h. der Musik) Charaktere sich bloß noch durch ihre Zusammenhänge ihr aufeinander Bezogensein rechtfertigen, um so weniger kommt ihr der Charakter des Sagens mehr zu."[442] Die Zwölftontechnik, die einmal als Mittel des Komponisten um seiner Freiheit willen erdacht wurde, schlägt nun in Unfreiheit um. Sie wird zum Zweck der Komposition und verfehlt so den eigentlichen Zweck, den Ausdruck des Subjekts. Der Komponist ist hinter

---
[439] Vgl. de la Fontaine(1980), a.a.O., S. 479.
[440] Paddison(1993), *Adorno's aesthetics of Music*, S. 267.
[441] Adorno(1965), *Schwierigkeiten*, S. 267-268.
[442] Adorno(1953), *Über das gegenwärtige Verhältnis von Musik und Philosophie*, S. 173.

sein Werk zurückgetreten. Die Anwendung der Zwölftontechnik läßt das Komponieren zum Opfer der Präformierung der Mittel zusammenschrumpfen. Es gibt keinen Ausdruck des Komponisten im Werk, nur das System der Zwölftontechnik überlebt: „Der Begriff des Fortschritts verliert sein Recht, wo Komponieren zur Bastelei, wo das Subjekt, dessen Freiheit die Bedingung avancierter Kunst ist, ausgetrieben wird; wo eine gewalttätige und äußerliche Totalität, gar nicht so unähnlich den politischen totalitären Systemen, die Macht ergreift."[443] Adorno hebt ausdrücklich hervor, daß dem Zwölftonverfahren und der Definition seiner Regeln ein Moment von Willkür innewohne[444] und konstatiert, daß die „wahrhaft neue Musik" sich keinesfalls „im Begriff der Zwölftontechnik" erschöpfe.[445] Wie setzt sich Schönberg mit dieser Antinomie der Zwölftontechnik auseinander? Der letzte Teil der »*Philosophie der Musik*« behandelt dieses Thema unter dem Gesichtspunkt der selbstkritischen Wendung Schönbergs in seiner späten Phase.

4. DER SPÄTE SCHÖNBERG. EIN MODELL DER SELBSTKRITISCHEN WENDUNG

4.1 TENDENZ ZUR LOSSAGUNG VOM MATERIAL

Durch die Durchorganisation wird auch die Spontaneität des Komponisten gelähmt. Der scheinbare Triumph der Subjektivität bezahlt den Preis des Umschlags der Freiheit in Unfreiheit. Die Rationalität der Zwölftontechnik wirkt sich in der Musik in einer „Sterilität" aus, welche die Komposition mit der Zwölftontechnik in Schwierigkeiten bringt. Bei diesem Sachverhalt müssen die Ohren des Komponisten scharf genug sein, „in der selbst geschaffenen Sprache jener Züge des Äußerlichen und Mechanischen gewahr zu werden, in denen die musikalische Naturbeherrschung notwendig terminiert."(PdnM, S.101)

---

[443] Adorno(1954), *Das Altern der Neuen Musik*, S.161.
[444] Adorno(1955), *Neue Musik heute*, S. 130.
[445] Adorno(1955), *Die Musik zur »Glücklichen Hand«*, S. 408.

Die Größe Schönbergs ist gerade die Ahnung vom Umschlag seiner Verfahrensweise in das „Verstummen" und die Fähigkeit, das, was er vorher besessen hat, abzuwerfen und zu verneinen. Im Spätstil hält Schönberg eine kritische Distanz zu seiner zwölftontechnische Verfahrensweise. Während die Aufklärung ihre Unfähigkeit zeigt, sich selbst zu erklären, zerstört der späte Schönberg das System, das er eingerichtet hat. Durch die Zwölftontechnik wendet er sich gegen die Zwölftontechnik: "Die Schönbergische Kraft, alles Gelernte zu vergessen, nichts als gesichert sich vorzugeben, hat nicht bloß den Neubeginn der Zwölftonwerke gegenüber den expressionistischen gestiftet, sondern sehr bald auch inmitten der Zwölftonkomposition aufbegehrt."[446] Der Systemzwang der Technik bewegt das Subjekt, das die schlechte Abstraktheit als Selbstentfremdung erfährt, „vom seinem Material sich loszusagen."(PdnM, S. 113)

Die Rationalität, welche die Zwölftontechnik von der freien Atonalität abhob, zerfällt als Folge ihrer Radikalisierung; die Stimmigkeit der Zwölftontechnik wird sinnlos. Unter dem Begriff der »**Vergleichgültigung des Materials**« versucht Adorno, einen authentischen Zugang zum späten Schönberg zu finden. Statt der „Idee der totalen Konstruktion der Musik" steht für den späten Schönberg die Tendenz der Vergleichgültigung des Materials im Vordergrund. Für ihn ist es „nicht entscheidend mehr, womit er komponiert"(PdnM, S.116): „Das gleichgültige Material der Zwölftontechnik wird gleichgültig nun für den Komponisten. So entzieht er sich dem Bann der materialen Dialektik."(PdnM, S.114)

Der Spätstil Schönbergs ist der Versuch, den eigenen Stil zu dekonstruieren, um die Aporie der Zwölftontechnik auszuräumen. Adorno erhebt dabei die Kategorie des Vergessens zur Souveränität des letzten Schönberg. Dieser greift in alle seinen Spätperioden auf Kompositionstechniken, die er früher ausgebildet und später weiterentwickelt hat, zurück. Die Kraft des Vergessens ist der Versuch, den Umschlag der Zwölftontechnik in Unfreiheit zu kontrollieren. Mit der Kraft des Vergessens kündigt Schönberg der „Allherrschaft des Materials die Treue, die er stiftete."(PdnM, S. 118)

Das durchformte Werk suggeriert eine Einheit, die gesellschaftlich noch stets eine gewaltsam erzwungene war. Im Spätstil versucht Schönberg nicht mehr durch stilistische Einheit Wahrheit zu stiften, sondern den Stil

---

[446] Adorno(1957), *Arnold Schönberg (I)*, S. 319.

zu transzendieren. Der Wahrheitswert gerade der Spätwerke liegt in der Offenbarung des Bruchs, des Widerspruchs von Zwölftonmechanik und Ausdruck. Dieser Bruch veranlaßt das Subjekt, sich vom Ideal der ästhetischen Totalität zu verabschieden. Das fordert vom Subjekt die Aufgabe des dem Kunstwerk immanenten Versprechens: Wenn „das Ausgedrückte durch Stil in die herrschenden Formen der Allgemeinheit, die musikalische, malerische, verbale Sprache eingeht, soll es mit der Idee der richtigen Allgemeinheit sich versöhnen."(DdA, S.152) Schönberg erkennt, daß der kritische Impuls der Zwölftontechnik in Wahrheit den Ausdruck des Subjekts ausschließen kann. Die Repressionstendenzen, die der musikalischen Emanzipation von der Tradition selber innewohnen, bringen ihn in eine Schwierigkeit: Gegen die Gefahr der Etablierung der Zwölftontechnik beschränkt Schönberg diese darauf, nur die Konsistenz des Werkes sicherzustellen. Die Rettung der Musik aus der Unfreiheit, der Unterdrückung des Subjekts, ist nicht im Rückbezug auf die Irrationalität zu finden: „An der Zwölftontechnik allein kann Musik lernen, ihrer mächtig zu bleiben, aber sie kann es nur, wenn sie ihr nicht verfällt."(PdnM, S.110)

Die Aporie der Zwölftontechnik gewinnt das „didaktische Recht". Die Komposition wird durch die Zwölftontechnik geschult, nicht um durch die Freiheit zur Strenge, sondern um durch ihre Strenge zur Freiheit zu gelangen. Der Schönberg, der „eine Technik des Vergessens ausgebildet hat", gewinnt den Menschen die Freiheit von der Kunst wieder. Mit der Konzeption eines geschlossenen Kunstwerkes, das „den Standpunkt der Identität von Subjekt und Objekt einnimmt"(PdnM, S.119), ist die Position Schönbergs nicht mehr vereinbar. Schönberg bewegt sich in der Gegenrichtung zum Subjektivierungsprozeß, wie Adorno ihn am späten Hölderlin und Beethoven konstatiert. In seinen späten Werken kombiniert Schönberg die Zwölftontechnik mit der traditionellen Sprache der Musik, also mit der Tonalität, die er mit der Zwölftontechnik negieren wollte. Die frühen musikalischen Prinzipien werden wiederbelebt. Die Verbindung der Zwölftontechnik mit der Tonalität hat ihn zu einer neuen Kompositionsweise geführt, und sie stellt die Basis für seine Neuorientierung dar, die Adorno als „Spätstil" bezeichnet. Durch einen ständigen Rückbezug auf die Tonalität kontrolliert Schönberg den eigenen Stil, den er in der Phase der Zwölftontechnik erworben hat. In der späten Phase wird die Zwölftontechnik, die er einmal auf das Ziel der Komposition hinsteuerte, aus einer ganz anderen Richtung wiederaufgenommen. Ein Beispiel: „»Das Dritte Quartett« op.30 und vor allem »Die Variationen für Orchester« op.31 zeigen bereits ganz andere Dimensionen, in denen die Zwölftonpositionen in ihrer Themenbildung nicht mehr die absolute Herrschaft ausüben, sondern eher als technische Hilfe der freien Phantasie wirken. (...) Vergleicht man z.b. den ersten Satz des »Vierten Streichquartetts« op.37 mit dem des »Bläserquintetts« op.26, die beide als Sonatenform gelten können, konkretisiert sich die Thematik der Vergleichgültigung des Materials im rein musikalischen Zusammenhang."[447]

Während die Werke der Zwölftontechnik den Bruch zwischen Subjekt und Objekt durch die Durchorganisation zu beseitigen versuchen, reflektiert der späte Schönberg den unauflöslichen Widerspruch, nicht um ihn zu schlichten, sondern um ihn in sich zu erhalten. Die späten Werke Schönbergs sind retrospektiv. Sie erinnern an die vergangenen tonalen Werke. Dafür ist die »II. Kammersymphonie« sehr bedeutungsvoll. Schönberg hat zwar die »II. Kammersymphonie« eigentlich gleichzeitig mit der »I. Kammersymphonie« 1906 konzipiert, aber sie blieb unvollendet. Er nahm sich 1919 die Skizzen der »II. Kammersymphonie« wieder vor. Schönberg vervollständigte das zweisätzige Werk, fügte im ersten Satz die letzten Takte und im zweiten Satz die zweite Hälfte hinzu, revidierte die schon komponierten Teile und instrumentierte sie neu.[448]

In der Retrospektive der Vergangenheit bewahrt Schönberg die Tradition und negiert sie gleichzeitig. Der Rückbezug auf die vergangenen tonalen Werke bedeutet nicht die Restaurierung des musikalischen Urphänomens. Sie ist Erinnerungsarbeit am Vergessenen. Es geht bei Adorno vor allem um die Kritik der Verdinglichung, die im Vergessen liegt: „Denn alle Verdinglichung ist ein Vergessen."[449] Die Tendenz der „Vergleichgültigung des Materials", die für Adorno auf den Begriff Goethes: „das stufen-

---

[447] Tatsumura(1987), *Musik zwischen Naturbeherrschung und Naturideologie. Adornos Theorie und die heutige musikalische Situation*, S. 89-90.
[448] Vgl. Neighbour(1992), a.a.O., S. 71: „Die zweite Kammersymphonie vollendet mit einem zweiten Satz, der sich der höchst erweiterten Tonalität der zweiten Periode bedient, aber die konstruktiven Erfahrungen der Zwölftontechnik rückblickend jenem Material zugute kommen läßt und sie zur Darstellung einer tragisch-symphonischen Idee von Mahlerischer Eindringlichkeit nutzt." Adorno, *Arnold Schönberg (I)*, S. 321
[449] Adorno(1994), Brief an Walter Benjamin, 29 Feb, 1940, S. 417.

weise Zurücktreten von der Erscheinung" deutet, findet sich vor allem in einer Reihe von »Nebenwerken«. Sie enthalten schon die für den Spätstil wichtige Tendenz des Komponierens in Fragmenten. Zu den Nebenwerken formuliert Adorno: „Seit es Zwölftontechnik gibt, gibt es eine lange Reihe von »Nebenwerken«, Bearbeitungen, Stücken, die auf die Zwölftontechnik verzichten, oder solchen, die sie in den Dienst von Zwecken stellen und gleichsam fungibel machen."(PdnM, S. 115) Der Wille der ästhetischen Totalität, die Musik durch die Zwölftontechnik zu rekonstruieren, wird beim späten Schönberg fragwürdig. Das rationalisierte System löst sich in Fragmente auf.

4.2 TENDENZ ZU FRAGMENTEN

Während das geschlossene Kunstwerk den Standpunkt der Identität von Subjekt und Objekt einnimmt, enthalten die zum Fragment werdenden Werke Schönbergs den Bruch zwischen Subjekt und Objekt in sich. Das geschlossene Kunstwerk wird zum Mittel des Subjekts. Es ist als Gegenstand des Denkens gesetzt. Das ist der Moment der Pseudomorphose der Kunst an die Wissenschaft. Die verzweifelte Hoffnung der Kunst, „sie könnte in der entzauberten Welt sich durch Pseudomorphose an die Wissenschaft retten, schlägt ihr zum Unheil an."[450]

Die späten Werke Schönbergs nähern sich der Allegorie an: „Der Verlust des Gesamtsinns läßt sich nur in der Figur der Allegorie verstehen. Wie wir sehen werden, ist die Allegorie die Form, in der Gegensätze als unüberbrückbar und unversöhnlich dargestellt werden; keine symbolische Ordnung kann sie aufheben."[451] Wenn Synthese „die Losung des Idealismus"[452] ausmacht, legt „große Musik" als „begriffslose Synthese" den Akzent auf den Vorrang des Objekts und verabschiedet sich dabei von dem Subjektsmonopol „Ich denke". Es gibt nicht mehr die Ordnung der Dinge, die vom Subjekt gedacht wird.

---

[450] Adorno(1954), *Das Altern der Neuen Musik*, S. 159.
[451] Van Reijen(1987), *Die Dialektik der Aufklärung gelesen als Allegorie*, S. 198.
[452] Adorno(1963), *Parataxis*, S. 486.

Die »Nebenwerke« Schönbergs zeugen nach Adorno von der Verweigerung einer vorgetäuschten Einheit und Harmonie und vom notwendigen Scheitern des leidenschaftlichen Bemühens um Identität. Was nun als mögliche kompositorische Form bleibt, ist die des Fragments. Das Scheitern der Bemühung um die stilistische Einheit impliziert das Recht des Fragments als einzige musikalische Ausdrucksform. Adorno findet in den »Nebenwerken« der Spätzeit Schönbergs die „Dekonstruktionstendenz":

> (...) den Drang zum Abschließen des Werkes kennt er überhaupt nicht (...) indessen ist nicht zu übersehen, daß in Schönbergs Widerstand dagegen, gerade die am größten geplanten Werke abzuschließen, auch andere Motive sich geltend machen als jenes glücksvolle: die Destruktionstendenz, mit der er so oft den eigenen Gebilden ein Leid antut, das unbewußte, aber tief wirksame Mißtrauen gegen die Möglichkeit von »Hauptwerken« heute, und die Fragwürdigkeit der eigenen Texte, die ihm unmöglich verborgen geblieben sein kann. (PdnM, S.115 und Fußnote Nr. 39)

In seinen Spätwerken versucht Schönberg noch einmal, Ausdruckstypen auszukomponieren. Die Intention der Musik, dem Leiden des Menschen zum Ausdruck zu verhelfen, setzt sich noch einmal durch. Sie sind Fragmente, zerrüttete Werke. Das wird für Adorno an der Form und am Ausdruck ablesbar:[453]

> Es rechnet zu den auffälligsten Merkmalen von Schönbergs Spätstil, daß er keine Schlüsse mehr zuläßt. Harmonisch gibt es ohnehin seit der Auflösung der Tonalität keine Schlußformeln mehr. Nun werden sie auch in der Rhythmik beseitigt. Immer häufiger fällt das Ende auf den schlechten Taktteil. Es wird zum Abbrechen. (PdnM, S.66.)

---

[453] Sziborsky(1994), *Die Rettung des Hoffnungslosen. Untersuchungen zur Ästhetik und Musikphilosophie Theodor W. Adornos*, S. 112.

Seine Nebenwerke weigern sich, zum Schluß zu kommen: „Entweichend überläßt das Subjekt dem Hohlraum des Werks der gesellschaftlichen Möglichkeit."(PdnM, S. 121) Damit wird Musik „ein Verhalten zur Realität, die sie erkennt, indem sie nicht länger im Bilde schlichtet".(PdnM, S. 122) Und weiter:

> Die Kunstwerke sind wie alle Niederschläge des objektiven Geistes die Sache selbst. Sie sind das verborgene gesellschaftliche Wesen, zitiert als Erscheinung. Man mag wohl fragen, ob jemals überhaupt die Kunst jenes vermittelte Abbild der Realität gewesen ist, als welches sie sich vor der Macht der Welt zu legitimieren trachtete, und nicht vielleicht stets ein Verhalten zu dieser Welt, ihrer Macht zu widerstehen. (PdnM, S. 124)

Nicht die unmittelbare Widerspiegelung der Gesellschaft, sondern die Gesten des Kunstwerks sind „objektive Antworten auf objektiv gesellschaftliche Konstellationen."(PdnM, S. 125) Das Fragmentarische bedeutet kein willkürliches Abbrechen. Es stellt eher das Wesen der Gesten der Kunstwerke gegenüber der Gesellschaft dar. Diese Geste des Widerstandes von seiten Schönbergs gegen das Abschließen eines Werkes zeigt exemplarisch die Oper »*Moses und Aron*«[454], die er ironisch als das „fragmentarische Hauptwerk" Schönbergs bezeichnet.

Zur Handlung der Oper: Bevor die Szene sichtbar wird, erklingen bildlos fünf Takte des Orchesters. Das ist „Gottes wortlose Lautung."[455] Auf dem brennenden Dornbusch erscheint Gott Moses und beauftragt ihn, dem auserwählten Volk der Israeliten den unsichtbaren, unvorstellbaren und einzigen Gott zu verkündigen und es aus der ägyptischen Knechtschaft zu befreien. Moses, der menschenscheue Denker, schreckt vor der Schwierigkeit des Auftrags zurück. Gott sagt ihm: „Du mußt dein Volk daraus befreien!"[456] An seiner Fähigkeit zweifelnd fragt Moses Gott: „Was bezeugt

---

[454] Den Stoff seiner Oper entnahm Schönberg dem Alten Testament: Die Berufung Moses' (2. Buch Moose, Kap. 3 und 4), den Auszug aus Ägypten, den Abfall von Gott (2. Buch Mose, Kap. 32), die religiöse Offenbarung und die Verheißung Gottes (2. Buch Mose, Kap. 20-31), die Gesetze, die Gott dem Volk durch Moses gab (2.Buch Mose, Kap. 20-31), die Anbetung des Goldenen Kalbes (2. Buch Mose, Kap. 32). Wörner(1959), *Gotteswort und Magie*, S. 29.
[455] Metzger(1995), *Moses und Aron*, S. 8-9.
[456] Alle Zitate aus Schönberg(1997), *Moses und Aron*.

dem Volk meinen Auftrag?" „Meine Zunge ist ungelenk: ich kann denken, aber nicht reden."

Gott stellt ihm einen wortgewandten Helfer zur Seite: Aron. „Aron will ich erleuchten, er soll dein Mund sein! Aus ihm soll deine Stimme sprechen, wie aus dir die meine!" Aron glaubt nicht daran, daß das Volk etwas liebt, was es sich nicht vorstellen kann. „Auserwähltes Volk, einen einzigen Gott ewig zu lieben mit tausendmal mehr der Liebe, mit der alle andern Völker ihre vielen Götter lieben. Unsichtbar, unvorstellbar? Volk, auserwählt dem Einzigen, kannst du lieben, was du dir nicht vorstellen darfst?" Moses beharrt auf seinem Prinzip des reinen Gedankens. „Darfst? Unvorstellbar, weil unsichtbar; weil unüberblickbar; weil unendlich; weil ewig; weil allgegenwärtig; weil allmächtig; nur einer ist allmächtig."

Das Volk fordert einen Beweis für die Existenz und die Macht Gottes. „Anbeten? Wen? Wo ist er? Ich sehe ihn nicht! Wo ist er? Sieht er gut oder böse aus? Sollen wir ihn lieben oder fürchten? Wo ist er? Zeig ihn uns! So wollen wir knien, so wollen wir Vieh herschleppen und Gold und Getreide und Wein!" Darauf verwandelt Aron Moses´ Stab in eine Schlange, heilt dessen aussätzig gewordene Hand und läßt das Wasser des Nils zu Blut werden. Das Volk Israels vertraut sich jetzt erst Aron an und folgt ihm in die Wüste. Als Moses nach vierzig Tagen immer noch nicht vom Berg der Offenbarung herunterkommt, bricht Anarchie im Volk aus. „Wo ist Moses? Wo ist der Führer? Wo ist er? Lange schon hat ihn keiner gesehen! Nie kehrt er wieder! Verlassen sind wir! Wo ist sein Gott? Wo ist der Ewige?" Und weiter: „Der Unsichtbare kommt keinem zu Hilfe. Der Unsichtbare läßt nirgends sich blicken. Sein Gott ist machtlos."

Aron gibt dem wachsenden Druck aus dem Volk nach und verspricht ihm, ein Sinnbild des Glaubens zu schaffen, um es anbeten zu können: „Volk Israels! Deine Götter geb' dir wieder und dich ihnen; wie es dich verlangt. (...) Euch gemäß sind Götter gegenwärtigen, alltagsnahen Inhalts. Ihr spendet diesen Stoff, ich geb' ihm solche Form Alltäglich, sichtbar, faßlich in Gold verewigt." Das angekündigte Götzenbild, das sogenannte Goldene Kalb, wird errichtet. Das Volk fällt in archaische Barbarei zurück, feiert wilde Orgien: „O goldener Gott, o Priester goldener Götter, das Blut jungfräulicher Unberührtheit, gleich Goldes metallischer Kälte zur Frucht nicht erwärmt, oh, Götter, entzückt eure Priester, entzückt uns zu erster und letzter Lust, erhitzt unser Blut, daß es zischend am kalten Gold verrauche! O rotes Gold!"

Im Augenblick der größten Gottlosigkeit steigt Moses vom Berg herab. Fassungslos über Arons Tat beschuldigt Moses ihn, den Gedanken des Allmächtigen Gottes verraten zu haben: „Ahnst du nun die Allmacht des Gedankens über das Wort und die Bilder?" Aron rechtfertigt sich, indem er das Bild als den für das Volk faßbaren Teil des Gedankens erklärt: „Bilder deines Gedankens: sie sind er, wie alles, was aus ihm hervorgeht. Ich beuge mich der Notwendigkeit; denn dieses Volk soll erhalten bleiben, um für den Ewigkeitsgedanken zu zeugen."

Moses sinkt verzweifelt zu Boden: „Unvorstellbarer Gott!! Unaussprechlicher, vieldeutiger Gedanke! Läßt du diese Auslegung zu? Darf Aron, mein Mund, dieses Bild machen? So habe ich mir ein Bild gemacht, falsch, wie ein Bild nur sein kann! So bin ich geschlagen! So war alles Wahnsinn, was ich gedacht habe und kann und darf nicht gesagt werden! O Wort, du Wort, das mir fehlt!" Mit dieser Szene endet der von Schönberg komponierte Teil der Oper. Die Oper ist konstruktiv unvollendet. Im dritten Akt wird Aron festgenommen und stirbt, nachdem Moses ihn begnadigt hat.

Die Figur und der Gedanke des Moses verweisen auf eine Parallele zwischen dem Gedanken Adornos und der Tendenz des Spätstils Schönbergs. Das Textbuch liegt abgeschlossen vor; von der Musik nur die Akte I und II in Partitur sowie einige Entwürfe zum III. Akt. Schönberg hat die Komposition der Oper nicht vollendet. Die Ursache für die Nicht-Fertigstellung des Werkes ist in der Gesetzmäßigkeit dieses Werkes selbst, in seiner immanenten Unvollendbarkeit zu suchen. Das Fragment der Oper »Moses und Aron« steht dem Projekt der Aufklärung entgegen. Schönberg säkularisiert das theologische Bilderverbot und thematisiert die Unmöglichkeit der Aufklärung, die das Objekt kraft der subjektiven Ratio begreifen will.

Die Idee der Oper lebt von der Parteinahme für den unaussprechlichen Gedanken gegen das Bild, für Moses gegen Aron. Moses als der Träger des Bilderverbotes verkörpert die Unmöglichkeit des Begreifens des Ganzen. Aron stellt die Gegenfigur des Moses dar, der ein Bild des Gottes in Stoff macht und „singt". Die Rollen von Aron und Moses sind in der Oper sorgfältig als extremer Gegensatz entworfen; so muß z.B. Aron, der Mann der Bilder und der Sprache, in der Oper singen. Moses aber singt nicht, sondern redet nur. Sein Reden ist zwar ein musikalisches Sprechen, dessen Tonhöhenverhältnisse genau notiert sind, doch unterliegen sie als Sprechtöne nicht der Regulierung durch die Zwölftonreihe, jener einzigen Reihe von zwölf Tönen, aus der Schönberg die gesamte melodische und harmonische Struktur dieser Oper ableitete.[457] Das Moses-Projekt beschäftigte Schönberg bereits seit 1925, zunächst als Kantate, dann, 1928, als Oratorium, ehe er im Frühjahr zu den »*Chorstücken*« op. 27 und den »*Chorsatiren*« op. 28 kam. Die beiden Chorstücke kündigen „Moses" in der Oper »*Moses und Aron*« an und thematisieren auch das Bilderverbot.

Ein Chor (Nr. 2 der »*Vier Stücke für gemischten Chor*«, op. 27) beginnt beispielsweise mit dem folgenden Satz: „Du solltest kein Bild machen". Zum Zusammenhang zwischen der Oper »*Moses und Aron*« und den Chorstücken ist zu bemerken: Schönberg konzipierte die Oper »*Moses und Aron*« eigentlich als ein Oratorium, die nicht-szenische Form, die dem Geist der absoluten Musik näher steht. Schönberg komponierte das Werk in Form der Oper.[458] Diese Entstehungsgeschichte interpretiert Metzger ganz zu recht als die Vergegenwärtigung der negativen Dialektik: „Um den Widerspruch, den schonungslos auszutragen Schönbergs aufs Ganze gehende Konzept immer dringlicher erforderte, auf die Spitze zu treiben, mußte er schließlich die der Reinheit des unabbildbaren Gedankens am schärfsten opponierende musikalische Form, die der Oper wählen, also sein Werk zu einem der negativen Dialektik machen."[459]

Die kompositorische Entstehungsgeschichte der Oper ist anhand der dynamischen Essenz des Werks selber zu begreifen. Schönberg selbst hat in einem Brief an Alban Berg bemerkt: „Alles, was ich geschrieben habe, hat eine gewisse innere Ähnlichkeit mit mir."[460] Der Mut Moses' reicht nicht bis zur Verweigerung der Berufung Gottes. Denn Mund des Unbedingten, des Absoluten sein, „sei für den Sterblichen zugleich Lästerung." Damit gerät Moses in eine Sackgasse: „Das Absolute entziehe sich dem

---

[457] Metzger(1995), a.a.O., S. 12.
[458] Über die Entstehungsgeschichte der Oper »*Moses und Aron*« vgl. Steck(1981), *Moses und Aron. Die Oper Arnold Schönbergs und ihr biblischer Stoff*, S. 13.
[459] Metzger (1995), a.a.O., S. 8.
[460] Zitiert nach Wörner(1959), a.a.O., S. 31.

endlichen Wesen."[461] Sobald Moses es nennen will, weil er es muß, würde er es verraten. Schweigt er jedoch davon, so beruhigt er sich bei seiner Ohnmacht. Die Figur des Moses ist analog zum Spätstil Schönbergs: „Hat Schönberg offenkundig als jener Tapfere sich gefühlt und auch in seinen Helden Moses viel von sich eingesenkt, so rückt er damit *bis an die Schwelle des Selbstbewußtseins seines eigenen Unterfangens, der Unmöglichkeit des ästhetischen Ganzen*, das es kraft absoluten metaphysischen Gehaltes wird, während er doch mit keinem Geringen sich bescheiden konnte."[462]

Die Unmöglichkeit der Vollendung der Oper ist kein Zufall. Der fragmentarische Charakter seiner Oper kann weder aus der Unfähigkeit des Komponisten noch aus seiner schlechten Gesundheit erklärt werden. Für Adorno leitet sich das Fragmentarische der Oper aus der ästhetischen Notwendigkeit ab: „Die bedeutenden Kunstwerke sind wohl überhaupt die, welche nach einem Äußersten trachten; die darüber zerschellen und deren Bruchlinien zurückbleiben als Chiffren der unnennbaren obersten Wahrheit. So emphatisch ist das »*Moses und Aron*« Fragment, und kaum wäre verstiegen, wer aus dem Unvollendbaren erklärte, warum es nicht vollendet wurde."[463]

Die Unvollendbarkeit der Oper läßt sich aus dem jüdischen Bilderverbot, um welches der Text der Oper zentriert ist, erklären: „Was jegliche Subjektivität übersteigen wollte, mußte ein gebietend starkes Ich inmitten all der Schwachen subjektiv erzeugen. Auseinander klafft das Transsubjektive, transzendent Verbindliche, das an die Thora sich bindet, und die frei ästhetische Gesetztheit des Werkes. Dieser Antagonismus verschmilzt mit dem, der Thema ist, und wird zur Unmöglichkeit des Werks unmittelbar."[464] In der jüdischen Religion bleibt das Band zwischen Namen und Sein anerkannt durch das Verbot, den Gottesnamen auszusprechen. (DdA, S.40) Das Fragment ist eine ästhetische Form, die das Bilderverbot artikuliert. Dem Bilderverbot nähert sich zwar die Musik als bilderlose Kunst am meisten, aber ihre Verwandtschaft wird durch die Rationalisierung verfemt.

---

[461] Adorno(1963), *Sakrales Fragment*, S. 454.
[462] Adorno(1963), ebenda, S. 454. (Hervorhebung von mir)
[463] Adorno(1963), ebenda, S. 455.
[464] Adorno(1963), ebenda.

In der Formulierung Adornos: „Musik lernt nachahmen."[465] Das Ideal des abgeschlossenen Kunstwerks zerstört das Moment der Bilderlosigkeit der Musik. Der Bruch zwischen Objekt und Subjekt wird durch die Macht des Subjekts im abgeschlossenen Werk beseitigt. Das Werk wird dem Identitätsprinzip unterworfen. Die fragmentarische Musik will wiederum Bild des Bilderlosen sein. Das Korrektiv, die Auflösung der Bahn der Aufklärung, ist dort zu finden, wo anstelle der Identität setzenden, logischen Hierarchie subordinierender Syntax die Parataxis hervortritt.[466] Das Recht des Bildes wird in der Durchführung seines Verbotes gerettet. Die bestimmte Negation verwirft die unvollkommene Vorstellung des Absoluten. (DdA, S. 41) Kraft der Unmöglichkeit der Vorstellung des Absoluten rettet das Bilderverbot das Absolute. Statt der abstrakten Versöhnung zwischen Objekt und Subjekt rettet es die reale Versöhnung durch die Unversöhnbarkeit. Das Bilderverbot ist die bestimmte Negation des abbildenden Denkens:

> Abbildendes Denken wäre reflexionslos, ein undialektischer Widerspruch; ohne Reflexion keine Theorie. Bewußtsein, das zwischen sich und das, was es denkt, ein Drittes, Bilder schöbe, reproduzierte unvermerkt den Idealismus; ein Corpus von Vorstellungen substituierte den Gegenstand der Erkenntnis, und die subjektive Willkür solcher Vorstellungen ist die der Verordnenden. Die materialistische Sehnsucht, die Sache zu begreifen, will das Gegenteil: nur bilderlos wäre das volle Objekt zu denken. Solche Bilderlosigkeit konvergiert mit dem theologischen Bilderverbot. (ND, S. 206-207)

Der expressive Charakter der Musik gerät bei Schönberg unter Verdacht: „Sakrale Kunstwerke behaupten von sich aus ihren Gehalt als verpflichtend, jenseits von Sehnsucht und subjektivem Ausdruck."[467] Sie korrigieren den Vorrang des Subjekts als Organon des Systems. Es gibt nicht etwa das Unaussprechbare im geschlossenen Werk. Die wahre Objektivität des Werkes wird von seiten der subjektiven Äußerung interpretiert. Der

---

[465] Adorno(1963), ebenda, S. 458.
[466] Vgl. Adorno(1963), *Parataxis*, S. 471.
[467] Adorno(1963), *Sakrales Fragment*, S. 456.

Wahrheitsgehalt des Werkes vermischt sich mit dem unmittelbaren Gesagten: „Die Unmenschlichkeit, der große Musik sich nähert, je weiter sie von der Zufälligkeit eines Auszudrückenden sich entfernt, wird dieser Absicht zum Übermenschlichen. Freilich: zum Bild eines Übermenschlichen."[468] Das fragmentarische Kunstwerk will nicht mehr ausschließlich die Expression des Künstlers. Statt den Widerspruch zwischen Subjekt und Objekt, der aus der Dialektik des Ausdrucks des Komponisten und der Konstruktion des Werks entsteht, zu glätten, trägt das Fragment ihn rückhaltlos aus. Damit wird die Intention des Subjekts spurlos im Fragment aufgehoben. In der Formulierung Adornos: „Große Werke sind kenntlich an der Differenz dessen, was aus ihnen hervortritt, von ihrer eigenen Intention."[469] In der Gestalt des Fragmentarischen wird ausgedrückt, daß es zwar das Subjekt ist, das der Unvollendbarkeit Bedeutung verleiht, aber diese Bedeutung ist die des Untergangs des Subjekts. Der Akt der souveränen Sinngebung des Subjekts tritt von der Erscheinung zurück: „Nicht der Komponist mehr drückt sich aus, sondern die Spieler und Gegenspieler, an denen die musikalische Objektivität des Gesamten sich entzündet."[470] Damit stellt sich das Fragment schroff der auf Totalität angelegten Musik entgegen, die versucht, das Ideal der Abgeschlossenheit, Allbefaßtheit kraft des Subjekts zu vergegenwärtigen. Was die abgeschlossene Form der Musik als Sinn und Ordnung zu verstehen gegeben hat, stellt sich nunmehr als nicht legitimierbare Projektion eines sich selbst absolut setzenden Subjekts dar. Die Destruktion der Abgeschlossenheit impliziert den Tod des sich absolut setzenden Subjekts. Das Fragment nähert sich der Natur an, indem es das Moment des Zerfallenden und der Unbestimmtheit in sich enthält.

---

[468] Adorno(1963), ebenda, S. 457.
[469] Adorno(1963), ebenda, S. 455.
[470] Adorno(1963), ebenda, S. 459.

Epilog
Die Idee einer „musique informelle"; die Utopie–Antizipation Adornos

Seit Beginn der fünfziger Jahre ist Adorno mit der Entwicklung einer „seriellen Musik" konfrontiert, deren Hauptvertreter Boulez, Nono und Stockhausen waren. Die historische Legitimität der Zwölftontechnik wird von Adorno „historisiert." Adorno erkennt die Zwölftontechnik für eine historische Epoche als legitimiert an, aber sie ist nach Schönberg für eine gegenwärtige Musikproduktion nicht wiederbelebbar. Die Zwölftontechnik ist tatsächlich „das erste große Entlastungsphänomen der neuen Musik"[471] geworden. Adorno sieht in der seriellen Musik die Tendenz der fortschreitenden Rationalisierung der Musik: „Danach darf man wohl sagen, daß von den Seriellen nicht Mathematisierung der Musik willkürlich ausgeheckt wurde, sondern eine Entwicklung besiegelt, die Max Weber in der Musiksoziologie als Gesamttendenz der neueren musikalischen Geschichte bestimmte: der fortschreitenden Rationalisierung der Musik."[472]

Gegen die Konzeption der weitergehenden Rationalisierung durch die serielle Musik entwirft Adorno die Hoffnung auf einen Weg in die Freiheit im Rahmen der Konzeption einer „musique informelle." Der Aufsatz »*Vers une musique informelle*«, der einerseits als kritische Instanz für die Beurteilung der seriellen und post-seriellen Musik gesehen werden kann,[473] bietet andererseits ein Programm, das in Absehung der geschichtsphilosophischen Implikationen interpretiert werden kann. Der Gedanke des Bilderverbotes überträgt sich in das Adornosche Zukunftsprogramm der Musik, welches das Abbrechen der Aporie des Serialismus antizipiert und das Ideal der „musique informelle" erfüllt. Aus den Tendenzen des Spätstils Schönbergs, der von der »*Philosophie der neuen Musik*« abgeleitet wird, konzipiert Adorno die Idee einer „musique informelle". Die Idee der „musique informelle" ist als die Adornosche Vorstellung des Jenseits der Dialektik der Aufklärung zu verstehen.

---

[471] Adorno(1965), *Schwierigkeiten*, S. 267.
[472] Adorno(1965), ebenda, S. 269.
[473] Vgl. Zenck(1979), *Auswirkungen einer musique informelle auf die neue Musik*, S. 138.

Das Aporetische des Zustandes der Musik, mit der Adorno konfrontiert ist, entspricht dem Umschlag, den er in der »*Dialektik der Aufklärung*« als Umschlag in die Unfreiheit interpretiert: „Das Aporetische des Zustandes, der einer wahrhaft informellen Musik bedarf, faßt sich zusammen in der Erkenntnis, daß zwar die strukturellen Veranstaltungen, je mehr sie durch ihre Gestalt die eigene Notwendigkeit urgieren, desto mehr auch ihres Zufälligen, dem Subjekt gegenüber Äußerlichen sich überführen; daß aber das Subjekt, das dem sich zu entwinden trachtet, sogar angesichts bloß veranstalteter Regeln zum ephemer Willkürlichen herabsinkt."[474] Es geht bei Adorno um die Frage, wie sich die Paradoxien des Serialismus lösen lassen. Diese Frage und die Antworten Adornos darauf enthalten sowohl eine musikalische als auch eine geschichtsphilosophische Zukunftsversion: also die Frage, wie die Gesellschaft vom Bann der Aufklärung befreit werden kann, und ihre Antworten.

Die integrale Rationalität emanzipiert das Subjekt vom Zwang des Materials, aber es gibt dafür seine Freiheit preis. In diesem Zustand ist das unkritische „Vorwärts" zu einer weitergehenden Naturbeherrschung fragwürdig. Die desperate Lage des Individuums wird auch nicht durch das „Rückwärts" geheilt werden. Die Geschichte ist irreversibel, sie ist vergänglich. Eine Rettung angesichts dieser Alternative, d.h. der Wahl zwischen „Rückwärts" oder „Vorwärts", ist nicht zu erwarten: „Die ernsteste Schwierigkeit aber ist, daß es trotz allem kein Zurück gibt. Sucht man gegenüber Zwölftontechnik, seriellem Prinzip und Aleatorik einfach subjektive Freiheit, also freie Atonalität im Sinn der Erwartung von Schönberg wiederaufzunehmen, so verfiele man notwendig fast der Reaktion."[475] Der Fortschritt der Materialbeherrschung kann nicht rückgängig gemacht werden, als ob er nicht vorhanden war. Das ist „eine der Paradoxien der Geschichtsphilosophie von Kunst":[476]

> Nachdem einmal die neuen Konstruktionsprinzipien sich kristallisierten, verpflichten sie zur Durchbildung, zur reinen Konsequenz, sogar wenn die Prinzipien selbst sehr abzuändern sind.

---

[474] Adorno(1961), *Vers une musique informelle*, S. 500.
[475] Adorno(1965), a.a.O., S. 271.
[476] Adorno(1961), *Vers une musique informelle*, S. 499.

Rückstände des Gewesenen wie die chromatischen in der freien Atonalität sind nicht mehr erträglich wie damals, als die immanenten Forderungen der Mittel noch gar nicht ganz gefühlt wurden.[477]

An dieser Erkenntnis entzündet sich die mögliche Utopievorstellung Adornos. Die Materialbeherrschung wird weder als Endzweck noch als das absolute Böse konzipiert. Sie ist ein „Durchgangsstadium." Die Zäsur der „musique informelle", die sie von einem traditionellen Formbegriff trennt, antizipiert die Gestalt der emanzipierten Gesellschaft. Adorno entwirft die Idee der „musique informelle" anhand der ästhetischen Erfahrungen Schönbergs. Aber die Rückkehr zum frühen Schönberg ist nicht akzeptabel: „Der Idee unrevidierter, konzessionsloser Freiheit hätte eine »musique informelle« aufs neue sich zu stellen. Aber nicht als Reprise des Stils von 1910."[478] Die „musique informelle" sucht einen Ausweg aus den Entlastungstechniken bei Verweigerung des Rückgangs zur „guten", freien Atonalität.[479] Was Adorno für entscheidend an der Musik Schönbergs hält, ist ihr Gestus: „Seit dem op.10 pendelt seine gesamte Produktion zwischen den Extremen des total Thematischen und des Athematischen; mit großartiger Innervation hat er keinen Ausgleich gesucht, sondern beides in schroffer Opposition gehalten."[480] Der Bruch zwischen dem Thematischen und Athematischen, dem Durchorganisierten und Freigesetzten wird beim späten Schönberg nicht aufgehoben. Seine Musik bewahrt diesen Gegensatz in sich: „Schönbergs Konzeption der real durchkonstruierten Totalität kreuzt sich mit dem entgegengesetzten Impuls."[481] Auf das Wunschbild eines musikalisch harmonisierten Kosmos wird bei Schönberg verzichtet: „Keineswegs trat anstelle der Expression des Subjekts, die bei Schönberg mit der Konstruktion alterniert, eine musikalische Ordnung des Seins, Ontologie."[482] Adorno skizziert die „musique informelle" folgendermaßen:

---

[477] Adorno(1961), ebenda, S. 498.
[478] Adorno(1961), ebenda, S. 498.
[479] Mahnkopf(1998), *Adornos Kritik der Neueren Musik*, S. 261.
[480] Adorno(1961), a.a.O., S. 501.
[481] Adorno(1961), a.a.O., S.501.
[482] Adorno(1961), ebenda, S.502.

Gemeint ist eine Musik, die alle ihr äußerlich, abstrakt, starr gegenüberstehenden Formen abgeworfen hat, die aber, vollkommen frei von heteronom Auferlegten und ihr Fremden, doch objektiv zwingend im Phänomen, nicht in diesen auswendigen Gesetzmäßigkeiten sich konstituiert. Darüber hinaus müßte eine solche Befreiung, soweit das ohne abermalige Unterdrückung möglich ist, auch der Niederschläge des Koordinatensystems im Innern der Phänomene sich zu entledigen suchen. (...) Wie in der dialektischen Logik bilden in der Ästhetik Allgemeines und Besonderes keinen bloßen Gegensatz."[483]

Die „musique informelle" ist eine Antinomielehre. Sie ist eine Konzeption, „die die faktischen Widersprüche von Freiheit und Bindung, Tradition und Neuheit, Begrifflichem und Begriffslosem, Autonomie und Heteronomie, Natur und Technik aufnimmt."[484] Der Begriff des Informellen ist für Adorno „weder etwas Formloses, noch ist er in der Moderne die abstrakte Negation der traditionellen geschlossenen Form. Informelle und traditionelle Form stehen nicht schlicht in Antithese, sondern sind durcheinander vermittelt."[485] Die „musique informelle" bewegt sich in der Konstellation der einander entgegengesetzten Kräfte. Sie ist eine Pendelbewegung zwischen konträren, unversöhnlichen Elementen. Zwischen ihnen ist kein Ausgleich zu finden; vielmehr bewahrt die „musique informelle" die sich entgegensetzenden Tendenzen in sich: „Verzichtet informelle Musik auf abstrakte Formen, auf musikalisch schlechte Allgemeinheit der innerkompositorischen Kategorien, so kehren die allgemeinen im Innersten der Besonderung wieder und machen diese aufleuchten."[486] Anstelle der Tendenz zur Herstellung der Verbindlichkeit des Einzelnen, zur Verallgemeinerung des Spezifischen, tritt die Konstellation des Spezifischen hervor. Die Emanzipation der Gesellschaft ist nicht durch deren Emanzipation von der in die Irrationalität verwandelten Rationalität zu erfüllen. Weder „vorwärts" noch „rückwärts" ist die Lösung zu finden.

---

[483] Adorno(1961), ebenda, S.496
[484] Hufner(1996), *Adorno und die Zwölftontechnik*, S.163.
[485] Zenck(1977), *Kunst als begriffslose Erkenntnis. Zum Kunstbegriff der ästhetischen Theorie Theodor W. Adornos*, S.139.
[486] Adorno(1961), *Vers une musique informelle*, S. 496.

Seine Utopievorstellung ist weder „vorwärts"- noch „rückwärts"-gewandt. Nicht vorwärts, wegen seines Tabus der abstrakten Utopie. Und auch nicht rückwärts, um der Unwiederbringlichkeit des einmal Gestürzten willen.[487] Die zerfallende Naturgeschichte macht es unmöglich, das einmal Geschehene wiederzubringen. Die gesellschaftlich Utopie bleibt bilderlos wie die bilderlose „musique informelle": „Die Gestalt aller künstlerischen Utopie heute ist: Dinge machen, von denen wir nicht wissen, was sie sind."[488] Die Utopie ist nur denkbar als die bestimmte Negation des Ganges der realen Geschichte. Man kann sich die Idee der „musique informelle" nur vorstellen im Gegensatz zur traditionellen Form. Die traditionelle Form will alle Elemente harmonisieren, um der Freiheit des Subjekts willen. Die „musique informelle" rettet die Idee der realen Versöhnung, indem sie den letzten Mythos der Perspektive der Harmonie für unmöglich hält.

Auch die Utopievorstellung unterwirft sich dem Bilderverbot. Die mögliche utopische Gesellschaft ahmt die „musique informelle" nach. Sie wäre eine fragmentarische, die das Vergängliche in sich erhält und die Sphäre des Vergänglichen „absolut" setzt. Die Gesellschaft bildet in sich eine Komplexion qualitativer Differenzen, ohne die Mitte zu haben, die es unternimmt, die Einzelnen zu systematisieren: „Utopie wäre die opferlose Nichtidentität des Subjekts." (ND, S.277) Diesen Anspruch kann nur ein dialektisches Entwicklungsmodell einlösen, das Widersprüche und Antinomien nicht aufhebt, sondern aushält. Die Entwicklung geht ohne Mitte, allein durch eine Vermittlung der entgegengesetzten Extreme in sich, voran.[489] Die Einzelnen verweisen auf das Ganze, das keine systematisierende Mitte hat. Die Suche nach Gewißheit als Programm entfällt. Die Differenzen kontrastieren sich, ergänzen sich, trennen sich und überschneiden sich in der Konstellation. Die Elemente werden nicht atomisiert. Der fortdauernde Verweis des Einen auf das Andere und umgekehrt bildet den Rahmen der Einzelnen. Der Kontrapunkt wird das die Einheit gewährende Bezugssystem alles Gleichzeitigen. Die „musique informelle" ist die „wahre Flaschenpost(PdnM, S. 126)" für die Gesellschaft. Wann öffnet die Gesellschaft diese Flaschenpost?

---

[487] Vgl. Adorno(1963), *Parataxis*, S. 483.
[488] Adorno(1961), a.a.O., S. 540.
[489] Vgl. Brunkhorst(1990), S. 232.

Literaturverzeichnis

1)
Adorno, Theodor W. (1922), Ad vocem Hindemith. Eine Dokumentation, in : Musikalische Schriften IV, GS 17, S. 210-246.
ders. (1925): *Alban Berg. Zur Aufführung des á »Wozzeck«*, in: GS 18. S.456-464.
ders. (1925): *Schönberg: Serenade, op.24(I)*, in : Musikalische Schriften V, GS 18, S. 324-330.
ders. (1927): *Schönberg: Serenade, op.24(II)*, in : Musikalische Schriften V, GS 18, S. 331- 334.
ders. (1927): *Schönberg: Fünft Orchesterstücke, op. 16*, in: Musikalische Schriften V, GS 18, S. 335-344.
ders. (1928): *Schönberg : Chöre, op. 27 und op. 28*, in: Musikalische Schriften V, GS 18, S.354-357.
ders.(1928): *Zum Anbruch*, in: Musikalische Schriften VI, GS 19, S. 605-608.
ders. (1928): *Schönberg: Suite für Klavier, drei Bläser und drei Streicher*, in: Musikalische Schriften V, GS 18, S. 354-357.
ders. (1929): *Zur Zwölftonmusik*, in: Musikalische Schriften V, GS 18, S.363-369.
ders. (1929): *Atonales Intermezzo*, in : Musikalische Schriften V, GS 18, S. 88-97.
ders. (1930): *Reaktion und Fortschritt*, in: Moments musicaux, GS 17, S.133-139.
ders. (1930): *Arbeitsprobleme des Komponisten*, in: Musikalische Schriften VI, GS 19, S.433-439.
ders. (1930): *Variationen für Orchester, op.31*, in: Musikalische Schriften V, GS 18, S.370-375.
ders. (1930): *Von heute auf morgen, op.32(I)*, in: Musikalische Schriften V, GS 18, S. 376-380.
ders. (1930): *Von heute auf morgen, op.32(II)*, in: Musikalische Schriften V, GS 18, S. 381-384.
ders. (1930): *Stilgeschichte in Schönbergs Werk*, in: Musikalische Schriften V, GS 18, S. 385-393.
ders. (1931): *Die Aktualität der Philosophie*, in: GS 1, S. 325-344.
ders. (1932): *Die Idee der Naturgeschichte*, in: GS 1, S. 345-365.
ders. (1932): *Zur gesellschaftlichen Lage der Musik*, in: Musikalische Schriften V, GS 18, S.729-777.
ders. (1933): *Vierhändig, noch einmal*, in: Impromptus, GS 17, S.303-306.
ders. (1933): *Kierkegaard*, in: GS 2.
ders. (1934): *Der dialektische Komponist*, in: Impromptus, GS 17, S.198-203.
ders. (1934): *Arnold Schönberg(II)*, in: Musikalischen Schriften V, GS 18, S. 394-397.
ders. (1934): *Schönberg: Lieder und Klavierstücke*, in: Musikalischen Schriften V, GS 18, S. 398-400.
ders. (1934): *Ludwig van Beethoven. Sechs Bagatellen für Klavier, op. 126*, in : Musikalischen Schriften V, GS 18, S. 185-188.
ders. (1937): *Spätstil Beethovens*, in: Moments musicaux, GS 17, S.13-17.

ders. (1937): *Exposé zu einer Monographie über Arnold Schönberg*, in: Musikalische Schriften VI, GS 19, S. 609-613.
ders. (1938): *Über den Fetischcharakter in der Musik und die Regression des Hörens*, in: Dissonanzen, GS 14, S. 15-50.
ders. (1939): *Was ist Musik*, in: Musikalische Schriften VI, GS 19, S. 614-619.
ders.(1940): *Zum Rundfunktkonzert vom 22. Februar 1940*, in : Musikalische Schriften V, GS 18, S. 576-583.
ders. (1946): *Neunzehn Beiträge über neue Musik*, in: Musikalische Schriften V, GS 18, S.57-87.
ders. (1947): *Dialektik der Aufklärung* (GS 3)
ders. (1949): *Philosophie der Neuen Musik* (GS 12)
ders. (1950): *Zum Verhältnis von Malerei und Musik heute*, in: Musikalische Schriften V, GS 18, S.140-148.
ders. (1950): *Musik und neue Musik*, in: Musikalische Schriften I-III, GS 16, S. 476-492.
ders. (1951): *Minima Moralia* (GS 4)
ders. (1951): *Arnold Schönberg. Worte des Gedenkens zum 13. 9. 1951*, in: Musikalische Schriften V, GS 18, S. 623-626.
ders. (1952): *Arnold Schönberg(1874-1951)*, in: Prismen, GS 10.1, S. 152-180.
ders. (1953): *Über das gegenwärtige Verhältnis von Philosophie und Musik*, in: Musikalische Schriften V, GS 18, S.149-176.
ders. (1954): *Das Alten der Neuen Musik*, in: Dissonanzen, GS 14, S. 143-168.
ders. (1954): *Neue Musik, Interpretation und Publikum*, in: Klangfiguren. Musikalische Schriften I, GS 16, S. 40-51.
ders. (1954): *Einführung in die zweite Kammersymphonie von Schönbergs*, in: Musikalische Schriften V, GS 18, S. 627-629.
ders. (1954-58): *Der Essay als Form*, in: Noten zur Literatur, GS 11, S. 9-33.
ders. (1954/5): *Die Musik zur »Glücklichen Hand«*, in: GS 18, S.408-410.
ders. (1955/67): *Zum Verständnis Schönbergs*, in: Musikalische Schriften V, GS 18, S. 428-445.
ders. (1955): *Neue Musik heute*, in : GS 18, S. 124-133.
ders.(1955): *Die Musik zur »glücklichen Hand«*, in : Musikalischen Schriften, GS 18, S. 408-410.
ders.(1955): *Im Gedächtnis an Alban Berg*, in : Musikalischen Schriften, GS 18, S. 487-512.
ders. (1956): *Musiksoziologie*, in: Musikalische Schriften V, GS 18, S.840-841.
ders. (1956): *Musik, Sprache und ihr Verhältnis im gegenwärtigen Komponieren*, in: GS 16, S. 649-664.
ders. (1956): *Fragment über Musik und Sprache*, in : Musikalische Schriften I, GS 16, S. 249-250.
ders. (1957): *Arnold Schönberg (I)* , in: Musikalische Schriften V, GS 18, S.304-323.
ders. (1957): *Kriterien der neuen Musik*, in: Klangfiguren. Musikalische Schriften I, GS 16, S. 170-228.
ders. (1957): *Rede über Lyrik und Gesellschaft*, in : Noten zur Literatur, GS 11, S. 48-68.

ders. (1958): *Zur Vorgeschichte der Reihenkomposition*, in: Klangfiguren, GS 16, S.68-84.
ders. (1958): *Ideen zur Musiksoziologie*, in: Klangfiguren, GS 16, S.9-23.
ders. (1958): *Musik und Technik*, in: Klangfiguren, GS 16, S. 229-248.
ders. (1958): *Die Funktion des Kontrapunkts in der neuen Musik*, in : Musikalischen Schriften I, GS 16, S. 145-169.
ders. (1959): *Klassik, Romantik, Neue Musik*, in : Musikalische Schriften I, GS 16, S. 126-144.
ders. (1959): *Verfremdetes Hauptwerk. Zur Missa Solemnis*, in: Moments musicaux, GS 17, S. 145-162.
ders. (1959) : *Zu den Georgliedern*, in: Musikalische Schriften V, GS 18, S. 411.
ders. (1960): *Ohne Leitbild*, in: Ohne Leitbild, GS 10.1, S. 291-301.
ders. (1960): *Mahler. Eine musikalische Physiognomik*, in: GS 13, Musikalische Monographien, S. 149-320.
ders. (1960): *Wien*, in: Quasi una fantasia, GS 16, S. 433-453.
ders. (1960): *Tradition*, in : GS 14, S. 127-142.
ders. (1961): *Vers une musique informelle*, in: Quasi una fantasia, GS 16, S.493-540.
ders. (1961): *Versuch, das Endspiel zu verstehen*, in: Noten zur Literatur, GS 11, S. 281-324.
ders. (1961): *Schönbergs Klavierwerk*, in: Musikalischen Schriften V, GS 18, S. 422-426.
ders. (1961): *Über Statik und Dynamik als soziologische Kategorien*, in : Soziologische Schriften I, GS 8, S. 217-237.
ders. (1962): *Einleitung in de Musiksoziologie*, in : GS 14, S. 169-441.
ders.(1962): *Wozu noch Philosophie*, in: GS 10-2, S. 459-473.
ders.(1962): *Titel*, in : GS 11, S. 325-334.
ders.(1962): *Philosophische Terminologie*, Nachgelassene Schriften, Bd.9.
ders. (1963): *Sakrales Fragment: Über Schönbergs Moses und Aron*, in: Quasi una fantasia, GS 16, S. 454-475.
ders. (1963): *Der getreue Korreppetitor*, in : GS 15, S. 157-402.
ders. (1963): *Résumé über Kulturindustrie*, in: Ohne Leitbild, GS 10.1, S. 337-345.
ders. (1963): *Parataxis. Zur späten Lyrik Hölderins*, in : Noten zur Literatur, GS 11, S. 447-494.
ders. (1963): *Über einige Arbeiten Arnold Schönberg*, in: Impromptus, GS 17, S.327-344.
ders. (1964): *Beethoven im Geist der Moderne*, in: Musikalische Schriften VI, GS 19, S.535-538.
ders. (1964): *Versuch über Wagner*, in : GS 13, S. 7-148.
ders. (1965): *Thesen zur Kunstsoziologie*, in: Ohne Leitbild, GS 10.1, S. 367-374.
ders. (1965): *Schwierigkeiten. I. Beim Komponieren*, in: Impromptus, GS 17, S. 253-272.
ders. (1965): *Über einige Relationen zwischen Musik und Malerei*, in: Musikalische Schriften III, GS 16, S. 649-664.
ders. (1966): *Die negative Dialektik* (GS 6)
ders. (1966): *Form in der neuen Musik*, in: Musikalische Schriften III, GS 16, S. 649-664.

ders. (1966): *Über Tradition*, in: Ohne Leitbild, GS 10.1, S. 310-320.
ders. (1966): *Die Kunst und die Künste*, in: Ohne Leitbild, GS 10.1, S. 432-453.
ders.(1967): *Zum Verständnis Schönbergs*, in : Musikalische Schriften V, GS 18, S. 428-445.
ders.(1967), *Jargon der Eigentlichkeit*, in : GS 6, S. 415-526-
ders. (1968): *Wissenschaftliche Erfahrung in Amerika*, in: Stichworte, GS 10.2, S. 702-740.
ders. (1968): *Über einige Relationen zwischen Musik und Malerei*, in: GS 16, S. 629-642.
ders. (1968): *Schwierigkeiten. II. In der Auffassung neuer Musik*, in: Impromptus, GS 17, S. 273-291.
ders. (1968): *Berg. Der Meister des kleinsten Übergangs*, in : Die musikalischen Monographien, GS 13, S. 321-494.
ders. (1969): *Ästhetische Theorie* (GS 7)
ders. (1969): *Kompositionen für den Film*, in : GS 15, S. 7-156.
ders. (1977): *Zu Subjekt und Objekt*, in : GS 10-2, S. 741-758.
ders. (1983): *Schöne Stellen*, in: Musikalische Schriften V, GS 18, S.695-720.
ders. (1992): *Aufzeichnungen zur Ästhetik-Vorlesung von 1931/32*, in: Frankfurter Adorno Blätter I, Göttingen.
ders. (1993): *Beethoven. Philosophie der Musik*, hrsg. von Rolf Tiedemann, Theodor W. Adorno Nachgelassene Schriften, Abteilung I: Fragment gebliebene Schriften Band 1, Frankfurt a.M.
ders. (1993): *Einleitung in die Soziologie*(1968), hrsg. von Christoph Gödde, Theodor W. Adorno Nachgelassene Schriften, Abteilung IV: Vorlesungen Band 15, Frankfurt a.M.
Adorno, Theodor W., Ernst Krenek(1974): *Briefwechsel*, Frankfurt a.M.
Adorno, Theodor W., Walter Benjamin(1994): *Briefwechsel 1928-1940*, Frankfurt a.M.
Adorno, Theodor W., Alban Berg(1997): *Briefwechsel 1925-1935*, Frankfurt a.M.

2)

Asiáin, Martin(1996): *Theodor W. Adorno: Dialektik des Aporischen. Untersuchungen zur Rolle der Kunst in der Philosophie Theodor W. Adornos*, München.
Baars, Jan(1989): Kritik als Anmesse: Die Komposition der Dialektik der Aufklärung, in: hrsg. von Harry Kunneman und Hent de Vries, *Die Aktualität der Dialektik der Aufklärung*, Frankfurt a.M./ New York, S. 210-235.
Bauer, Johannes(1995a): Im Angesicht der Sphinx. Subjekt und System in Adornos Musikästhetik, in: hrsg. von Gerhard Schweppenhäuser, *Soziologie im Spätkapitalismus. Zur Gesellschaftstheorie Theodor W. Adorno*, Darmstadt, S.157-184.
ders.(1995b): Seismogramme einer nichtsubjektiven Sprache. Écriture und Ethos in Adornos Theorie der musikalischen Avantgarde, in: hrsg. von Mirko Wischke, *Impuls und Negativität. Ethik und Ästhetik bei Adorno*, Berlin, S. 82-102.
Baum, Klaus(1988): *Die Transzendenz des Mythos*, Würzburg.

Baumeister, Thomas/ Jens Kulenkampff (1973): Geschichtsphilosophie und philosophische Ästhetik. Zu Adornos „Ästhetische Theorie", in: *Neue Heft für Philosophie*, H.5, S.74-104.
Becker, Frank (1989): Ästhetik als Korrektiv der Vernunft, in: *Zeitschrift für Ästhetik und allgemeine Kunstwissenschaft*, Bd. 34, 1.
Blumentritt, Martin (1989): Adorno, der Komponist als Philosoph, in: hrsg. von Heinz-Klaus Metzger und Rainer Riehn, *Theodor W. Adorno. Der Komponist*. Musik-Konzept 63/64, München.
Bowie, Andrew(1989): Music, Language and Modernity, in: hrsg. von Andrew Benjamin, *The Problems of Modernity*, London / New York.
Boehmer, Konrad(1969): Adorno, Musik, Gesellschaft, in: hrsg. von W. F. Schoeller, *Die neue Linke nach Adorno*, München, S. 118-134.
Bolz, Nobert(1987): Das Selbst und sein Preis, in : hrsg. Von Willem van Reihen und Gunzelin Schmid Noerr, *Vierzig Jahre Flaschenpost: Dialektik der Aufklärung 1947 bis 1987*, Frankfurt a.M. S. 111-128.
Borio, Gianmario(1987): Die Positionen Adornos zur musikalischen Avantgarde zwischen 1954 und 1966, in : *Musik im Diskurs*, Bd.2: Adorno in seinen musikalischen Schriften, hrsg. Von. Brunhilde Sonntag, Regensburg.
Breuer, Stefan(1985): Horkheimer oder Adorno: Differenzen im Paradigmakern der Kritischen Theorie, in: *Leviathan* H. 3, S. 357-375.
Briel, Holger Mathias(1993): *Adorno und Derrida. Oder wo liegt das Ende der Moderne*, New York / Berlin u.a.
Brinkmann, Reihhold(1997), Schönberg the Contemporary. A View from Behind, in : hrsg. von Juliane Brand and Christopher Hailey, *Constructive Dissonance. Arnold Schönberg and the Transformations of Twentieth-Century Culture*, Berkley/LA/London, S. 196-219.
Brunkhorst, Hauke(1990): *Theodor W. Adorno*, München / Zürich.
ders.(1995): Kritik statt Theorie, in: *Impuls und Negativität. Ethik und Ästhetik bei Adorno*, hrsg. Von Gerhard Schweppenhäuser und Mirko Wischke, Hamburg und Berlin. S. 117-135.
Bubner, Rüdiger(1980): Kann Theorie ästhetisch werden, in: hrsg. von B. Lindner / W. M. Lüdke, *Materialien zur ästhetischen Theorie Theodor W. Adorno*, Frankfurt a.M. , S.108-137.
ders.(1983): Adornos Negative Dialektik, in: hrsg. von Ludwig von Friedeburg und Jürgen Habermas, *Adorno-Konferenz 1983*, Frankfurt a.M., S. 35-40.
Buck-Morss, Susan(1977): *The Origin of Negative Dialectics*, Hassox / Sussex.
Bürger, Peter(1980): Das Vermittlungsproblem in der Kunstsoziologie Adornos, in: hrsg. von B. Linder/ W.M. Lüdke, *Materialien zur ästhetischen Theorie Theodor W. Adorno*, Frankfurt a.M., S.169-184.
Claussen, Detlev(1990): Fortzusetzen. Die Aktualität der Kulturindustriekritik Adornos, in: hrsg. von Frithjof Hager und Hermann Pfütze, *Das unerhörte Moderne. Berliner Adorno-Tagung*, Lüneburg, S. 134-150.
ders.(1991): Mäßige Einstellung der Wahrheit, in: Theodor W. Adorno Archiv hrsg. *Frankfurter Adorno Blätter*, Göttingen. S. 114-117.

Dahlhaus, Carl(1953): Musik und Gesellschaft. Bemerkungen zu Theodor W. Adornos Versuch über Wagner, in: *Deutsche Universität-Zeitung*, Göttingen, Nr. 1, S.16-19.
ders.(1957): Dialektik des ästhetischen Scheins. Bemerkungen zu Theodor W. Adornos Dissonanzen, in: *Deutsche Universität-Zeitung*, Göttingen, Nr. 1, S. 16-19.
ders.(1978): Die Idee der absoluten Musik, Munich und Kassel.
ders.(1979): Zu Adornos Beethoven-Kritik, in : hrsg. von Otto Kollerisch, *Adorno und die Musik*, Garz.
ders.(1983): Vom Alten einer Philosophie, in : hrsg. von Ludwig von Friedeburg und Jürgen Habermas, *Adorno-Konferenz 1983*, Frankfurt a.M., S. 133-137.
ders.(1991): Aufklärung in Musik, in: hrsg. von Jesef Früchtel und Maria Calloni, *Geist gegen den Zeitgeist. Erinnern an Adorno*, Frankfurt a.M., S. 123-135.
ders und Hans Heinrich Eggebrecht(1979), *Musiklexikon*, Darmstadt.
Dews, Peter(1989): Foucault und die Dialektik der Aufklärung, , in: hrsg. von Harry Kunneman und Hent de Vries, *Die Aktualität der Dialektik der Aufklärung*, Frankfurt a.M./ New York, S. 88-99.
Düttmann, Alexander Garcia(1991): *Das Gedächtnis des Denkens. Versuch über Heidegger und Adorno*, Frankfurt a.M.
Eichel, Christine(1990): »Die Kunst der Künste«. Perspektiven einer interdisziplinären Ästhetik nach Adorno, in: hrsg. von Frithjof Hager und Hermann Pfütze, *Das unerhört Moderne. Berliner Adorno-Tagung*, Lüneburg, S. 151-178.
Feuchtner, Bernd(1990): Auf der Suche nach der verlorenen Revolution. Anmerkungen zu Adornos Begriff des Fortschritts in der Musik, in : hrsg. von Herried Münkler und Richard Saage, *Kultur und Politik : Brechungen der Fortschrittsperspektive heute. Für Iring Fetischer*, S. 106-112.
Figal, Günther(1977): *Theodor W. Adorno. Das Naturschöne als spekulative Gedankenfigur. Zur Interpretation der Ästhetischen Theorie im Kontext philosophischer Ästhetik*, 1. Aflg., Bonn.
Fontaine, Michael de la 1980): Künstlerische Erfahrung bei Arnold Schönberg. Zur Dialektik des musikalischen Materials, in : hrsg. von Burkhardt Lindner und W. Martin Lüdke, *Materialien zur ästhetischen Theorie Theodor W. Adornos Konstruktion der Moderne*, Frankfurt a.M., S.467-493.
Foucault, Michael(1976): *Überwachen und Strafen*, Frankfurt a.M.
Freitag, Eberhard(1994): *Schönberg*, 9. Aufl. Hamburg.
George, Stefan(1993): *Adorno und Derrida oder Wo liegt das Ende der Moderne*, N.Y.,San Francisco, Bern, Baltimor, Frankfurt a.M.
Gebauer, Gunter/ Christoph Wulf(1992), *Mimesis, Kultur-Kunst-Gesellschaft*, Hamburg.
Gould, Glenn(1992): *Beethovens letzte drei Klaviersonaten*, in : Von Bach bis Boulez. Schriften zur Musik I, München, S. 88-92.
Gramer, Wolfgang(1976): *Musik und Verstehen. Eine Studie zur Musikästhetik Theodor W. Adornos*, Mainz.
Haimo, Ethan(1989): *Schönbergs Serial Odyssey*, Oxford.
Hansbauer, Severin(1994): *Augen. Blick. Eine Skizze zu Bildern Arnold Schönberg und Texten Theodor W. Adornos*, Wien.
Hansen, Mathias(1993): *Arnold Schönberg. Ein Konzept der Moderne*, Kassel u.a.

Habermas, Jürgen (1988): *Der philosophische Diskurs der Moderne. Zwölf Verlesungen*, Frankfurt a.M.
ders.(1995): *Die Theorie des kommunikativen Handelns*, Frankfurt a.M.
Hegel, G.W.F (1986): *Vorlesungen über die Ästhetik*, Frankfurt a.M.
Heimann, Bodo(1964): Thomas Manns Doktor Faust und die Musikphilosophie Adornos, in: *Deutsche Vieteljahresschrift für Literaturwissenschaft und Geistesgeschichte* 38.
Honneth, Axel(1988): Foucault und Adorno. Zwei Formen einer Kritik der Moderne, in : Peter Kemper(hrsg.), *Postmoderne oder der Kampf um die Zukunft*, Frankfurt a.M., S. 127-144.
ders(1989): *Kritik der Macht*, Frankfurt a.M.
Homer(1938): *Odysse*, Leipzig.
Hufner, Martin(1996): *Adorno und die Zwölftontechnik*, Regensburg.
Huyssen, Andreas(1986): Adorno in Reverse: From Hollywood to Richard Wagner, in: *After the Great Devide: Modernism, Mass Culture, Postmodernism*, Bloomington.
Jameson, Fredric(1989): *Late Marxism. Adorno, or, The Persistence of the Dialectic*, London / New York.
Jay, Martin(1976): *Dialektische Phantasie. Die Geschichte de Frankfurter Schule und des Insitituts für Sozialforschung 1923-1950*, Frankfurt a.M.
ders.(1984): *Adorno*, London.
ders.(1994): *Downcast Eyes. The Denigration of Vision in twentieth-Century French Thought*, Berkley/LA/London.
Jungheinrich, Hans-Klaus(1977): Zwanzig Jahre nachher, in : hrsg. von Heinz Ludwig Arnold, *Theodor W. Adorno, Sonderband text + kritik*, München.
Kager, Reinhard(1988): *Herrschaft und Versöhnung*, Frankfurt a.M./New York.
ders.(1998): Einheit in der Zersplitterung. Überlegungen zu Adornos Begriff des musikalischen Materials, in : hrsg. von Richard Klein und Claus-Steffen Mahnkopf, *Mit den Ohren Denken. Adornos Philosophie der Musik*, Frankfurt a.M., S. 92-116.
Kaiser, Gehard(1974): *Benjamin – Adorno : Zwei Studien*, Frankfurt a.M.
Kamper, Dietmar(1987): Aufklärung – was sonst? Eine dreifache Polemik gegen ihre Verteidiger?, in : hrsg. von Dietmar Kamper und Willem van Reijen, *Die unvollendete Vernunft. Moderne versus Postmoderne*, Frankfurt a.M., S. 37-45.
ders.(1990): Adornos Unversöhnlichkeit, in : hrsg. von Frithjof Hager und Hermann Pfütze, *Das unerhört Moderne. Berliner Adorno-Tagung*, Lüneburg, S. 118-122.
ders.(1991): Umgang mit der Zeit. Paradoxe Wiederholungen, in : Wolfgang Kaempfer, *Die Zeiten und die Uhren*, Frankfurt a.M., S. 245-352.
ders.(1991): *Mimesis und Simulation*, in : Kunstforum, Bd. 114, Ruppichteroth.
ders.(1996): *Abgang vom Kreuz*, München.
Kant, Immanuel(1996): *Kritik der Urteilskraft*, hrsg. von Wilhelm Weischedel, 2.Aflg., Frankfurt a.M.
Konersman, Ralf(1997): *Kritik des Sehens*, Leipzig.
Kunneman und de Vries(1989), *Die Aktualität der Dialektik der Aufklärung*, Frankfurt a.M.

Lenk, Elisabeth(1990): Adorno gegen seine Liebhaber verteidigt, in : hrsg. von Frithjof Hager und Hermann Pfütze, *Das unerhört Moderne.* Berliner Adorno-Tagung, Lüneburg, S. 10-27.
Lenk, Kurt(1995): Adornos „Negative Utopie". Gesellschaftstheorie und Ästhetik, in : hrsg. von Gerhard Schweppenhäuser, *Soziologie im Spätkapitalismus. Zur Gesellschaftstheorie Theodor W. Adorno*, Darmstadt, S. 134-144.
Lewin, David(1968): Moses and Aron : Some General Remarks, and Analytic Notes for Act I, Scene 1, in : hrsg. von Benjamin Boretz and Edward T. Cone, Princeton.
Lüdke, Martin(1980): Zur Logik des Zerfalls, in: hrsg. von B. Linder/ W.M. Lüdke, *Materialien zur ästhetischen Theorie Theodor W. Adorno*, Frankfurt a.M., S.415-493.
ders.(1981): *Anmerkung zu einer Logik des Zerfalls : Adorno und Beckett*, Frankfurt a.M.
Lypp, Bernhard(1972): *Ästhetischer Absolutismus und politische Vernunft*, Frankfurt a.M.
Mahnkopf, Claus-Steffen(1998): Adornos Kritik der Neueren Musik, in: hrsg. vom Richard Klein und Claus-Steffen Mahnkopf, *Mit den Ohren Denken*, Frankfurt a.m. S. 251-280.
Massing, Otwin(1990): Zur Rekonstruktion der „Ästhetischen Theorie" Adornos. Versuch einer kritischen Annäherung, in: hrsg. von Herfreid Münkler und Richard Saage, Opladen, *Kultur und Politik*, S. 75-88.
McCarthy, Thomas(1993*): Ideale und Illusionen. Dekonstruktion und Rekonstruktion in der kritischen Theorie*, Frankfurt a.m.
Maurer-Zenck , Claudia(1979): Die Auseinandersetzung Adornos mit Krenek, in: hrsg. von Otto Kolleritsch, *Adorno und die Musik*, Graz.
Mayer, Günter(1969): Zur Dialektik des musikalischen Materials, in *: Alternative*, Jg. 12, H. 69, S. 239-258.
Menke-Eggers, Christoph(1988): *Die Souveränität der Kunst. Ästhetische Erfahrung nach Adorno und Derrida*, Frankfurt a.m.
Menke, Christoph(1993): Umrisse einer Ästhetik der Negativität, in: hrsg. von Franz Koppe, *Perspektiven der Kunstphilosophie*, 2. Aflg., Frankfurt a.M. , S.191-216.
Metzger, Heinz – Klaus(1979), Adorno und die Geschichte der musikalischen Avantgarde, in : hrsg. von Otto Kolleritsch, *Adorno und die Musik*, Graz, S. 9-14.
ders.(1984): Mit den Ohren denken. Zu einigen musikphilosophischen Motiven bei Adorno, in: hrsg. von Michael Löbig und Gerhard Schweppenhäuser, *Hamburger Adorno-Symposium*, Lüneburg., S.79-85.
ders.(1995): Moses und Aron, in: hrsg. von Bremer Theater, *Arnold Schönberg. Moses und Aron*, Bremen, S. 7-20.
Motte, Diether de la(1979): Adornos musikalische Analyse, in: hrsg. von Otto Kolleritsch, *Adorno und die Musik*, Garz, S. 52-63.
Müller, Ulrich (1988): *Erkenntniskritik und negative Metaphysik bei Adorno*, Frankfurt a.M.
Neighbour, Oliver/ Paul Griffiths/ Georg Perle(1992): *Schönberg, Webern, Berg. Die zweite Wiener Schule*, Stuttgart und Weimar.
Nietzsche, Friedrich(1954): *Die Geburt der Tragödie aus dem Geist der Musik*, in: Werke in drei Bänden Bd.1, München, S. 7-134.

ders.(1954): *Aus dem Nachlaß der Achzigerjahre*, in : Werke in drei Bänaden Bd.3.
Noerr, Gunzeln Schmid(1990): *Das Eingedenken der Natur im Subjekt*, Darmstadt.
Paddison, Max(1993): *Adorno's aesthetics of Music*, Cambridge.
Paetzold, Heinz(1974): *Neomarxistische Ästhetik*, Teil 2, Adorno, Düsseldorf.
ders.(1990): Adornos Ästhetik der Negativität: Eine Ästhetik nach Ausschwitz, in: ders., *Profile der Ästhetik. Der Status von Kunst und Architektur in der Postmoderne*, Wien, S. 94-117.
ders.(1995): Kultur und Gesellschaft bei Adorno, in: hrsg. von Gerhard Schweppenhäuser, *Soziologie im Spätkapitalismus. Zur Gesellschaftstheorie Theodor W. Adorno*, Darmstadt.
Pettazzi, Carlo(1977): Studien zu Leben und Werk Adornos bis 1938, in: hrsg. von Heinz Ludwig Arnold, *Theodor W. Adorno*, Sonderband text+kritik, München.
Rademacher, Claudia(1993): *Versöhnung oder Verständigung? Kritik der Habermasschen Adorno-Revision*, Lüneburg.
Van Reijen, Willen(1980): *Adorno zur Einführung*, Hannover.
ders.(1987): Die Dialektik der Aufklärung gelesen als Allegorie, in: hrsg. Von Willem van Reihen und Gunzelin Schmid Noerr, *Vierzig Jahre Flaschenpost: Dialektik der Aufklärung 1947 bis 1987*, Frankfurt a.M. S. 192-209.
ders.(1989): Der Flaneur und Odysseus, in: hrsg. von Harry Kunneman und Hent de Vries, *Die Aktualität der Dialektik der Aufklärung*, Frankfurt a.M./New York, S. 100- 113.
Richter, Ulrich(1974): *Der unbegreifbare Mythos. Musik als Praxis Negativer Dialektik. Eine philosophische Abhandlung zur Schönberg-Interpretation Theodor W. Adornos*, Diss. Köln.
Ritsert, Jürgen(1987): *Vermittlung der Gegensätze in sich: Dialektische Themen und Variationen in der Musiksoziologie Adornos*, Frankfurt a. M.
Scheible, Harmut(1993): *Theodor W. Adorno*, 3. Aufl. Hamburg.
Schnebel, Dieter(1979): Einführung in Adornos Musik, in: hrsg. von Otto Kolleritsch, *Adorno und die Musik*, Graz.
Schmidt, Christian Martin(1988): Schönbergs Oper „Moses und Aron". *Analyse der diastematischen, formalen und musikdramatischen Komposition*,
Schweppenhäuser, Hermann(1995): Kunst Geschichte Gesellschaft, in: hrsg. von Gerhard Schweppenhäuser, *Soziologie im Spätkapitalismus. Zur Gesellschaftstheorie Theodor W. Adorno*, Darmstadt.
Seel, Martin(1987): Dialektik des Erhabenen. Kommentare zur »ästhetischen Barbarei« heute, in: hrsg. von Willen van Reijen und Gunzelin Schmid Noerr, *Flaschenpost. Dialektik der Aufklärung 1947 bis 1977*, Frankfurt a.M., S. 11-40.
ders.(1989): Plädoyer für die zweite Moderne, in: hrsg. von Harry Kunneman und Hent de Vries, Die Aktualität der Dialektik der Aufklärung: Zwischen Moderne und Postmoderne, Frankfurt a.M. / New York.
Sichardt, Martina(1990): *Die Entstehung der Zwölftonmethode Arnold Schönbergs*. Mainz.
Sinkovicz, Wilhelm (1998) : *Arnold Schönberg. Mehr als zwölf Töne*, Wien.
Schneider, N.(1992): Adornos Theorie des Naturschönen, in: *Frankfurter Schule und Kunstgeschichte*, Berlin.
Schönberg, Arnold(1995): *Stil und Gedanke*, Frankfurt a.M.

ders.(1977): *Moses und Aron*, Mainz.
Schubert, Giselher(1995): Eine dialektisch-geschichtsphilosophische Kritik einer Kompositionsmethode: Adorno und die Zwölftontechnik, in: hrsg. von Stefan Litwin und Klaus Velten, *Stil oder Gedanke? Zur Schönberg-Rezeption in Amerika und Europa*, Saarbrücken.
Steck, Odil Hannes(1981): *Moses und Aron. Die Oper Arnold Schönbergs und ihr biblischer Stoff*, München.
Steinert, Heinz(1993): *Adorno in Wien. Über die (Un)Möglichkeit von Kunst, Kultur und Befreiung*(Taschenbuch Ausgabe), Frankfurt a.M.
Stephan, Rudolf(1985) : *Vom musikalischen Denken*, Mainz.
Sziborsky, Lucia(1979): *Adornos Musikphilosophie. Genese-Konstitution-Pädagogische Perspektiven*, München.
ders.(1994): *Die Rettung des Hoffnungslosen. Untersuchungen zur Ästhetik und Musikphilosophie Theodor W. Adornos*, Würzburg.
Tatsumura, Ayake(1987), *Musik zwischen Naturbeherrschung und Naturideologie. Adornos Theorie und die heutige musikalische Situation*, Berlin.
Tiedemann, Rolf(1984): Begriff Bild Name. Über Adornos Utopie von Erkenntnis, in: hrsg. von Michael Löbig und Gerhard Schweppenhäuser, *Hamburger Adorno-Symposium*, Lüneburg.
ders.(1992), *Mitdichtende Einführung. Adornos Beitrag zum Doktor Faustus – noch einmal*, in : Frankfurter Adorno Blätter I, München.
Vries, Hent de(1989): Die Dialektik der Aufklärung und die Tugenden der Vernunftsskepsis. Versuch einer dekonstruktiven Lektüre ihrer subjektphilosophischen Züge, in: hrsg. von Harry Kunneman und Hent de Vries, *Die Aktualität der Dialektik der Aufklärung: Zwischen Moderne und Postmoderne*, Frankfurt a.M. / New York.
Wellmer, Albrecht(1985): *Zur Dialektik von Moderne und Postmoderne*, Frankfurt a.M.
ders.(1986): Die Bedeutung der Frankfurter Schule heute, in: hrsg. von Axel Honneth und Albrecht Wellmer, *Die Frankfurter Schule und die Folgen*, Berlin, S. 25-34.
ders.(1991): Adorno, die Moderne und das Erhabene, in: hrsg. von Franz Koppe, *Perspektiven der Kunstphilosophie*, Frankfurt a.M., S. 165-190.
Welsch, Wolfgang(1989): Adornos Ästhetik. Eine implizierte Ästhetik des Erhabenen, in: hrsg. von Chrisnie Pries, *Das Erhabene. Zwischen Grenzerfahrung und Größenwahn*, Weinheim, S.185-213.
ders.(1994): Ästhet/hik. Ethische Implikationen und Konsequenzen der Ästhetik, in: *Ethik der Ästhetik*, hrsg. von Christoph Wulf, Dietmar Kamper und Hans Ulrich Gumbrecht, Berlin. S.3-22.
ders.(1996a): *Vernunft. Die zeitgenössische Vernunftkritik und das Konzept der transversalen Vernunft*, Frankfurt a.M.
ders.(1996b): *Grenzgänge der Ästhetik*, Stuttgart.
Wilkens, Lorenz (1990): Musikalische Momente in der Philosophie Adornos, in: hrsg. von Frithjof Hager und Hermann Pfütze, *Das unerhört Moderne. Berliner Adorno-Tagung*, Lüneburg, S. 209-215.
ders.(1986): „Das Leben lebt nicht". Adornos Pathos – am Beispiel der Minima Moralia, in: hrsg. von Axel Honneth und Albrecht Wellmer, *Die Frankfurter Schule und die Folgen*, Berlin, S. 35-58.
Wiggerhaus, Rolf(1993): *Die Frankfurter Schule*, 4. Aufl. München.

Wimmer, Thomas(1990): *Ästhetische Modelle der Kritischen Theorie*, in : Kunstforum Bd.100, Ruppichteroth.
Wörner, Karl H.(1959): *Gotteswort und Magie. Die Oper Moses und Aron von Arnold Schönberg*, Heidelberg.
Zenck, Martin(1977): *Kunst als begriffslose Erkenntnis. Zum Kunstbegriff der ästhetischen Theorie Theodor W. Adornos*, München.
ders.(1979): Auswirkung einer Musique Informelle auf die Neue Musik. Zu Theodor W. Adornos Formvorstellung, in: *International Review of the Aesthetics and Sociology of Music*, vol. 10, pp. 137-165.
Zmegac, Viktor(1986): Adorno und die Wiener Moderne der Jahrhundertwende, in: hrsg. von Axel Honneth und Albrecht Wellmer, *Frankfurter Schule und die Folgen*, Berlin, S. 321- 338.

www.ingramcontent.com/pod-product-compliance
Lightning Source LLC
Chambersburg PA
CBHW020118010526
44115CB00008B/876